NEGOCIAÇÃO 360°

Negociação 360°

Copyright © 2021 da Starlin Alta Editora e Consultoria Eireli.
ISBN: 978-65-5520-318-9

Todos os direitos estão reservados e protegidos por Lei. Nenhuma parte deste livro, sem autorização prévia por escrito da editora, poderá ser reproduzida ou transmitida. A violação dos Direitos Autorais é crime estabelecido na Lei nº 9.610/98 e com punição de acordo com o artigo 184 do Código Penal.

A editora não se responsabiliza pelo conteúdo da obra, formulada exclusivamente pelo(s) autor(es).

Marcas Registradas: Todos os termos mencionados e reconhecidos como Marca Registrada e/ou Comercial são de responsabilidade de seus proprietários. A editora informa não estar associada a nenhum produto e/ou fornecedor apresentado no livro.

Impresso no Brasil — 1a Edição, 2021 — Edição revisada conforme o Acordo Ortográfico da Língua Portuguesa de 2009.

Erratas e arquivos de apoio: No site da editora relatamos, com a devida correção, qualquer erro encontrado em nossos livros, bem como disponibilizamos arquivos de apoio se aplicáveis à obra em questão.

Acesse o site www.altabooks.com.br e procure pelo título do livro desejado para ter acesso às erratas, aos arquivos de apoio e/ou a outros conteúdos aplicáveis à obra.

Suporte Técnico: A obra é comercializada na forma em que está, sem direito a suporte técnico ou orientação pessoal/exclusiva ao leitor.

A editora não se responsabiliza pela manutenção, atualização e idioma dos sites referidos pelos autores nesta obra.

Produção Editorial
Editora Alta Books

Gerência Comercial
Daniele Fonseca

Editor de Aquisição
José Rugeri
acquisition@altabooks.com.br

Produtores Editoriais
Ian Verçosa
Illysabelle Trajano
Larissa Lima
Maria de Lourdes Borges
Paulo Gomes
Thiê Alves
Thales Silva

Equipe Ass. Editorial
Brenda Rodrigues
Caroline David
Luana Goulart
Marcelli Ferreira
Mariana Portugal
Raquel Porto

Diretor Editorial
Anderson Vieira

Coordenação Financeira
Solange Souza

Equipe Comercial
Adriana Baricelli
Daiana Costa
Kaique Luiz
Tairone Oliveira
Victor Hugo Morais

Marketing Editorial
Livia Carvalho
Gabriela Carvalho
Thiago Brito
marketing@altabooks.com.br

Atuaram na edição desta obra:

Revisão Gramatical
Alessandro Thomé
Carolina Oliveira

Capa
Marcelli Ferreira

Diagramação
Catia Soderi

Dados Internacionais de Catalogação na Publicação (CIP) de acordo com ISBD

A663n   Araújo, Rodolfo
         Negociação 360°: Como enxergar a negociação de todos os ângulos, para fechar acordos ainda melhores / Rodolfo Araújo. - Rio de Janeiro : Alta Books, 2021.
         256 p. ; 16cm x 23cm.

         Inclui bibliografia, índice e apêndice.
         ISBN: 978-65-5520-318-9

         1. Negociação. 2. Acordos. I. Título.

2021-2206   CDD 658.85
                                   CDU 658.85

Elaborado por Vagner Rodolfo da Silva - CRB-8/9410

Ouvidoria: ouvidoria@altabooks.com.br

Editora afiliada à:

Rua Viúva Cláudio, 291 — Bairro Industrial do Jacaré
CEP: 20.970-031 — Rio de Janeiro (RJ)
Tels.: (21) 3278-8069 / 3278-8419
www.altabooks.com.br — altabooks@altabooks.com.br

MAIS VISÃO, MAIS RESULTADO

NEGOCIAÇÃO 360°

COMO ENXERGAR A NEGOCIAÇÃO DE TODOS OS ÂNGULOS, PARA FECHAR ACORDOS AINDA MELHORES.

RODOLFO ARAÚJO

ALTA BOOKS
EDITORA
Rio de Janeiro, 2021

Dedicatória

À minha mãe, que me ensinou a aprender.

Agradecimentos

Quando o tema do livro é algo com que você trabalha, estuda e convive praticamente todas as horas da sua vida, escrevê-lo não é a parte mais trabalhosa. Ao menos quando você olha para trás e pensa no que foi preciso para chegar até aqui.

Em primeiro lugar, minha mãe, Silvia Albino, recipiente única e integral da dedicatória, lá nas páginas iniciais. Foi quem me ensinou a ser curioso, a investigar as coisas e duvidar das primeiras impressões. Minha irmã, com quem negociei as primeiras coisas de minha vida e que me acostumou mal com sua generosidade.

Minha esposa, Mariana Maita, que esteve ao meu lado em todos os momentos desde que a conheci. Cuidando de mim, me ajudando e me incentivando a manter o foco e a dedicação. E, claro, a primeira e mais próxima parceira na avaliação e refinamento das importantes técnicas contidas aqui. Se tudo deu certo até agora, devo a ela, em grande parte.

E olhando para trás, há os crescimentos pessoal e profissional que me permitiram juntar boa parte do que hoje divido com vocês.

Os professores que nos formam e nos orientam: Alice Santa Roza, que me mostrou que eu poderia ser criativo, com 6 ou 7 anos, e Antônio Rosa Farias, que me ajudou a dar forma às minhas ideias, quando eu já era bem mais maduro, lá pelos 10 anos. Um grande salto à frente, e lá está Jorge Ferreira, no mestrado, garantindo que números e boas ideias andam lado a lado.

No lado profissional, José Lage foi meu primeiro chefe de verdade, mesmo quando eu ainda não sabia o que era isso. Demorei anos para entender o quanto suas lições foram valiosas na minha formação. Rui Medeiros, o mais astuto negociador com quem já tive o prazer de conversar, e José Roberto Corrales, entre idas e vindas, um grande mentor e uma pessoa espetacular. Rafael Ehlers, o chefe e o amigo-que-não-faz-amigos, mas que apostou em mim e me ajudou a enxergar meus erros e enfrentar meus demônios. Leandro

Vieira, um grande incentivador que me abriu inúmeras portas depois de uma quase-treta. E, mais recentemente, Roni Chitoni, o implacável exterminador da síndrome do impostor.

No parágrafo aleatório, um salve para meus autores favoritos com quem tive a imensa sorte de cruzar por este mundo e bater altos papos, em ocasiões tão surreais quanto improváveis: Dan Ariely e Daniel Pink. Dois sujeitos inspiradores, de verdade.

E não podia faltar, quase no final, amigos de toda a vida, meus queridos Oliveros, Marc, Enzo e Bruno. Aquele abraço.

Sumário

Prólogo 11

Introdução 17

    ⟳   **1. Mapeando a Situação** 23

    ⟳   **2. Buscando Alternativas** 67

    ⟳   **3. Negociação e Poder** 91

    ⟳   **4. Psicologia da Negociação** 123

    ⟳   **5. Táticas** 167

    ⟳   **6. Estruturando o Diálogo** 187

    ⟳   **7. Fechamento** 211

Palavras Finais 221

Epílogo 223

Bibliografia 227

Apêndice 1 Checklist de Negociação 231

Apêndice 2 239

Apêndice 3 249

Índice 251

PRÓLOGO

A reunião não poderia ter sido pior. Pouco depois das formalidades, a conversa tomou o rumo inevitável. As amenidades iniciais logo deram lugar a insultos e provocações. O manto de cordialidade caiu de vez e revelou a verdadeira natureza daquela situação: uma empresa em pé de guerra.

Um grupo de lojas e distribuidores muito tradicional na região prestes a ruir — porque os gestores simplesmente eram incapazes de chegar a um consenso sobre temas absolutamente triviais — e que sempre teimavam em transformar tudo em questão de vida ou morte num piscar de olhos.

Fora dali, esses mesmos gestores eram irmãos, primos e cunhados uns dos outros. E dentro também. Mas era só os assuntos de trabalho virem à tona que tudo se transformava e o ambiente assumia contornos sombrios. Os últimos encontros precisaram ser interrompidos antes do previsto para evitar algo mais sério. Era um cenário desanimador e com perspectivas ainda piores.

Mas nem sempre foi assim. Muito pelo contrário.

A história começou mais de meio século antes: numa pequena cidade do interior de Minas Gerais, três irmãos abriram uma modesta mercearia para atender a uma população que mal chegava a quinze mil habitantes.

Em pouco tempo, o negócio prosperou, evoluiu e se multiplicou. A empresa aumentou no mesmo ritmo da família. A geração seguinte já cresceu atrás de um balcão de loja, vivendo aquela rotina desde cedo.

Quando não estavam brincando com seus carrinhos e soldadinhos, os primos Gérson e Flávio[1] podiam ser encontrados na loja da família. E para não terem que escolher tão cedo entre um ou outro, eles logo resolveram misturar diversão e trabalho: aos 7 anos de idade, lá estavam os dois, na frente do mercado, vendendo seus brinquedos numa banquinha improvisada sobre uma caixa de papelão.

— Rodolfo, essa é uma das lembranças mais puras que tenho do meu relacionamento com meu primo — disse Gérson certa vez.

— Mas como foi que isso começou a dar errado, então?

Foi um pouco mais para a frente, quando os pais — os três irmãos fundadores da rede de lojas — já não estavam mais em cena. Agora seus filhos tocavam o negócio. Eram responsáveis por tudo o que envolvia a gestão, desde as compras até as contratações de funcionários, desde os planos de expansão ao pagamento de fornecedores, do layout das lojas ao crédito para os clientes.

Mas nem todos tinham o mesmo interesse ou vocação. Uns preferiram seguir outros rumos e se desfizeram de suas participações acionárias na empresa. Em épocas distintas, cada um vendeu sua parte por critérios diferentes, recebendo valores até desproporcionais.

Para os que permaneceram, o negócio ia bem, e eles decidiram expandir, abrindo uma distribuidora para atender uma região maior do estado. Do varejo para o atacado, a empresa se multiplicou — e com isso vieram os primeiros problemas.

Gerenciar uma loja não era o mesmo que gerenciar dez. Ou vinte. Uma distribuidora gira um volume equivalente a cem lojas e não pode ser administrada da mesma forma. É outra logística, outro ritmo, e são outros desafios. Nem todos estavam preparados.

Era preciso dar um salto de qualidade na gestão do negócio, colocar profissionais de verdade para que o negócio continuasse saudável, próspero e

---

1 Os nomes, locais e atividades foram alterados para preservar o anonimato das pessoas envolvidas.

sustentável. Era preciso cuidar para que o legado da geração anterior pudesse ver tantas outras à frente.

Essa era a visão de Gérson, mas, como ele foi percebendo aos poucos, essa visão era só dele. Os outros membros da diretoria — ou da família, como queiram — não compartilhavam da mesma visão. As visões de futuro divergiam, e nem todos eram simpáticos à ideia de modernizar as lojas, os sistemas, as políticas, as mentalidades, as pessoas. E, ainda mais grave, não acreditavam que isso fosse urgente.

Repetidas vezes ele tentou convencer os outros acionistas de que esse passo era fundamental para manter o negócio. A concorrência vinha forte, com visões e práticas mais modernas. Gigantes multinacionais estavam varrendo pequenas redes por onde passavam, e logo esse furacão passaria por aquele cantinho do país.

Era isso que Gérson tentava discutir nas reuniões. Era esse cenário que ele queria enfrentar com seus sócios, que se recusavam a enxergar. Era esse tema que quebrava as reuniões, embrutecia os corações e dilacerava a família.

Gérson não queria mais isso. Um dia, ele deu um basta e decidiu ir embora e largar tudo: seu negócio, sua cidade, seus amigos e sua família.

Mas ele queria, ao menos, o que julgava ser seu de direito: que o valor da empresa fosse medido por critérios que ele considerasse justos, para que suas cotas refletissem todo o empenho e dedicação com os quais ele sempre cuidou dos interesses da família.

Foi exatamente nesse ponto da história que eu entrei. Um amigo em comum nos apresentou, e, após uma conversa inicial, Gérson resolveu me contratar para ajudá-lo. Um imbróglio de dezenas de milhões de reais. Meu primeiro trabalho como consultor em Negociação.

E foi exatamente por isso que o escolhi como fio condutor deste livro. Pela riqueza de detalhes e leveza das ideias. Pela complexidade do problema e simplicidade da solução.

Muita gente se preocupa com seu futuro no trabalho. Não estou falando do seu emprego propriamente dito, mas de como suas habilidades de hoje se encaixarão nas exigências do mercado profissional daqui a cinco, dez ou vinte anos.

Um estudo de uma agência governamental norte-americana equivalente ao nosso Ministério do Trabalho descobriu, por exemplo, que na década de 1970, 50% do conhecimento e das habilidades do trabalhador médio ficava obsoleto num prazo entre doze e quinze anos (KRAIGER, 2002).

Na virada do século (ou seja, quase vinte anos atrás!), esse prazo caiu para algo entre dois anos e meio e três anos. Em outras palavras, metade do que você fazia na última Copa do Mundo provavelmente não servirá nos próximos Jogos Olímpicos.

Pense um pouco nas coisas que você faz hoje e tente se lembrar se elas existiam há dois anos. Seu aplicativo de troca de mensagens, o software corporativo, sua rede social favorita? Quantas vezes isso mudou recentemente e quantas vezes você teve de aprender tudo de novo, do zero?

A pergunta que se faz imediatamente a seguir é: "Como eu devo me preparar, então?" Ou ainda: "O que eu preciso estudar, em que devo me desenvolver, que habilidades são mais importantes?"

As respostas normalmente variam de acordo com o nível hierárquico, setor de atividade ou tipo de função e costumam ir de finanças a inteligência emocional, de inglês, espanhol ou mandarim a criatividade, de gerenciamento de projetos a comunicação.

Raramente alguém diz que precisa melhorar suas habilidades em negociação.

Mas será que ninguém — além de você, que está com este livro nas mãos — acha que precisa melhorar suas habilidades em negociação? Será possível que todo o mundo se ache faixa preta nisso? Ou será que não acham que essa seja uma habilidade importante no mundo atual?

Porque o mundo corporativo atual tem muito menos hierarquias do que dez ou vinte anos atrás. As empresas são mais enxutas, as microempresas são mais numerosas, as nanoempresas nem se fala, e os empreendedores individuais se multiplicaram. Isso faz com que, cada vez mais, as pessoas interajam umas com as outras. Cada vez mais as pessoas precisam negociar umas com as outras.

E, assim, o resultado das empresas — todas elas, independentemente do tamanho — depende mais das pequenas negociações que acontecem no *front* do que das grandes negociações das salas da presidência. Até porque as decisões, mesmo as mais importantes, sofreram inversões hierárquicas. Há um movimento muito maior de baixo para cima do que de cima para baixo.

Ainda assim, continuo vendo pouca gente interessada em negociação. Será que as pessoas não acham negociação importante? Não é uma habilidade relevante no mundo corporativo hoje?

Pessoalmente, vejo quatro explicações para isso:

1. As pessoas acham que já sabem. Afinal, a gente já nasceu trocando mamadeiras por alguns minutos de silêncio com nossos pais. Eu também pensava assim, até ler meu primeiro livro sobre negociação[2] e entender que eu era absolutamente despreparado para aquilo. Eu tratava com presidentes de empresas, negociava contratos de longo prazo, valores significativos e serviços sensíveis às operações dos meus clientes, mas não fazia ideia de como se planejava uma negociação.

2. As pessoas acham que ou você negocia bem ou negocia mal, e ponto. É como se nascêssemos assim e fosse impossível alterar isso. Uma aptidão inata, imutável. Mas essa é uma discussão muito mais de crenças do que de fatos. A psicóloga norte-americana Carol Dweck sugere, por exemplo, que algumas pessoas acreditam neste *mindset* fixo, em que ou você é inteligente ou não é, enquanto outras são adeptas do *mindset* de crescimento e que todos podem aprender (DWECK, 2006).

3. As pessoas não sabem que não sabem. Ora, você não chegaria aonde chegou se não soubesse negociar, certo? Errado. Se tem uma coisa que aprendi ensinando negociação é que as pessoas não fazem ideia de onde elas chegaram. Simplesmente porque não sabem de onde partiram, nem para onde deveriam ir, muito menos o caminho percorrido. E, menos ainda, aonde mais poderiam ter ido.

4. E a mais importante, meu verdadeiro *insight* nesta história toda: as pessoas admitem que não sabem finanças, que não falam inglês direito (embora ponham no currículo que são fluentes), que não escrevem bem, mas dificilmente admitem que não sabem negociar.

Pode reparar: pergunte a alguém de que pontos ele precisa melhorar ou o que ele ainda não sabe fazer direito. Ninguém dirá que não sabe negociar. Ao contrário! Dirão que são bons nisso. Admitir que não se sabe negociar parece ser uma falha de caráter, uma doença.

---

[2] Que por acaso foi *Negociar é preciso: estratégias de negociação para pessoas de bom senso*, do autor Richard G. Shell, 5a. ed. São Paulo: Negócio Editora, 2001. Pode-se dizer que foi aí que comecei a tomar gosto pela coisa.

Pois não é. Talvez seja, inclusive, um dos maiores exercícios de autoconhecimento. E sabe por quê? Exatamente porque envolve a maioria das habilidades que mencionei aqui: finanças, inteligência emocional, criatividade, gerenciamento de projetos, comunicação. E mais, muito mais.

E para fazer tudo isso bem, ao mesmo tempo, para fechar ótimos acordos, costurar boas alianças, solucionar conflitos e alcançar resultados excepcionais, não é suficiente saber trocar mamadeiras por silêncio, nem jujubas por picolés ou miçangas por espelhos. Isso qualquer um faz razoavelmente bem.

Se você acha que não precisa aprender a negociar porque tem feito isso ao longo de toda sua vida e, até agora, está dando certo, então você precisa rever sua definição de o que é "dar certo".

Você provavelmente está achando que fez uma boa negociação porque o outro lado disse que era um ganha-ganha. Ou porque você aprendeu que é legal fazer o bolo (ou a torta) crescer antes de repartir. Ou acha que dividir a diferença é uma estratégia revolucionária, assim como adicionar gordurinhas no seu preço inicial.

A maioria das pessoas baseia suas ideias sobre negociação em conceitos e técnicas do século passado. Uma visão fechada e limitada sobre o que é um bom acordo ou como chegar até ele.

A maioria das pessoas ainda vai atrás de truques para conseguir o que se quer a qualquer preço. Pois truques em negociação são parecidos com truques de mágica: você faz uma vez e dá certo porque sua audiência fica confusa. Mas se o público descobrir o segredo, perde um pouco da graça e ninguém te chama para o próximo show.

A maioria das pessoas ainda acredita que uma negociação se resolve ali na hora, na mesa, sentado frente a frente com a outra parte. E que essa outra parte é seu inimigo e você precisa derrotá-lo de qualquer maneira.

Negociação não é nada disso.

INTRODUÇÃO

Quando vamos aprender alguma coisa nova, ou principalmente quando queremos nos aprimorar em algo que já fazemos, é sempre útil começar por definições. É, inclusive, um exercício de humildade, porque frequentemente as pessoas têm uma enorme dificuldade em elaborar definições — especialmente aquelas mais simples.

Antes de prosseguir, faça o teste e veja se você consegue escrever uma definição simples, em uma frase, sobre o que é negociação.

Nas minhas pesquisas e conversas com negociadores experientes, cheguei a algumas definições que ajudam bastante a entender a essência, o verdadeiro propósito de uma negociação. Vamos a duas que considero importantes:

Negociação é um jogo de informação.[3]

---

3 BAZERMAN, Max; MALHOTRA, Deepak. *Negotiation Genius: How to Overcome Obstacles and Achieve Brilliant Results at the Bargaining Table and Beyond.* 1a. ed. Nova York: Random House, 2007.

Informação é a matéria-prima da negociação. Ao longo do livro, veremos várias situações em que boas informações, independentemente de onde venham, possibilitam desenhar acordos melhores e mais vantajosos para todos.

Negociar é tomar decisões em conjunto.

Embora simples, talvez esta seja minha definição favorita, porque desafia uma das nossas mais arraigadas crenças, que diz que uma negociação é necessariamente uma disputa, uma batalha, um confronto.

Antes disso, é uma situação em que duas ou mais partes precisam tomar decisões juntas, precisam colaborar. A decisão pode ser sobre quanto dinheiro e quantos produtos trocam de mãos. Ou, ainda, quem é responsável por qual ação, ou que atitude cada um deve tomar. Mas são sempre decisões conjuntas, caso contrário, não é uma negociação, mas sim uma imposição.

Via de regra, uma negociação envolve trocar alguma coisa que você tem e a outra parte quer por alguma coisa que a outra parte tem e você quer. Pode ser algo tangível, como dinheiro ou produtos, ou intangível, como reconhecimento, gratidão ou mesmo tempo. Ou, o que é muito comum, pode ser uma mistura de tudo isso.

Então, é uma forma de comunicação para conseguir o que se quer dos outros, fazendo também as devidas concessões para se chegar a um acordo quando você e a outra parte têm alguns interesses que combinam e outros que não combinam.

Olhando dessa forma, negociar parece algo realmente simples. E, de fato, é simples no começo, quando lidamos com valores pequenos, interesses transparentes e situações de baixo risco e pouca complexidade. É isso que nos dá a confiança para acharmos que é uma atividade aparentemente rudimentar e que talvez, quem sabe, sejamos bons nisso.

Algo parecido como jogar xadrez. Você aprende os movimentos das peças, a importância relativa de cada uma, alguns conceitos iniciais, um pouco de estratégia básica, e então é capaz de calcular uns tantos desdobramentos táticos. Com um pouco de prática, já consegue ganhar uma ou outra partida.

Aí resolve disputar um torneio no clube do seu bairro e tem seu primeiro choque de realidade: você é atropelado por outro jogador iniciante. A diferença é que ele leu um livro de xadrez. E ele, que leu um livro, é massacrado pelo que leu cinco, que, por sua vez, é trucidado pelo que leu três, mas pratica com um software que analisa seus jogos, aponta seus erros e indica os caminhos de melhoria.

Um nível acima estão os jogadores que treinam juntos, os que estudam os jogos clássicos, os que têm técnicos, os que sabem onde buscar aquilo que não sabem, os que se dedicam de verdade. Depois deles, lá na frente, estão os que completaram suas primeiras 10 mil horas de prática.[4]

Aprender a negociar é um pouco parecido: você pode passar a vida jogando com amadores e achar que está num nível bom e que não precisa aprender mais nada. Até que descobre o nível seguinte.

Só que para sobreviver nesse outro nível, você será obrigado a enxergar quando e onde está errando. Porque, ao contrário de em um jogo de xadrez, em uma negociação nem sempre fica óbvio quando você perde. E se você não acha que perdeu, nunca achará que precisa melhorar.

E é aqui que a negociação começa a ficar interessante.

Porque, quando você começa a gostar de verdade de um assunto, quando nota o abismo entre o iniciante, o intermediário e o avançado, é aí que percebe o salto de qualidade que pode dar. Assim como ocorre quando o enxadrista entende que o bom jogador não é aquele que calcula mais jogadas à frente,[5] mas aquele que tem uma percepção mais apurada da situação em que está. É o que, com uma olhada no tabuleiro, consegue saber como chegaram àquela posição e quem jogou partidas semelhantes no passado.

---

4 A teoria das 10 mil horas, desenvolvida pelo psicólogo sueco Anders Ericsson e popularizada por Malcolm Gladwell, sugere que o que diferencia os profissionais de alto nível dos excepcionais é a quantidade de treino — especificamente 10 mil horas, no mínimo (GLADWELL, 2008).

5 Isso é um mito, na verdade. Jogadores profissionais, grandes mestres, não calculam muitos lances à frente em um jogo. Eles se guiam por conceitos estratégicos mais abstratos, padrões de posições, temas recorrentes e os riscos e oportunidades que cada situação apresenta. Cálculo de variantes, mesmo, ocorre mais em contextos específicos, de combinações e sacrifícios, por exemplo.

É exatamente isso que veremos aqui: como treinar sua percepção para enxergar os detalhes que realmente importam, os padrões que se repetem e as opções que se apresentam. Para melhorar suas habilidades e alavancar seus resultados, não é preciso reinventar a roda. Basicamente, é executar de verdade o que a gente já sabe que tem de ser feito. Assim como em várias outras áreas da nossa vida.

A maioria de nós costuma cometer alguns erros básicos, justamente por nunca ter se aprofundado no assunto e desconhecer algumas técnicas até elementares. É por isso que boa parte dos livros e cursos de negociação se dedicam a identificar e corrigir os principais erros que todos nós cometemos.

Aqui veremos como mapear uma negociação com ferramentas práticas que você já consegue usar desde as primeiras páginas. Você estruturará uma negociação desde o início, para organizar todas as informações, enxergar as melhores opções e planejar cada passo.

Vamos entender como as Ciências Sociais — especialmente a Economia Comportamental — têm nos ajudado a decifrar o comportamento humano, os processos cognitivos e as tomadas de decisão. Estudos recentes e ideias revolucionárias mostrarão onde nossa intuição e nossos instintos estão corretos e onde eles falham grosseiramente e nos fazem cometer erros básicos de julgamento.

Descobriremos o que de fato funciona em uma negociação e o que pode pôr tudo a perder. Aprenderemos como não cair mais em armadilhar comuns e como usar táticas incomuns para mudar a maneira como você negocia no seu dia a dia.

O Capítulo 1 — talvez o mais importante — é todo dedicado a mapear a situação corretamente. Nele, cobriremos as principais ideias do Método Harvard de Negociação, incluindo as diferenças entre interesse e posição, a importância de separarmos as pessoas dos problemas e por que devemos pensar em critérios de escolha.

Além disso, definiremos conceitos importantíssimos como MAPAN, Valor de Reserva, Objetivo Estendido e ZOPA, bem como a relação entre cada um deles e seu impacto no resultado final.

O Capítulo 2 é dedicado à busca por alternativas, que não só ajudam a criar mais valor dentro de uma negociação, como também resolvem impasses que podem atrapalhar ou até impedir os acordos. Veremos alguns métodos e técnicas que ajudam a encontrar mais opções, mesmo que você não se considere exatamente uma pessoa criativa.

O Capítulo 3 aborda questões relativas ao poder dentro de uma negociação, ajudando a identificar que elementos podem desequilibrar uma disputa e como fazer para trazer esses elementos para o seu lado — ou como se defender deles.

A Psicologia da Negociação é o tema do Capítulo 4 — um dos mais interessantes, na minha opinião. Nele, analisamos como funciona a cabeça do negociador, ou como achamos que ela funciona. Estudaremos os erros mais frequentes e por que a gente parece que sempre cai nos mesmos truques e armadilhas. Você saberá, finalmente, se deve fazer a primeira oferta ou se deve esperar que o outro lado faça.

No Capítulo 5, olharemos para o lado sombrio das negociações: as táticas mais comuns e os truques mais usados. Provavelmente você reconhecerá alguns e jurará que nunca mais cairá neles — mas antes tem de prometer que também não sairá por aí enrolando desavisados.

Chegando no Capítulo 6 com uma negociação já bem formatada, veremos algumas maneiras interessantes de estruturar a comunicação com a outra parte e o impacto que um bom diálogo pode ter no resultado final de um acordo.

Encerrando o livro, o Capítulo 7 ajuda a fechar a negociação propriamente dita. O que fazer depois de assinar um acordo — ou como se preparar antes, para não ver tudo ir por água abaixo depois.

Porque não adianta fazer tudo certo e lá no final pôr tudo a perder. É por isso que aqui você tem uma visão completa da negociação em 360 graus: para não perder um detalhe, um caminho ou alternativa. Para enxergar aqueles elementos invisíveis a olho nu.

E embora os capítulos estejam organizados de uma forma lógica e sequencial, é bom lembrar que cada negociação é diferente da outra e, por isso, nem sempre as coisas seguirão a mesma ordem.

Além disso, nem sempre a negociação tem um desenvolvimento linear, com início, meio e fim bem definidos. Muitas vezes você precisará queimar etapas ou chegar lá na frente, quase no fechamento, e voltar às alternativas novamente. Bons negociadores mantêm todos os sentidos em alerta para identificar novas oportunidades, independentemente da fase em que se encontre.

O importante, de verdade, é que você consiga ter um conhecimento global a respeito do processo como um todo, porque aí você conseguirá identificar as situações e se adaptar quando precisar.

MAPEANDO
a Situação

Antes de começar a trabalhar, de verdade, com o Gérson, eu tinha que entender melhor a situação. Precisava saber um pouco mais do contexto e, principalmente, quem eram as pessoas envolvidas, o grau de envolvimento de cada uma, os históricos, os relacionamentos e, especialmente, o que cada uma delas queria.

Inclusive o próprio Gérson.

Pode parecer estranho questionar o que a pessoa que te contratou quer, principalmente neste caso em que a demanda veio bem definida: preciso que você me ajude a conseguir pela minha parte do negócio o quanto eu acho que ela vale — ou o quanto o especialista no assunto disse que vale.

Às vezes, realmente, uma venda é uma venda e uma compra é uma compra. Mas nem sempre.

Eu já vi muitas negociações começarem apontando para um lado e chegarem a outro completamente diferente. Já vi compras terminarem em fusões e vice-versa e já vi litígios terminarem em parcerias. E vice-versa.

Os rumos do mercado ou as disposições das pessoas podem sofrer alterações no decorrer do processo, ou elas podem ter acesso a informações diferentes e mudar de opinião. Ou, ainda, elas podem não ter definido corretamente suas expectativas, e, conforme as conversas avançam, a situação fica mais clara e elas reveem suas posições.

O ponto é que em determinadas situações nós precisamos manter a mente aberta enquanto coletamos informações, sem deixar que as primeiras impressões ou as conclusões preconcebidas influenciem nosso julgamento.

Eu estava quase convencido de que o objetivo de Gérson era um destes casos, por isso, deixei para tirar conclusões mais tarde e iniciei o mapeamento da situação da forma mais desprendida possível, isto é, sem ter uma conclusão pronta ou um plano de ação já preparado.

Em quase todos os trabalhos que faço envolvendo negociação — seja em consultorias ou em aulas, cursos ou palestras —, há uma falha comum que salta aos olhos: a falta de planejamento.

Isso ocorre porque a maioria das pessoas acha que a negociação começa e termina quando você se encontra com a outra parte para discutir um acordo. E essa simples crença já envolve dois erros fundamentais: a negociação não começa no exato instante em que você abre as tratativas com a outra parte, do mesmo modo que ela raramente termina quando você fecha um acordo.

É preciso considerar o que aconteceu *antes* de as partes precisarem discutir um acordo e, não menos importante, o que acontecerá com elas *depois* que fecharem negócio.

Como esta não é uma tarefa simples, desenvolvi um roteiro — um checklist — que me ajuda tanto a organizar cada uma das informações de que preciso quanto a garantir que eu não me esqueça de nenhum detalhe.

Você encontrará um modelo de Checklist de Negociação no Apêndice 1 — exatamente igual ao que eu uso — para te ajudar nessa tarefa de mapear uma negociação. (Se preferir, você pode baixar um arquivo editável no site www.altabooks.com.br)

No restante deste capítulo, analisaremos cada item do material para te ajudar a coletar e organizar as informações disponíveis, bem como entender a importância de cada uma delas na estruturação do seu plano de negociação.

Minha sugestão é que você experimente esse modelo em uma negociação de baixo risco, para ir se acostumando com ele. Algumas perguntas podem não se encaixar na sua situação específica, e você pode substituir por outras. O ideal é que, aos poucos, você possa ir adaptando o formulário até chegar a um formato adequado à sua função ou empresa.

Se você tem uma lista de clientes regulares, preencha uma vez e vá fazendo as alterações conforme julgar necessário. Mas não deixe de registrar um histórico de decisões e acordos, para que você possa revisar suas estratégias. Esta é, inclusive, uma excelente maneira de ter um autofeedback, capaz de ajudar a aprender com seus erros e acertos.

Antes de prosseguir, aqui vai uma sugestão para tornar a sua leitura ainda mais produtiva: tente pensar em uma negociação em que você esteja envolvido agora ou na qual vá se envolver em breve. Assim, a cada nova ideia ou conceito que formos vendo, você já vai tentando imaginar como isso se encaixa na sua situação ou como ela pode ajudá-lo a chegar mais perto dos seus objetivos.

Você já vai vendo na prática como aplicar as ideias contidas no *Negociação 360* para ter mais visão e muito mais resultado!

Mas antes mesmo de começar a pensar no seu plano, é preciso descobrir se você está em uma situação que deve realmente ser negociada. Sim, porque nem sempre a melhor saída é negociar; nem sempre a gente deve buscar mudar o que a gente já tem, o *status quo*.

Tem gente, por exemplo, que quer negociar até com o pipoqueiro para conseguir um desconto ou um upgrade no saquinho de pipoca. Outros preferem pagar mais caro por algumas coisas só para não ter que se aborrecer.

Aqui já aparece, portanto, outro conceito de grande importância ao mapear uma situação: nem todo mundo negocia pelo mesmo motivo.

A pessoa que negocia 50 centavos com o pipoqueiro, por exemplo, não faz isso pelo dinheiro. Provavelmente ela tem alguma satisfação ou necessidade oculta de achar que ganhou mais uma disputa. Ou ela está só praticando ou se divertindo. Porque eu não consigo acreditar que uma análise de custo/benefício comprove que vale a pena brigar por um punhado de pipoca a mais.

Do mesmo modo, é difícil atrelar um valor à decisão de não negociar só para evitar uma discussão. Como você põe um preço no seu aborrecimento ou na sua paz de espírito?

Como você se justifica dizendo que prefere pagar mais caro só para não ter que pechinchar — mesmo sabendo que o vendedor já aumenta o preço de propósito para poder dar um desconto a quem eventualmente pede? E como você justifica três idas à mesma loja e várias horas de pesquisa para economizar R$30,00 em uma TV de R$3.000? Você gasta mais do que isso em estacionamento e gasolina. Fora o tempo.

Então, antes de entrar de cabeça em uma negociação, considere as seguintes ponderações que estão na primeira página do Checklist de Negociação logo no início do material:

VOCÊ DEVE NEGOCIAR?

- Custo/benefício: o que você pode vir a ganhar nessa negociação compensa o custo antecipado que você terá?

  Se você está em busca de uma TV nova e já tem um preço em mãos, qualquer redução de preço que você consiga tem que levar em conta o custo da busca. Para um produto simples, há diversos mecanismos de pesquisa online que, em questão de segundos, compilam e comparam todas as informações de que você precisa para tomar uma decisão, sem sair de casa.

  Mas em situações mais sensíveis, o custo e a dificuldade para encontrar, qualificar e homologar um novo fornecedor podem tornar o trabalho proibitivo. Será preciso, muitas vezes, fazer análises de longo prazo ou mesmo considerar questões estratégicas na simples decisão de ir atrás de outras opções, dada a complexidade da tarefa.

  Lembrando sempre que o custo da busca você tem de qualquer maneira, mas isso não garante que o resultado será positivo, isto é, que você vá encontrar uma alternativa melhor, a ponto de compensar o custo antecipado.

- Alternativas: você tem alternativas realmente boas, ou o que você tem atualmente já é o melhor que pode conseguir?

  Mais adiante no livro, teremos um capítulo inteiramente dedicado à busca por alternativas dentro de um processo de negociação. Por ora, você deve se perguntar se consegue vislumbrar alguma alternativa que lhe coloque em uma posição melhor do que a que você se encontra hoje.

Existem, de fato, opções que melhorem o que você tem no momento? Elas estão ao seu alcance de verdade, ou são apenas especulações? O que precisaria acontecer para elas estarem acessíveis — e por que não estiveram até agora?

- Mensagem: negociar significa que você ainda não está satisfeito com o que tem em mãos. Será que vale a pena passar essa mensagem para o outro lado, independentemente do contexto?

Em muitas situações, uma negociação é efetivamente esperada; está implícita nas regras do jogo. Mas em outras, ela não acontece até que uma das partes traga o assunto à tona.

Seu chefe não sabe que você está insatisfeito com o salário até que você peça um aumento. Sua esposa ou marido não sabe que levar e buscar os filhos no colégio está te sobrecarregando até que você tente um novo arranjo.

Assim, o simples ato de chamar a pessoa para conversar ou negociar já demonstra alguma insatisfação com o estado atual das coisas. E essa é uma mensagem que você deve considerar se vale a pena passar neste momento ou não — especialmente quando houver a chance de você não conseguir o que quer.

- Relacionamento: qualquer que seja o resultado dessa negociação, ele melhorará o relacionamento entre você e a outra parte?

Fechar uma negociação passa uma mensagem à outra parte, tanto quanto abrir. Juntando isso com tudo o que pode acontecer durante a negociação em si, será que o processo trará algum benefício para a relação que você tem com a outra parte?

Você pode até conseguir um aumento do seu chefe, mas isso pode representar um abalo na relação de vocês se ele se sentir pressionado demais. Você e seu cônjuge podem encontrar um novo arranjo para levar e buscar as crianças no colégio, mas um dos dois pode se sentir explorado ou contrariado, mesmo dizendo que concorda.

Ao avaliar essas questões, é sempre bom lembrar que alguns desses efeitos levam tempo para se manifestar e, às vezes, dependem mais de um acúmulo de ocorrências do que de um fato isolado.

Pedir um aumento é uma coisa. Pedir um aumento depois de enforcar o feriado e negociar horários mais flexíveis é outra. Deixar de levar as crianças à escola é uma coisa. Deixar de levar as crianças à escola depois de se livrar das compras do mês e de buscar as roupas na lavanderia é outra.

Por isso, se você responder não a uma dessas perguntas, então pense novamente. Se responder não a duas ou mais, talvez você realmente não deva negociar. É importante pensar um pouco nisso, para não agir por impulso, achando que toda situação pode e deve sempre ser melhorada. Quantas vezes você chegou a um acordo que achou ótimo, só para depois se dar conta de que o que tinha antes era melhor?

Qualquer que seja o caso, uma coisa precisa ficar muito clara desde cedo: essas perguntas e outras muito mais importantes só serão respondidas se você analisar a situação detalhadamente. E essa análise deverá ser tanto mais aprofundada quanto mais importante for a negociação. E, como veremos mais adiante, essa importância não necessariamente se traduz em dinheiro.

Porque um dos erros mais comuns em negociação — mesmo entre gente bem experiente — é começar o processo sem saber o que está em jogo. Antes de achar que está caro ou barato, de querer parcelar ou pedir desconto, de discutir quem paga o frete ou o seguro, de fazer exigências ou concessões, você precisa saber onde está e para onde quer ir.

Uma leitura adequada do tipo de negociação, dos objetivos de cada parte, dos elementos envolvidos, dos critérios e alternativas pode mudar completamente o resultado final.

Pense nas últimas negociações importantes de que você participou e responda, com toda a sinceridade: o que você fez para se preparar? Quanto tempo você dedicou à preparação? Quanto tempo você gastou estudando os outros envolvidos? Ou sobre valores de propostas, condições de pagamento? Com quantas pessoas você conversou ou quantas fontes pesquisou para buscar informação?

Se você não se planejar, se não coletar informações antecipadamente, não saberá se uma oferta é boa ou ruim, se o preço está alto ou baixo, quem manda e quem obedece, quem está desesperado e quem tem todo o tempo do mundo, e se deve ou não fechar o negócio.

Não terá como avaliar as informações que recebe da outra parte. Não saberá de que informações você precisa e muito menos se o resultado foi bom ou não. E dificilmente aprenderá alguma coisa valiosa com a experiência.

E, como veremos mais adiante, há muitas situações em que precisamos negociar com pessoas mais fortes ou mais poderosas do que nós — e a única maneira de nos sairmos bem nessas condições é tendo boas informações.

Como dizia o lendário treinador de beisebol, o norte-americano Yogi Berra: "Se você não souber para onde está indo, acabará no lugar errado".

Só que você nem saberá que está no lugar errado. E, assim, não terá como ir para o lugar certo, porque não aprenderá nada durante o processo.

PROCESSO CONTÍNUO

Ainda na Introdução, expliquei que a negociação nem sempre é um processo contínuo, de mão única, com início, meio e fim bem definidos. Frequentemente é preciso pular algumas fases ou voltar para refazer, alterar ou mesmo atualizar algo que já foi feito. É muito mais uma atividade cíclica do que linear.

Por isso, mapear uma situação não é uma etapa que você executa e depois segue adiante até o final, sem olhar para trás. Ao contrário, é um processo contínuo no qual se deve estar atento o tempo todo, já que no meio do caminho podem surgir novas informações — da outra parte, do ambiente, do contexto, ou mesmo você pode mudar de ideia —, e aí será preciso rever premissas ou planos.

Uma vez participei de uma negociação em que, durante as tratativas com o principal cliente, percebemos uma necessidade que nossa oferta não cobria, mas que outra empresa parceira poderia complementar. Daí surgiu uma negociação paralela com a empresa parceira, que nos ajudou a formatar outra solução muito mais completa para o cliente. Não só o cliente ficou mais satisfeito, como o contrato teve um resultado financeiro melhor e mais duradouro.

Este tipo de situação é muito comum em negociações mais complexas e demoradas.

Um mapeamento inicial dá as linhas gerais da negociação. Depois ocorre o primeiro contato com a outra parte e as primeiras conversas, cujos resultados e informações adicionais serão avaliados e servirão para um novo planejamento, um mapeamento mais apurado da situação para as rodadas seguintes, se for o caso.

Às vezes isso é feito até na hora, no meio das conversas, quando surgem novos detalhes e informações relevantes e reavaliamos nossas posições ao vivo. Por isso, quanto mais organizadas suas informações, mais fácil será para você acompanhar a evolução das conversas a qualquer momento.

ELEMENTOS ENVOLVIDOS

O primeiro passo para mapear corretamente uma situação é entender que fatores estão dentro da equação — e quais não estão ou não devem estar.

A maioria dos erros nesta fase acontece ou porque deixamos algum elemento importante de fora ou porque classificamos esse elemento de forma incorreta.

1.1. PESSOAS E INSTITUIÇÕES

Quando Ronald Reagan e Mikhail Gorbachev se reuniram em Washington, no final de 1987, eles não eram nem Reagan, nem Gorbachev. Um não estava vendendo um carro usado para o outro. Um não estava comprando um terreno do outro. Eles estavam negociando um tratado para eliminar os mísseis nucleares de curto e médio alcance norte-americanos e soviéticos.

Naquele momento histórico, eles selavam um acordo de paz entre Estados Unidos e União Soviética. Entre o Ocidente e os países da Cortina de Ferro. Entre capitalistas e comunistas. Era o início do fim da Guerra Fria.

Mesmo que nenhuma de nossas negociações nem sequer chegue aos pés do que aquele encontro representou, há algumas semelhanças entre aquela situação e o que fazemos no nosso dia a dia.

Muitas vezes, embora uma pessoa represente cada lado, podem estar em jogo muitos outros interesses de gente que não está ali na hora. Pode ser que você esteja comprando suprimentos para a sua empresa, ou vendendo os produtos dela — e que o negociante do outro lado também seja um representante, um intermediário ou um agente.

Pode ser um advogado defendendo seu cliente, que está sendo processado por um representante do povo ou do Estado.

Ou você pode estar comprando um carro novo para a sua família, mas além das suas vontades e necessidades, você também precisa considerar as dos seus filhos e da sua esposa — não necessariamente nessa ordem.

Todas as pessoas representadas direta ou indiretamente em uma negociação, presentes ou não, influenciam as decisões tomadas por ambos os lados. Daí a importância de se entender corretamente quem está participando direta ou indiretamente.

Imagine que Henrique já era seu cliente quando ele trabalhava em uma empresa mexicana de telecom. Vocês ficavam quase três horas almoçando no dia de fechar os pedidos.

Mas agora que ele foi para uma multinacional alemã, as reuniões são na sede da empresa dele, em uma sala enorme com vários outros vendedores juntos, separados apenas por divisórias fininhas, na altura dos ombros.

Você vende os mesmos produtos, e o comprador do lado de lá é o mesmo Henrique. Mas a empresa não. A cultura é outra, e isso faz toda a diferença no modo como Henrique se relaciona com você agora.

E a pessoa que está no lugar de Henrique na empresa mexicana, a Maristela, também tem outra forma de fechar os pedidos, embora seja a mesma empresa.

Assim, há várias dimensões a serem consideradas em uma negociação, mesmo que só duas pessoas estejam conversando. (Confira os próximos itens também no seu Checklist de Negociação)

Temos questões individuais, em que cada pessoa:

- Tem uma **personalidade** diferente, cujo reflexo será sentido em diálogos mais suaves ou conversas mais ríspidas, em mais ou menos facilidade para trocar informações ou para confiar. Por mais que Reagan e Gorbachev representem suas nações, eles são gente de carne e osso e tomam ações e têm reações humanas. Tudo isso tem a ver com a pessoa, não com a entidade ali representada.

- Buscou uma **formação acadêmica** diferente, com interesses distintos, habilidades variadas e mais ou menos facilidade para essa ou aquela conversa. Uma pessoa que teve uma formação em Engenharia normalmente segue uma linha de raciocínio mais pragmática do que alguém que estudou Letras, por exemplo. Mas lembre-se: isso não é uma regra. É, ao contrário, uma generalização bem superficial. Ainda assim, é um ponto de partida.

- Está em um **momento profissional** diferente e, por isso, pode querer aparecer mais para ser promovido, ou ser discreto para se aposentar logo; ser mais agressivo ou mais contido; mais cuidadoso ou mais relaxado. Novamente: é uma generalização. Minha mãe, por exemplo, tem 70 anos e não consegue ficar parada no trabalho (sim, ela trabalha todo dia!). Está sempre buscando algo novo para fazer.

- A pessoa pode estar brigando por algo para si própria — é o **principal** ator da negociação — ou representar outra pessoa ou empresa. Neste caso, é um **agente**. Em sendo o principal, fica mais fácil identificar e interpretar seus desejos e intenções, mas quando se trata de um agente, que cuida dos interesses de terceiros, deve-se olhar com mais cuidado, porque é possível que as motivações se confundam um pouco.

Uma vez um cliente me pediu que desse uma atenção à sua equipe comercial porque, nas palavras dele, seus vendedores não sabiam negociar direito e sempre davam o maior desconto na hora de vender. Mais tarde, descobri que a parte variável do salário deles dependia de uma combinação entre o volume vendido e o número de pontos de venda visitados. O incentivo não previa, portanto, a margem de lucro da operação, e, assim, os vendedores cuidavam apenas do que tinha impacto na vida deles: vender muito e vender rápido.

Por isso, ao lidar com um agente, não parta do princípio de que a motivação dele é a que está no *job description*. Ali tem uma pessoa de carne e osso e que tem vontade própria. Isso ficará mais claro um pouco adiante, quando tratarmos de interesses e posições.

Além disso, nem sempre o comportamento de uma pessoa é resultado exclusivamente de suas características pessoais, de suas disposições. Muitas vezes, o ambiente tem um impacto tão ou mais importante do que isso – como no caso de Henrique, que vimos há pouco. Então, é importante prestar atenção em alguns detalhes do ambiente ou da empresa, como:

- **Origem**: empresas nacionais podem ser mais maleáveis em suas decisões do que multinacionais, porque você está diretamente conectado ao poder central. Por outro lado, as multinacionais tendem a ser mais estruturadas, além de importar alguns traços culturais do país-sede.
- **Estrutura de capital**: empresas com ações na bolsa têm procedimentos mais controlados, por questões de auditoria e governança corporativa, do que companhias de capital fechado ou familiar. Por outro lado, estas últimas tendem a ser muito centralizadas.
- **Hierarquia**: quanto mais formais as estruturas de poder, mais elas tendem a convergir para pessoas específicas. Em estruturas mais informais, as decisões são mais diluídas e há mais participação e influência de outros *stakeholders*.

- **Porte**: empresas menores costumam ter estruturas mais enxutas, o que agiliza a tomada de decisão. Nas empresas de maior porte, por outro lado, uma dose extra de burocracia acaba aparecendo como efeito colateral de processos mais estruturados. O tamanho tende a influenciar, ainda, o lastro financeiro e a capacidade de investimento, embora empresas relativamente pequenas também consigam grande alavancagem financeira, dependendo do tipo de operação.

É claro que essas listas são apenas exemplos que ilustram alguns aspectos que podem te ajudar a conhecer melhor a pessoa e/ou a empresa do outro lado, mas elas podem ser muito maiores e mais detalhadas, dependendo do nível de complexidade em que você está envolvido.

Além disso, essas características não representam, necessariamente, vantagens ou desvantagens pelo simples fato de aparecerem. Um pouco de burocracia pode ajudar em negociações mais complexas, da mesma forma que a agilidade pode ser prejudicial quando um acordo é fechado às pressas. E um elemento que ajuda em uma negociação hoje pode atrapalhar em outra amanhã. Tudo sempre dependerá do contexto.

O ponto crucial aqui é que o ambiente em que a pessoa está exerce grande influência nas decisões que ela toma. Por isso, quanto mais detalhes você souber dessas pessoas e instituições, mais você entenderá os comportamentos, os caminhos, as dificuldades e facilidades que encontrar durante o processo, para escolher a melhor estratégia.

O mesmo acontece com relação ao mercado de atuação. Vendedores de carros se comportam de maneira diferente de corretores de seguros ou de imóveis, que, por sua vez, são diferentes de feirantes, de dentistas e de engenheiros. Varejo, serviços, governo. Cada setor incorpora hábitos e condutas de acordo com a atividade e os *players*.

De maneira similar, isso ajuda a imaginar como a outra pessoa pode ler suas atitudes e seu comportamento. Se você resiste em aceitar uma sugestão ou acatar um pedido prontamente, pode ter certeza de que o outro lado está atento e tirando conclusões a seu respeito.

Entender essas diferenças e conseguir separar as pessoas e as empresas ou interesses que elas representam ajuda a gente a ter certo distanciamento quando olhamos para quem está do outro lado.

O Henrique, por exemplo, é o mesmo Henrique que você conhecia antes. Se ele não faz mais um pedido um pouco além da conta, para te ajudar a fechar a cota do mês, é provável que isso seja uma regra de negócio da empresa nova. Não há razão para achar que ele mudou o jeito dele. Ele só se adaptou à nova realidade.

Às vezes pode acontecer também de você precisar negociar com um grupo de pessoas ou um comitê em que cada um pensa de maneira diferente e defende os interesses específicos de sua área.

Pode ser um pesadelo, mas você pode se situar melhor fazendo perguntas individuais de forma indireta, para que elas não soem tão invasivas, não gerem desconfiança, e as pessoas se sintam confortáveis em compartilhar informações com você. Tente formatos do tipo:

- Como este acordo afetaria o restante da sua equipe?
- Até que ponto você avalia que as pessoas deste departamento estão no mesmo barco?
- Se você tivesse que apontar os principais desafios que seus colegas enfrentam na sua área, quais seriam eles?

Mas seja uma pessoa ou várias, deve-se sempre ter em mente que empresas não fecham acordos; pessoas fecham acordos. São as pessoas que lidam umas com as outras e tentam resolver os problemas que aparecem no meio.

Esse é, inclusive, um dos quatro pilares do Método Harvard de Negociação – separar as pessoas dos problemas (FISHER e URY, 2011). Foi pensando nele que William Ury, um dos criadores do método, disse que devemos "ser duros com os problemas e suave com as pessoas".

Por isso é importante conseguir separar um do outro. Frequentemente, quando não conseguimos resolver um problema em que há outra parte envolvida, costumamos atribuir a dificuldade à outra pessoa, seja por incompetência, por má vontade ou por implicância mesmo.

Às vezes a pessoa do lado de lá não tem autonomia para te dar o que você pede, ou o que você quer está em falta no momento, ou simplesmente seu problema não tem solução, da forma como você gostaria, e não há nada, realmente nada que a outra pessoa possa fazer.

Embora fiquemos tentados a descarregar nossa frustração em quem está na nossa frente, raramente isso resolve o problema. Na verdade, isso costuma até criar mais problemas. Resista, respire fundo e trate a pessoa bem. Você nunca sabe quando precisará dela novamente.

1.2. INTERESSES E POSIÇÕES

Imagine que duas pessoas precisem dividir uma dúzia de laranjas. Depois de algumas tentativas, acabam escolhendo a solução mais fácil e óbvia, que é cada um ficar com meia dúzia.

Então uma pega as suas seis laranjas, espreme, faz um suco e joga o resto fora. Já a outra, descasca suas seis laranjas, corta a casca em tirinhas para fazer um doce e joga o resto fora.

Se elas tivessem conversado um pouco mais e descoberto o que cada uma queria fazer com a sua parte, teriam conseguido o dobro de suco e o dobro de doce.[1]

Mas ao negociar, elas focaram seus esforços somente no objeto negociado, na parte concreta, na quantidade de laranjas — ou, nos termos que usamos em negociação, em uma posição —, em vez de buscarem entender as necessidades e os interesses tanto da outra parte quanto os seus próprios. E, assim, com o foco no lugar errado, deixaram de enxergar alternativas mais interessantes para ambos os lados.[2]

Em negociação, a posição se refere à forma concreta que um acordo assume, enquanto o interesse diz respeito ao que cada um quer fazer com sua parte. E embora seja frequente se concentrar nas posições, são os interesses que fazem com que as pessoas tomem decisões.

Um dos problemas que isso costuma causar é que as pessoas acabam se apegando demais às suas posições, às vezes até de forma emocional, transformando uma negociação em uma batalha de egos e desvirtuando o propósito inicial.

É como o sujeito que briga até o pipoqueiro dar 50 centavos de desconto e é capaz de desistir da pipoca se não conseguir. E aí fica a pergunta: qual

---

[1] Em meus cursos de negociação, costumo fazer esse exercício em duplas com os participantes, dando instruções diferentes para cada um. A essência do problema é muito simples, mas quando coloco valores discrepantes (eles precisam dividir um saco de 15 kg de laranja que custa R$20,00, sendo que um precisa de 6 kg e o outro de 8 kg), o pensamento deles afunila, e eles gastam todo o tempo fazendo contas, deixando de perguntar ao outro o motivo de ele precisar de laranjas. Em todas as turmas, até o momento da publicação deste livro, apenas duas duplas encontraram a solução sugerida.

[2] Por sinal, aqui vemos mais dois pilares do Método Harvard de Negociação: focar os interesses, não as posições; e buscar mais alternativas que possam se encaixar no acordo.

é seu interesse real: comer pipoca ou economizar 50 centavos? Será que a satisfação de achar que ganhou mais uma negociação é mais importante do que comer a pipoca? Para muita gente é.[3]

Se um casal está esperando um bebê e precisa se mudar, o interesse é "encontrar um lugar maior e mais confortável para morar". Essa é a prioridade central, o interesse principal.

Outras preocupações, como infraestrutura do prédio, localização (que interfere em segurança, comércio próximo e acesso a transporte) podem ser secundários depois de definida a prioridade central.

Mas se for outra situação, em que o dinheiro do casal está curto e, ao contrário, eles precisam se mudar para um apartamento mais barato, então "economizar dinheiro" é a prioridade central, o interesse principal. O importante de se identificar o que está por trás das posições é que sempre pode haver mais de uma maneira de satisfazer o mesmo interesse.

O casal pode querer comprar o imóvel por diferentes razões. Além das duas citadas, pode ser para investir, para ter uma renda de aluguel, para a sogra morar, e mais um monte de outras. Se você trabalha em uma imobiliária e tem uma série de opções disponíveis, cada uma se encaixará melhor dependendo da finalidade específica.

Cada item pode ter um peso diferente, de acordo com a pessoa. Se para um ter comércio perto é uma vantagem ("dá para fazer compras a pé"), para outro pode ser um aborrecimento ("é muito movimentado e eu prefiro lugares mais calmos").

Do mesmo modo, as formas de pagamento também variam de acordo com as intenções. A pessoa pode querer pagar à vista para ter um preço melhor, ou pode ter apenas um valor para a entrada e precisar parcelar o restante.

Do lado que está vendendo acontece a mesma coisa: a pessoa pode vender um imóvel para comprar outro maior, ou menor, para investir em outro ativo, para fazer uma viagem, pagar uma dívida ou fazer um tratamento de saúde. Cada motivo pode indicar, por sua vez, um formato de recebimento diferente, num prazo específico.

---

3   Embora muitos achem ridículo brigar por coisas aparentemente fúteis, não é papel do negociador fazer esse tipo de julgamento. Cabe a ele simplesmente entender – e entender é diferente de concordar – e buscar soluções que satisfaçam os interesses em jogo.

Assim, de acordo com os diferentes interesses de cada lado, diversas posições podem ser criadas e tentadas e refeitas, até que uma delas consiga satisfazer os envolvidos.

Retomando a situação discutida no item anterior: será que Maristela tem as mesmas motivações, os mesmos interesses que Henrique? Talvez, para ela seja muito mais importante, neste momento em que ela acabou de entrar na empresa, impressionar o novo chefe do que consolidar um relacionamento com você. Isso pode explicar por que ela pediu descontos tão altos logo de cara.

Pode ser o caso, quem sabe, de mostrar a ela que você pode ajudá-la a criar uma imagem positiva com o chefe sem precisar, necessariamente, dar descontos muito maiores do que o normal — porque, afinal, Henrique já fechava os pedidos dentro do desconto padrão.

Pode ser, também, que ela esteja errando a postura achando que a empresa precisa de mais descontos, quando, na realidade, o interesse maior é em consolidar os relacionamentos com os fornecedores, ou garantir as entregas dentro do prazo acertado.

Então, quando vamos avaliar o que está em jogo em uma negociação e para criar a nossa estratégia, é preciso entender tanto os interesses — ou as motivações — das pessoas quanto as respectivas posições — ou a forma concreta que o acordo pode vir a tomar.

São detalhes capazes de mudar completamente o caráter de uma negociação, e, por isso, conseguir entendê-los deve ser um dos objetivos centrais da sua preparação. São informações importantes demais para você supor ou concluir sozinho. É o mesmo que achar que todo mundo que compra laranja fará suco.

Seu Checklist de Negociação tem um campo específico para você anotar tanto os seus interesses quanto os da outra parte, e, em seguida, veremos como pensar nas posições específicas. Para isso, vamos imaginar uma situação em que você está vendendo um carro usado:

◯ ◯ ◯

CASE — A VENDA DO CARRO | INTRODUÇÃO

Imagine que você esteja querendo vender seu carro, um sedan médio com cinco anos de uso, quatro portas e 45 mil quilômetros rodados. Você comprou-o novo, na concessionária, e todos os documentos estão em dia.

Você colocou anúncios nos sites especializados de vendas há uma semana, e uma pessoa da sua cidade, a Fernanda, respondeu interessada.

Você precisa de pelo menos R$25 mil para dar de entrada em outro modelo 0 km, que já foi encomendado. Além disso, ainda precisará do carro para ir e voltar do trabalho por mais duas semanas, que é o tempo que o outro carro demora para chegar.

Seu amigo Leandro ofereceu R$25 mil e já disse que deixa você ficar com o carro enquanto o outro não chega. Um valor razoável seria em torno de R$32 mil, que é o que está na tabela, e o máximo de desconto que você está disposto a dar sobre esse valor é de 15%, o que resultaria num mínimo de R$27.200.

Agora que você tem os fatos, vamos pensar em uma estratégia para conversar com Fernanda? Que tipo de oferta você pensa em fazer? Quanto você espera, de fato, receber pelo negócio?

Pensando nos interesses, há dois elementos principais: (1) vender o carro por um bom preço e (2) conseguir ficar com ele por mais duas semanas.

É claro que, se o valor for bom, você até aceita entregar o carro antes, porque, nessa situação, a melhora em um critério compensa a piora em outro. (Você calcula que para ir e voltar do trabalho, durante duas semanas, gastaria uns R$400. Logo, qualquer acréscimo nesse valor compensaria ter que entregar o carro imediatamente.)

E quais as suas posições? É isso que veremos em seguida:.

◯ ◯ ◯

1.2.1. MAPAN

Um dos primeiros conceitos que a gente aprende quando começa a estudar negociação é MAPAN, ou Melhor Alternativa Para um Acordo Negociado. Ou, em inglês, BATNA: *Best Alternative to a Negotiated Agreement*.

O nome pode variar um pouco, dependendo do autor ou da publicação, mas fundamentalmente MAPAN é o que você fará, ou o que acontecerá com você caso o acordo não seja fechado, caso a negociação não dê certo e não se concretize. Em outras palavras, é o seu plano B.

Toda vez que você entra em uma negociação, por definição existe a possibilidade de ela dar errado, de você não conseguir o que quer ou mesmo não conseguir nada. E se isso acontecer, você precisará pensar em outra saída, terá que apelar para outros recursos. O que fazemos aqui, na busca da MAPAN, é simplesmente antecipar esse revés, ao menos hipoteticamente, e já definir minimamente uma solução.

Imagine, por exemplo, que você não esteja satisfeito com o seu salário e resolva pedir um aumento para o seu chefe, ou cobrar aquela promoção sobre a qual vocês haviam conversado meses antes. Idealmente você deveria se preparar para a conversa tendo ao menos uma ideia de quanto você quer de aumento, além de argumentos que justifiquem o seu pedido.

(Mas lembre-se: precisar de mais dinheiro não é motivo para pedir aumento. Esse é um problema seu, não do seu chefe ou da sua empresa.)

Se você não tiver uma alternativa caso seu chefe negue seu pedido, provavelmente você volta para a sua mesa e continua lá, tão insatisfeito como antes. Em algumas situações, a sua MAPAN é o próprio status quo, isto é, se você não conseguir o que quer, fica com o que já tem.

Talvez não seja o caso aqui, porque agora seu chefe sabe que você está insatisfeito[4] e é possível que você esteja em apuros. Não parece uma ideia muito atraente ir negociar um aumento de salário sem um plano B e nem alternativas razoáveis.

Por outro lado, se você tiver outra proposta de emprego e, com ela em mãos, resolver negociar um aumento de salário com o seu chefe, a situação muda um pouco, porque dessa vez você tem uma saída diferente, tem uma alternativa caso seu pedido seja negado.

Com uma proposta em mãos, você passa a ter duas opções: seu emprego atual ou o que foi oferecido. Você passa a contar com a prerrogativa de escolher o que for melhor entre as duas.

Na verdade, você pode ter várias alternativas, ou vários elementos que se combinam em diferentes alternativas. A MAPAN é, simplesmente, a melhor

---

4 Lembra que no tópico "Você deve negociar?" vimos que abrir uma negociação sempre passa uma mensagem — normalmente dizendo que você está insatisfeito com o que tem?

delas. É o seu primeiro parâmetro para saber se deve continuar negociando ou se deve ir embora.

Você pode ter uma proposta de emprego que ofereça horário flexível e permita dois dias por semana de *home office* — e isso te interessa. Outra pode ser mais perto da sua casa e ter mais benefícios do que seu atual emprego, como carro da empresa ou plano de previdência privada. Neste caso, sua MAPAN funciona também como um ponto de referência, uma base para você comparar o que tem em mãos.

Em algumas situações, é possível, inclusive, monetizar determinados parâmetros para fazer comparações mais diretas. Se uma empresa oferece um plano de saúde Standard e a outra tem o Platinum, você consegue saber quanto isso vale em dinheiro. Se uma permite que você use o carro da empresa, é possível quantificar isso para comparar com o resto.

Você consegue comparar, também, o tempo gasto em locomoção com um horário de trabalho mais flexível e como isso se traduz em mais tempo com a sua família.

Este tipo de *trade-off*, de troca ou comparação entre os diferentes componentes de cada opção, é muito útil na hora de escolher a que mais lhe agrada. A melhor dentre elas será a sua MAPAN — como o próprio nome sugere.

Qualquer que seja o caso, é sempre bom prestar atenção aos custos de mudança, bem como aos riscos. Você levará um tempo para se acostumar no emprego novo, e, no final das contas, pode acabar achando-o tão ruim quanto o atual, a ponto até de sentir saudades.

Seu chefe também pode ter resistência à mudança e ter calafrios só de pensar em ter de treinar outra pessoa para colocar no seu lugar. Então, o custo e o risco da mudança sempre devem ser considerados quando você avalia sua MAPAN.

Em última instância, ter uma boa MAPAN significa que você tem a que recorrer caso sua negociação fracasse, e, assim, você não precisa pegar qualquer coisa que aparecer pela frente.

Nos estágios iniciais de uma negociação, quando você estiver pensando em sua MAPAN, lembre-se:

- Nunca, repito, *nunca* entre em uma negociação sem saber sua MAPAN — porque você sempre tem uma —, ou você não saberá quando uma proposta é boa ou quando você deve ir embora.

- Ter uma boa MAPAN significa ter mais poder na negociação, porque você pode escolher a situação mais vantajosa para você.
- Evite usar sua MAPAN como instrumento de ameaça ou de chantagem ("Se você não me der um aumento, irei para o concorrente"). MAPAN não é extorsão.
- Uma MAPAN forte também tem um efeito psicológico positivo, pois você não entra na negociação desesperado, e isso reduz o risco de aceitar algo como último recurso, gerando arrependimento depois.
- Algumas MAPANs são temporárias. Uma eventual proposta de emprego de outra firma não durará para sempre.

De volta ao Checklist de Negociação, tente pensar com quais alternativas você pode contar caso não consiga chegar a um acordo e vá listando essas alternativas no papel.

Não se esqueça que uma das suas alternativas pode ser continuar como está na situação atual, não fazer nada e manter o *status quo*. Ou pode ser que essa alternativa desapareça no momento em que você abre a negociação. De qualquer forma, não esqueça de colocá-la na balança.

A MAPAN DO OUTRO

Da mesma maneira que você, o outro lado também está se preparando para a negociação e, provavelmente, tem uma MAPAN — ou ao menos deveria ter!

Quando você vai pedir aumento para o seu chefe, pode ser que ele tenha uma pilha de currículos sobre a mesa, ou vários analistas babando para ocupar a sua vaga. Ou pode ser o contrário: um projeto de longo prazo importantíssimo para a empresa acabou de começar, você é peça-chave e seu chefe não tem uma boa MAPAN.

Qualquer que seja o caso, você só saberá se investigar, se correr atrás das informações. Mas identificar corretamente a MAPAN do outro lado pode não ser tão simples quanto saber a sua. Nem sempre a pessoa do lado de lá revelará de mão beijada o que você precisa saber — assim como é possível que você não responda tudo o que eles perguntarem, certo?

Mas há outras maneiras de você tentar avaliar em que situação eles se encontram ao negociar com você. Dentre outras coisas, você pode tentar as seguintes fontes:

- **Outras pessoas** dentro da indústria/setor sempre podem saber mais do que você sobre esta ou aquela empresa. Esse é um bom momento para usar o seu networking para conseguir informações relevantes. Só não se esqueça de fazer os devidos ajustes, lembrando, por exemplo, que muita gente costuma exagerar para cima ou para baixo, dependendo se está falando de si mesmo ou do concorrente.

- **Publicações especializadas** servem de *benchmark* para posicionar uma determinada companhia, e, se não falarem da sua empresa alvo especificamente, pode ser que mencionem outras parecidas.

- **Relatórios públicos**, como balanços, comunicados aos acionistas e matérias da assessoria de imprensa, trazem dados importantes sobre o nível de atividade e a saúde financeira da empresa.

- **Conversas informais** com o próprio negociador ou pessoas da própria empresa costumam revelar boas pistas. Você também pode sondar outros fornecedores da empresa-alvo (mesmo que sejam seus concorrentes) e até mesmo clientes, para entender melhor o momento da companhia.

Ao consultar essas e outras fontes de informações, você deverá ser capaz de responder às perguntas a seguir, que também fazem parte do seu Checklist de Negociação:

1. Como está o setor/indústria deles?

   É um setor em franca expansão, estabilizado ou já em declínio? É um mercado novo, emergente ou algo já estabelecido? Existe um fluxo saudável de investimentos ou o dinheiro está fugindo? Há novos players chegando, ou são os mesmos concorrentes de sempre? É um setor em consolidação, com fusões e aquisições frequentes, ou é mais fragmentado, pulverizado? Existem agências reguladoras, guerra tributária e constante intervenção do governo?

2. Como eles estão posicionados?

   Qual a estratégia deles, dentro do cenário que você avaliou na pergunta anterior? Estão ganhando ou perdendo *market share*? E como estão as finanças da empresa? Apresenta um bom fluxo de caixa ou enfrenta problemas de liquidez? Tem produtos novos sendo lançados e um bom pipeline para o futuro próximo, ou seu portfólio está envelhecido e com baixa competitividade?

3. Como esse acordo específico se encaixa nesse cenário?

   Dentro do que você avaliou até aqui, como essa negociação na qual você está trabalhando interfere nesses planos? Ela é essencial, tem papel relevante nos planos da companhia, ou pouca relevância no momento atual?

4. O que a outra parte fará se não fechar esse acordo?

   Existe um substituto à altura daquilo que você oferece? Ou sua oferta apresenta algum tipo de exclusividade, seja ela de direito (por lei ou patente) ou de fato (qualidade muito superior, preço imbatível ou processo produtivo único)? Há tempo hábil para que esse substituto seja encontrado e implementado? Quais são os custos de mudança e os riscos envolvidos?

As respostas a essas perguntas podem indicar o grau de dependência da outra parte em relação ao acordo que você está negociando. Quanto mais eles necessitarem de um desfecho positivo, mais fraca será a MAPAN deles. E o contrário também é verdadeiro: se eles tiverem boas opções no caso de insucesso, então é você quem perde força.

Agora que o contexto da negociação está delineado, tente definir, no seu Checklist de Negociação, que alternativas a outra parte pode ter. Liste duas ou três opções, pelo menos, em ordem de importância, se possível já comparando à sua oferta.

Procure usar as mesmas definições ou escalas que você usou para a sua própria MAPAN. Se você estabeleceu sua MAPAN em dinheiro, defina a deles assim também, para poder trabalhar com o mesmo parâmetro de comparação.

Mas não caia na armadilha egocêntrica de achar que a sua oferta é sempre a melhor da galáxia, que não tem concorrentes e que a outra parte só não fecha com você se for completamente irracional ou louca. No Capítulo 4, que trata da psicologia da negociação, veremos que nem todo mundo é racional nas escolhas que faz (aliás, pouca gente é). Reconheça os méritos dos seus concorrentes e entenda que eles estão no mercado por algum motivo.

Nesta fase de preparação, você ainda não precisa fazer com que todo mundo concorde com você. Você precisa simplesmente entender o que os outros pensam e as razões de cada um para tomar decisões. É disso que você precisa para colher as informações necessárias e mapear corretamente a situação.

O DILEMA DO NEGOCIADOR

Essa diferença entre interesses e posições — em que o primeiro é a motivação para fechar um acordo e o segundo é a forma concreta que ele assume — põe a coleta de informações em evidência, num papel central durante o planejamento.

Exatamente por isso, surge uma questão fundamental: até onde devemos trocar informações com quem estamos negociando? Até que ponto deixar que a outra parte conheça nossos interesses e necessidades pode nos ajudar, e até que ponto pode nos prejudicar? E como podemos saber se o que a outra parte está dizendo é verdade, ou se ela está apenas nos manipulando?

Trocar informações antes e durante uma negociação é importante por quatro motivos:

- Você entende melhor **o que a outra parte espera de você** e, principalmente, as razões por trás dos pedidos dela. É possível, assim, pensar em mais alternativas que satisfaçam as necessidades de ambos os lados.
- Você consegue **resolver mal-entendidos** antes que eles causem atritos entre as partes. Muitos problemas acontecem quando uma parte diz uma coisa e a outra entende diferente. São erros honestos, sem dolo nem intenção, e que podem ser facilmente evitados se a comunicação fluir bem entre os envolvidos.
- Você identifica **assimetrias de valor**, isto é, algo que a outra parte quer muito e que custa pouco para você e/ou algo que você quer muito e custa pouco para a outra parte (e, como veremos mais adiante, este é um dos melhores caminhos para criar valor em uma negociação).
- Você desenvolve uma **relação de confiança** com a outra parte, permitindo que as negociações seguintes já comecem de outro patamar.

Por outro lado, há alguns riscos envolvidos em abrir muitas informações sobre seus objetivos e recurso, entre eles:

- Algumas **informações sensíveis** são passíveis de exploração pela outra parte, principalmente se você estiver com pressa em fazer um acordo, ou se suas opções forem muito limitadas.
- Compartilhar informações é um **caminho sem volta**. Quando você diz para a outra parte o quanto está disposto a pagar, é difícil voltar atrás sem perder credibilidade.

Assim, você deverá pensar de antemão que tipo de informação está disposto a abrir e quais guardará a sete chaves, sempre pesando o eventual risco contra o potencial benefício de suas escolhas.

Como regra, a troca de informações deve acontecer na base da reciprocidade, em que você conta uma coisa para ouvir outra em troca, e assim por diante. Com passos graduais e alternados, você mantém controle sobre os pontos críticos até decidir se já é hora de confiar um pouco mais, um passo de cada vez.

Mas se você estiver em dúvida, lembre-se de que a informação dada não pode ser devolvida. Especialmente quando você estiver lidando com alguém mais poderoso do que você, é importante lembrar que, em situações assim, a informação é uma de suas únicas fontes de poder.

Considere, por exemplo, que uma negociação pode demorar mais do que o previsto e ter muitas fases, e o valor de cada informação varia conforme as conversas vão avançando.

A título de clareza, dividimos a informação em três categorias distintas:

- Fatos: são a fonte mais pura, os dados brutos sobre coisas, pessoas e eventos.
- Opiniões: são as interpretações que as pessoas dão aos fatos; é a forma muito particular que cada um enxerga o que tem à sua frente.
- Preferências: é o modo como cada pessoa coloca suas vontades e preferências, seus gostos e desejos.

É sempre aconselhável reconhecer com que tipo específico de informação estamos lidando, porque, embora a primeira (fatos) trate da forma mais objetiva e incontestável, as outras já carregam toques pessoais, isto é, são mais subjetivas e podem variar de pessoa para pessoa.

Muita gente trata opiniões e preferências como se fossem fatos. Encaram gostos e preferências como se fossem verdades absolutas e, o que é pior, raramente reconhecem ou admitem isso.

Ainda assim, é sempre bom lembrar que nem você e nem a outra parte trabalham em uma agência de espionagem, e tratar o outro com muita desconfiança pode prejudicar um relacionamento antes mesmo de ele começar.

De qualquer modo, a confiança nasce do risco, e não o contrário. Você não arrisca só depois de criar confiança. Você primeiro se arrisca e vê o que acontece. Se der certo, aí você confia (MORIEUX, 2014).

Sob essa ótica do dilema do negociador, voltamos ao tema da MAPAN: será que você deve revelar sua melhor alternativa para a outra parte?

Se você tiver uma boa proposta de trabalho em mãos, é até interessante que seu chefe saiba disso. Mas se você não tiver nada melhor em vista, evite falar sobre isso.

Em outras palavras, se sua MAPAN for forte, não há problema em revelá-la, desde que a outra parte se interesse. Mas se a iniciativa em mostrá-la for sua, cuide para que não pareça uma ameaça. E, finalmente, se sua MAPAN for ruim, você não deve jamais abri-la, porque isso revelará sua fraqueza sem necessidade. Pois a distância entre a proposta da outra parte e sua MAPAN dará indícios do interesse dele em fechar um acordo com você.

○ ○ ○

CASE — VENDA DO CARRO | MAPAN

No caso da venda do carro que começamos a analisar no item anterior, qual seria a sua MAPAN? Qual a sua melhor alternativa, caso você não chegue a um acordo com a Fernanda?

Na pior das hipóteses, você tem a oferta do seu amigo Leandro: R$25 mil. Embora seja uma MAPAN relativamente boa — já que ela cobre o valor integral que você precisa para dar de entrada no seu carro novo — ainda tem uma margem considerável até o valor da tabela.

○ ○ ○

1.2.2. VALOR DE RESERVA

Depois que você calculou sua MAPAN, é hora de pensar no próximo patamar: seu valor de reserva, isto é, o mínimo que você pretende aceitar ou o máximo que aceita pagar nessa negociação. É o limite a partir do qual o acordo deixa de ser razoável, deixa de valer a pena.

Muita gente confunde esses dois conceitos — Valor de Reserva e MAPAN —, porque eles parecem apontar para a mesma coisa: sua linha de corte, seu ponto mais baixo. Embora o seu Valor de Reserva possa derivar da sua MAPAN — afinal, ele necessariamente tem que ser igual ou maior do que ela —, eles normalmente assumem valores diferentes, e isso pode ter um impacto considerável no seu resultado.

Em primeiro lugar, o Valor de Reserva é o mínimo que você aceita ou o máximo que oferece *naquela negociação específica*. Você pode negociar com três pessoas diferentes, por exemplo, e ter um Valor de Reserva para cada. Se der errado com a primeira, tem a segunda e, depois, a terceira. Se as três derem errado, você tem a MAPAN — que é uma só.

Em segundo lugar, se você não conseguir nem chegar ao Valor de Reserva e a negociação falhar, você não é obrigado a agarrar sua MAPAN imediatamente. Na maioria das vezes, ela ainda pode servir de último recurso para outras tentativas de negociação.

Assim, o Valor de Reserva define se você continua a conversa ou não, e é importante que você respeite o limite que estabeleceu previamente, mesmo que para isso você precise se retirar da negociação.

◯ ◯ ◯

CASE — VENDA DO CARRO | VALOR DE RESERVA

Voltando para o caso da venda do carro, já vimos que a MAPAN é a oferta do seu amigo Leandro: R$25 mil. Qual seria, então, o Valor de Reserva para você negociar com a Fernanda?

A resposta é R$27.200,00, porque é o mínimo que você quer antes de considerar sua MAPAN.

Aqui a diferença entre Valor de Reserva e MAPAN fica bem clara, porque:

Primeiro: o Valor de Reserva é pensado a partir da MAPAN, então ele é sempre igual ou maior à MAPAN. (O Valor de Reserva será igual à MAPAN se tudo o mais falhar e você precisar negociar com o Leandro.)

Segundo: se você não conseguir os R$27.200,00 da Fernanda, além de tentar vender o carro para outra pessoa, você ainda pode tentar melhorar esse valor com o próprio Leandro, porque essa foi uma *oferta* que *ele* fez. Vocês ainda não negociaram o carro.

Você pode calcular o seu Valor de Reserva pensando não em quanto o Leandro efetivamente ofereceu, mas em quanto você acha que ainda pode conseguir se for vender o carro para ele.

○ ○ ○

1.2.3. VALOR MAIS PROVÁVEL

Depois do Valor de Reserva, que é o mínimo que você está disposto a aceitar nessa negociação, vem o Valor mais Provável, que é um objetivo realista, com o qual você se daria por satisfeito e poderia encerrar ali o acordo.

Se não houver uma tabela de referência — como no caso de carros —, você pode procurar um *benchmark*, ou seja, os valores comumente praticados em casos parecidos, ou analisar seu próprio histórico de acordos, se houver.

Faça o seu dever de casa e descubra onde você pode encontrar boas informações que ajudem nessa definição.

Esse é um patamar que, quando atingido, funciona, inclusive, como um sinalizador de que chegou o momento de fechar o acordo. É como se você tivesse cruzando a linha de chegada. Idealmente, ele se posiciona acima do Valor de Reserva, representando um objetivo final.

○ ○ ○

CASE — VENDA DO CARRO | VALOR MAIS PROVÁVEL

Considerando a venda do carro, você tem a MAPAN em R$25 mil e o Valor de Reserva em R$27.200. O Valor mais Provável seria o da tabela, que além de ser uma referência aceita pelo próprio mercado, funciona como parâmetro em outras situações, como seguro, por exemplo.

Neste caso, os R$32 mil indicados na tabela seriam uma quantia razoável como Valor mais Provável.

○ ○ ○

1.2.4. VALOR ESTENDIDO

"Se você não mirar alto, não acertará alto". Essa é uma frase de efeito e que define bem a importância de ter uma meta mais ambiciosa. Pesquisas mostram que, quando os negociadores estabelecem Valores Estendidos mais altos, seus resultados costumam ser melhores, no geral.

Muita gente evita fazer pedidos muito altos com medo que isso possa diminuir as chances de fechar o acordo. É um antídoto antecipado para o caso de o outro lado discordar do que você gostaria de pedir.

Exceto se você estiver participando de um leilão, um valor muito baixo não garante que você fechará o acordo, da mesma maneira que um valor muito alto também não garante que você fracassará.

Mas aí você pode perguntar: "Ok, Rodolfo, quer dizer que quanto mais alto o Objetivo Estendido, maiores as chances de eu conseguir um bom acordo? Então se eu pedir um aumento de R$50 mil ao meu chefe, eu tenho boas chances de ter sucesso?".

Não, não tem. Tudo tem um limite, e você não pode correr o risco de sua proposta não ser levada a sério. Seu pedido tem, sim, que ser alto e ambicioso, mas dentro de um limite razoável. Se você pedir um valor muito alto e depois precisar ir reduzindo até chegar a uma fração irrisória do valor original, certamente sua credibilidade ficará abalada. Você parecerá um vendedor de redes de beira de praia.

Se você pedir R$50 mil de aumento para o seu chefe e, no final das contas, ele der R$500 (1% do valor original), você terá muita dificuldade em suas negociações futuras. Mesmo que o acordo seja bom, o processo não deixou uma boa impressão.

Mais adiante, no Capítulo 4, que fala sobre a psicologia da negociação, veremos que o Valor Estendido tem grande importância no processo. Ele é usado normalmente na abertura das conversas, como a primeira oferta. Exatamente aquela que dá o tom do que acontece dali em diante.

Por enquanto, volte ao seu Checklist de Negociação e preencha os três últimos valores que vimos: o de Reserva, o mais Provável e o Estendido. Especificamente no Valor de Reserva, procure estimar o limite da outra parte também. Ele terá muita importância para pensar na Zona Positiva de Acordo; o próximo item da nossa lista.

CASE – VENDA DO CARRO | VALOR ESTENDIDO

Considerando a venda do carro, você tem a MAPAN em R$25 mil, o Valor de Reserva em R$27.200 e o mais Provável em R$32 mil, e o Valor Estendido poderia estar entre 10% e 15% acima disso, algo como R$35.200 a R$36.800.

É importante prestar atenção nesse número, porque muito provavelmente essa será sua primeira oferta, e, em muitas situações, a primeira oferta é o ponto ao redor do qual toda a negociação gira. Por isso, se você conseguir estabelecer uma âncora plausível, o mais perto possível do Valor Estendido, maiores serão suas chances de conseguir um bom acordo.

1.2.5. O MODELO DE ACKERMAN

Mike Ackerman era um agente da CIA que, depois que se aposentou, abriu uma consultoria especializada em negociar resgates de sequestros — do lado da vítima, claro. Embora a chance de você um dia se encontrar nesse tipo de situação seja bem pequena — de ambos os lados, espero —, o sistema idealizado, testado e aprovado por Ackerman tem princípios muito úteis para qualquer situação (VOSS e RAZ, 2016).

O passo a passo original, considerando que você está *comprando* algo, é o seguinte:

1. Defina um valor alvo (o máximo que você aceita pagar, ou seu Valor de Reserva).
2. Faça sua primeira oferta a 65% desse valor. Isto é: se o seu valor alvo for R$100, você abre a negociação oferecendo R$65 (este é o seu Valor Estendido).
3. Calcule três aumentos com incrementos decrescentes (para 85%, 95% e 100% do seu valor alvo). Aumentos decrescentes sinalizam para o outro lado que você está se aproximando do seu limite.

4. Use de muita empatia e diferentes formas de dizer "não" para que a outra pessoa faça contrapropostas antes de você precisar pular para o valor seguinte. Isso evita que você "negocie contra você mesmo," que é quando você reduz seu próprio valor antes de receber uma contraproposta. Como resultado, você reduz o número de passos até o limite final, o que é ruim.
5. Ao calcular seu valor final, use números quebrados, para dar mais peso e credibilidade.
6. Ao revelar seu valor final, acrescente algum benefício não monetário, para deixar claro que seu dinheiro acabou.

Se você estiver *vendendo*, basta inverter a ordem: se você aceita vender por R$65, então peça R$100. Na primeira concessão, o valor cai para R$80, depois para R$70 e, finalmente, para R$65.[5]

Dá para ter o mesmo raciocínio pensando em termos de desconto: o preço cheio é R$100, e você tem um limite de 35% de desconto. Então a primeira concessão dá 20%, a segunda dá 30%, e a terceira, 35%.

É claro que em muitas negociações, seja comprando ou vendendo, uma diferença de 35% entre a oferta inicial e o valor de fechamento é algo muito agressivo. Pode passar, inclusive, uma mensagem errada à outra parte, principalmente se depois você for obrigado a aceitar um valor muito inferior.

Sendo assim, pense nas linhas gerais do Modelo de Ackerman, e não nos números em si. Se no setor ou indústria em que você trabalha a variação é menor, ou os descontos são pequenos, faça as adaptações necessárias, lembrando que:

- As concessões devem ser sempre decrescentes. Seja aumentando ou diminuindo a oferta, a diferença tem que se cada vez menor. Se de uma oferta para a outra você aumentou R$100, a oferta seguinte tem que ser menor do que R$100. Se você deu um desconto de 2%, o desconto seguinte tem que ser menor do que isso.

  Essa é uma forma de sinalizar, ainda que implicitamente, que a sua margem de negociação, seu poder de decisão está acabando. Mesmo que a outra pessoa não faça as contas, intuitivamente ela percebe. E se

---

[5] É claro que se você calcular os aumentos de R$65 até R$100, percentualmente não são os mesmos de R$100 até R$65, mas o que vale aqui, o mais importante, é entender o princípio das concessões decrescentes.

não perceber, o benefício não monetário sugerido no último item serve para deixar isso ainda mais claro.

- Os números quebrados dão mais credibilidade à oferta. Quando alguém pede R$100, é quase certeza que o valor foi aproximado ou arredondado. No entanto, se o pedido for de R$97,31, a impressão que fica é a de que a pessoa fez cálculos complicados e se esforçou para chegar nesse total — e, por isso, deve estar certo.

Estudos mostram, inclusive, que mesmo pedindo um valor menor (R$97,31, em vez de R$100), o resultado final, depois das contraofertas, tende a ser melhor (MASON et al., 2013).

No seu Checklist de Negociação você encontrará as duas versões do Modelo de Ackerman, tanto para quem compra quanto para quem vende. Pense nele como um guia, não como uma fórmula mágica a ser seguida à risca. Você não precisa ter sempre quatro etapas entre a primeira oferta e a última. Pode ser menos, pode ser mais, dependendo do caso. Sua sensibilidade — e sua preparação! — é que deve guiar suas decisões.

1.2.6. ZONA POSITIVA DE ACORDO (ZOPA)

Depois que você determinar sua MAPAN, seu Valor de Reserva, Valor mais Provável e Valor Estendido, precisará estimar ao menos os dois primeiros para a outra parte. (Se você está acompanhando pelo Checklist de Negociação, já deve ter feito isso.)

Porque quando você tem uma boa noção de como a outra parte está vindo para a negociação, consegue antecipar determinados movimentos e se preparar melhor para a fase do diálogo e, principalmente, para a barganha.[6]

Quando os Valores de Reserva dos dois lados se alinham, ou seja, quando a pessoa que compra está disposta a pagar mais do que a pessoa que vende está pedindo, então temos uma Zona Positiva de Acordo, ou ZoPA.

Se você tem até R$300 mil (seu Valor de Reserva) para pagar num imóvel e descobre que a outra parte aceita vendê-lo por R$280 mil (o Valor de

---

[6] Dependendo do autor ou da escola, o termo barganha pode variar. Aqui barganha refere-se àquela parte da negociação em que as partes estão fazendo ofertas, contraofertas e concessões.

Reserva da outra parte), temos aí uma ZoPA de R$20 mil, porque qualquer número entre um limite e outro é satisfatório para os dois lados.

Repare que, no Checklist de Negociação, há um espaço cinza entre os dois Valores de Reserva — o seu, que você sabe, e o da outra parte, que você deverá estimar. Esse espaço serve exatamente para você calcular a ZoPA.

Em situações assim é bem provável que o acordo seja fechado, e a motivação de cada lado será empurrar o número final mais para perto do limite do outro, para maximizar seus ganhos.

O mais interessante desse conceito é que, quanto maior a ZoPA, maiores as chances de a negociação criar valor para ambos os lados quando for fechada. Quanto mais significativo esse valor, mais as discussões podem ficar longe de preço e descontos e mais você pode pensar em como criar condições para que ambos saiam mais satisfeitos do que previram no início.

Se, ao contrário, os valores estiverem divergentes, isto é, quem compra tem um Valor de Reserva menor do que quem vende, aí temos uma Zona Negativa de Acordo, ou ZoNA.

Como se o vendedor do imóvel pedisse um mínimo de R$320 mil, enquanto você pretende chegar até R$300 mil apenas.

São momentos em que um acordo parece improvável, mas não impossível. Porque, mesmo que os valores não batam um com o outro, inúmeras alternativas ainda podem ser buscadas. (Isto é, inclusive, o tema do próximo capítulo.)

No nosso dia a dia, contudo, parece que lidamos muito mais com este segundo tipo de situação, isto é, os Valores de Reserva parecem divergir mais do que convergir. Em outras palavras, nas nossas negociações, parece que um sempre quer pagar menos do que o outro quer receber.

Mas por que escrevi que *parece* que a Zona Negativa de Acordo é mais comum do que a Positiva? Por que não *afirmei* que uma é mais comum que a outra?

Porque muitas vezes vemos uma negociação com uma Zona Negativa de Acordo que, mesmo assim, resulta num acordo. A pergunta correta é: por que isso acontece?

Das duas, uma: ou você errou na avaliação e o verdadeiro Valor de Reserva — seu ou da outra parte — estava noutro patamar, ou não era para o acordo ter saído, no fim das contas, e um dos dois lados se arrependerá, cedo ou tarde.

Outro ponto de atenção importante é quando os valores estão muito distantes um do outro. Vejo duas situações em que isso acontece com mais frequência:

- Uma das partes está tentando tirar proveito da outra, seja porque está em uma posição de maior poder ou tem mais informações do que a outra; ou
- Uma das partes errou feio na avaliação (o mais frequente) — e há duas causas principais para isso:
  - Avaliar coisas diferentes. Um cotou serviço premium, e o outro orçou o genérico. Um pediu um preço para pintar a casa toda, e o outro considerou somente a sala.
  Muita gente acha que esse tipo de erro é problema do outro. Mas a pessoa não entregará o esperado, e você entrará numa briga que pode não dar em nada. Você perde tempo, dinheiro e oportunidades, e o problema do outro virou problema seu.
  - Usar informações equivocadas ou dar peso errado a elas. É como aumentar o preço de um produto com o mesmo percentual de reajuste do combustível, em vez de considerar apenas o custo do frete. E isso é diferente de errar o índice do aumento.

Avaliar coisas diferentes e usar informações equivocadas podem levar, também, à criação de expectativas conflitantes. Já vi, muitas vezes, duas partes negociando achando que estão fazendo um grande favor para a outra, quando, na verdade, nenhuma das duas queria estar ali. E já vi o contrário: duas partes entrando com medo em situações nas quais uma precisava desesperadamente da outra.

◯ ◯ ◯

CASE — VENDA DO CARRO | ZOPA

No caso da venda do carro, a Fernanda, com quem você está negociando, deu a entender, na última conversa que tiveram, que considera a tabela FIPE (Fundação Instituto de Pesquisas Econômicas) um bom balizador de valores, mas que, para valer mesmo, o carro precisa realmente estar muito inteiro.

Outra pista que ela deu durante as conversas foi dizer que gostaria de ficar dentro desse patamar, porque assim não precisaria entrar no cheque especial. E que já achou outro carro parecido, do mesmo ano, mas que não é da cor que ela gostaria.

Cada informação tem uma implicação diferente. O carro de outra cor provavelmente está mais barato do que o seu, caso contrário ela nem cogitaria o assunto (quem compra um carro mais caro de uma cor que não prefere?). Essa é a MAPAN dela, que, embora você não saiba o valor, você sabe que existe. Você pode sondar, ou mesmo buscar no mesmo site um carro parecido e tentar se certificar de que é isso mesmo.

A outra informação é que, embora ela não *queira* entrar no cheque especial, ela *pode* entrar no cheque especial. São duas coisas diferentes: se ela diz que não pode, é porque não pode; se ela diz que não quer, é porque pode. Isso significa que há espaço até para pagar um pouco mais do que o valor da tabela FIPE.

Agora você já consegue visualizar os principais elementos dessa negociação no esquema a seguir:

VOCÊ　　　　　　　　　　　*FERNANDA*
Valor de Reserva <ZoPA>　　*Valor de Reserva*
R$27.200　　　　　　　　　*R$32.000*

○ ○ ○

1.2.7. EQUILIBRANDO VALOR E RELACIONAMENTO

Na apresentação do Método de Harvard, um dos temas em que William Ury costuma insistir é que um bom modelo de negociação precisa melhorar a situação dos envolvidos, sendo eficiente (isto é, ter um custo menor do que o benefício proporcionado) e satisfatório para os dois lados. Além disso, deve melhorar o relacionamento entre as partes (FISHER e URY, 2011).

Temos, portanto, duas dimensões para avaliar a essência de uma negociação.

Uma dimensão diz respeito à importância, ao tamanho, custo e peso do objeto central da disputa. É o valor da coisa negociada, que, alto ou baixo, também pode assumir diferentes perspectivas.

Há o valor absoluto ("É um imóvel que vale um milhão de reais") e há o valor relativo ("É um imóvel de um milhão de reais dentro do meu portfólio de cem milhões de reais" ou "É o meu único imóvel"). Há o valor objetivo ("Vale um milhão de reais porque tem duzentos metros quadrados em uma região de cinco mil reais por metro quadrado") e há o valor subjetivo ("Não vendo por menos de um milhão de reais porque passei toda a minha infância ali").

A outra dimensão refere-se ao impacto no relacionamento entre as partes, que pode já existir previamente ou nascer com a negociação. Ao iniciar uma tratativa, cada lado precisa entender o contexto que os levou até ali, o que trazem de conversas passadas ou se é a primeira vez que se encontram.

Do mesmo modo, devem considerar que tipo de resíduo ou impacto querem deixar para o futuro. Se são duas empresas que se cruzam frequentemente — seja como cliente-fornecedor ou como parceiras —, então a construção e manutenção de um bom relacionamento é fundamental.

Uma boa estratégia de negociação deve prever, portanto, uma dosagem[7] perfeita entre essas duas dimensões: valor e relacionamento.

Em algumas situações, o valor terá um peso maior no acordo final. Imagine que você esteja vendendo um imóvel para uma pessoa que você nunca viu na vida — e provavelmente não verá mais depois dessa transação.

Sua prioridade, neste caso, deverá ser conseguir a maior quantidade possível de dinheiro, em vez de se tornar o melhor amigo do comprador. O valor terá um peso muito maior nas suas decisões do que o relacionamento.

Se, por outro lado, o comprador do imóvel for o seu irmão, talvez você prefira preservar mais o relacionamento e não ter uma postura tão agressiva com relação ao valor envolvido.

O mesmo ocorre quando uma empresa dá um desconto mais arrojado agora para ter um volume de vendas mais expressivo no futuro: uma concessão hoje para um retorno maior amanhã.

---

7 Note que evitei falar em "equilíbrio," porque não é realmente o caso aqui. O que se busca é a dose correta de cada um, e não doses equivalentes.

Podem acontecer, ainda, as situações de equilíbrio, em que valor e relacionamento têm pesos equilibrados. Situações de pouco risco, em que valor baixo e pouca probabilidade de interação futura não requerem muita atenção extra.

Mas se a negociação envolve altos valores e o relacionamento futuro também é importante, será necessário prestar atenção às duas dimensões igualmente e, assim, traçar uma estratégia abrangente e eficaz.

Um erro frequente nesse tipo de avaliação é quanto ao horizonte temporal considerado. Muita gente encara a assinatura do contrato como o ponto final de um acordo. Em muitas situações, no entanto, esse é o verdadeiro início de tudo. É a partir do fechamento do acordo que o trabalho começa realmente (ERTEL e GORDON, 2007).

É nisso que muita empresa falha, ao colocar departamentos de compras para negociar contratos de manutenção ou de serviços de TI, por exemplo: um time trata do Valor (compras), e, posteriormente, outro time (usuário) deverá cuidar da implementação do que foi decidido e, por tabela, do Relacionamento.

Então você tem dois pesos e duas medidas, ou melhor, dois times e duas medidas — e é exatamente por isso que muitos contratos de serviços fracassam ou geram conflitos desnecessários.

Conhecer as diferenças entre essas dimensões evita confusões na elaboração da sua estratégia. Você pode decidir de antemão se adotará uma postura mais amigável ou mais agressiva, se pode compartilhar mais informações ou se deve se preservar mais, se pode ficar mais relaxado ou ser mais defensivo.[8]

CASE — VENDA DO CARRO | VALOR X RELACIONAMENTO

No caso da venda do carro, como você classificaria a negociação, em termos de valor (alto ou baixo) e relacionamento (alto ou baixo)?

---

[8] Quem faz uma ótima análise desses *trade-offs* é Richard Shell, professor de Wharton, no livro *Negociar é Preciso* (2001).

Você não conhecia a Fernanda antes, e provavelmente nunca mais irá vê-la na vida. Por isso, pode focar muito mais nos valores envolvidos do que na construção de um relacionamento que, provavelmente, não servirá para muita coisa depois.

Ainda assim, é sempre bom lembrar que há questões de ética e reputação envolvidas — e não é porque você não vai mais ver a pessoa que você tem licença para ser um pilantra.

E vamos aproveitar que essa é uma situação bem simples para falar de dois conceitos importantes.

O primeiro diz respeito ao caráter maleável que a maioria das situações adquire. Você pode começar uma negociação com uma intenção e as condições mudarem no meio do caminho. Em casos assim, é possível que você precise alterar um critério ou outro que vinha trabalhando desde o início.

Se você estava usando a promessa de Leandro de comprar o carro por R$25 mil e com isso tentava conseguir mais um pouco, mas no meio do caminho ele avisa que perdeu o emprego e não poderá gastar dinheiro com carro agora, você pode ser pego sem outra opção — e aí se ver obrigado aceitar uma oferta menor.

É aí que entra o segundo conceito: se você se agarrar muito a uma determinada posição — se você disser para os potenciais compradores que R$27.200,00 é o mínimo do mínimo que pode aceitar —, é possível que você perca o negócio para não ter que voltar atrás.

Aliás, não é só você. Muita gente é assim. Muita gente acha que vai parecer fraco se voltar atrás e aceitar uma proposta inferior do outro lado — e quase tivemos uma guerra nuclear na década de 1960 por causa disso.

Durante a Crise dos Mísseis de 1962, uma das preocupações centrais de Kennedy era que Khrushchov não se apegasse demais à sua posição de manter os mísseis em Cuba. O que o presidente norte-americano queria evitar era que o premier russo se sentisse impelido a tomar medidas mais drásticas para não precisar voltar atrás, sob pena de parecer fraco perante o governo soviético.

Por isso, uma das estratégias utilizadas por JFK era sempre deixar uma saída viável para que seu oponente pudesse concordar com seu pedido de tirar os mísseis, se assim desejasse.

Então, durante a negociação, lembre-se: evite se agarrar demais às suas posições — principalmente de forma explícita e pública —, para depois não ficar refém das suas próprias decisões.

○ ○ ○

1.3. TIPOS DE NEGOCIAÇÃO

Olhando para a negociação de uma forma geral existem, basicamente, dois tipos principais: distributiva e integrativa.

Embora essa seja uma definição mais acadêmica, mais conceitual, ela pode ajudar a analisar melhor o contexto em que uma transação é realizada, para que, assim, se decida que postura adotar — se mais agressiva, competitiva ou mais conciliadora, colaborativa.

A forma mais comum de explicar a diferença entre distributiva e integrativa é imaginando que o objeto negociado é uma torta, que deve ser dividida entre duas pessoas.

Quando cada pedaço de torta a mais para uma pessoa significa um pedaço a menos para a outra, temos uma negociação distributiva. Como o nome sugere, ela distribui um valor específico e limitado.

É o que chamamos em teoria dos jogos de soma zero, porque para cada unidade a mais de um lado (+1), temos, obrigatoriamente, uma unidade a menos do outro (-1), e a soma disso é zero. Alguns autores também chamam isso de negociação ganha-perde, porque para um lado ganhar o outro tem, necessariamente, que perder.

Uma negociação distributiva é, normalmente, bastante competitiva, já que os recursos são finitos e o objetivo principal é tentar ficar com tanto quanto possível. E nesse tipo de disputa, as informações de ambos os lados têm ainda mais valor.

Para aumentar suas chances de sucesso em uma negociação distributiva, lembre-se:

- A **primeira oferta** costuma ter um grande impacto psicológico, ao estabelecer um número inicial.[9]
- Evite revelar **informações importantes** sobre sua posição, especialmente seu Valor de Reserva. Se você tiver uma boa MAPAN, até pode ser mais transparente, mas evite simplesmente *dar* informações. O ideal é que você *troque* informações.
- Busque **conhecer melhor a outra parte**, para elaborar sua primeira oferta ou pedido. Isso ajuda a sustentar suas posições com argumentos quando você entrar na fase da barganha.
- **Não faça exigências exageradas**, para não parecer muito agressivo. Sua primeira oferta deve ser alta, mas não insensata, sob risco de a outra parte se retirar ou de você perder a credibilidade caso precise aceitar um valor muito inferior.

Nesses contextos de negociações distributivas, é comum que as partes adotem posturas agressivas demais — ou defensivas demais —, desperdiçando boas oportunidades de buscar soluções que tragam ainda mais benefícios do que antecipado originalmente para ambos os lados.

A divisão das laranjas, que serviu de ilustração para a diferença entre interesses e posições, é um perfeito exemplo disso. Embora seja essencialmente integrativa, ela acaba sendo resolvida como distributiva na maioria das vezes, pela falha das pessoas em identificar os interesses de cada parte. Aliás, não é que elas não encontrem os interesses; elas simplesmente não buscam.

Já a negociação integrativa, embora também termine na divisão de um determinado valor, não parte do princípio de que esse valor é fixo do início ao fim, e que para um ganhar, o outro tem que perder.

Em negociações integrativas, as duas partes procuram, antes de tudo, aumentar o tamanho da torta antes de pensar em como irão dividi-la. Mesmo já tendo alguma coisa para repartir, as duas partes ainda buscam outras formas de agregar mais valor ao que já estão negociando. Elas cooperam entre si para juntar o máximo de benefícios mútuos dentro de um mesmo pacote.

O que acontece, muitas vezes, é a negociação começar como se fosse distributiva e, conforme as conversas vão avançando e novas informações são trocadas, as partes percebem que podem ir além do que previram inicialmente.

---

9 Mais sobre este conceito no Capítulo 4, na parte sobre ancoragem.

Ao contrário da negociação distributiva, em que você deve evitar revelar informações mais sensíveis — porque algumas negociações são, de fato, distributivas —, em uma negociação integrativa, a troca de informações é essencial. É ela que permite que um lado realmente entenda quais as necessidades, os desejos e interesses do outro.

Fica mais fácil, assim, buscarem juntos as soluções que criam mais valor para ambos. E isso pode ser feito da seguinte maneira:

- Forneça informações sobre sua **situação** e **explique os motivos** pelos quais deseja chegar a um acordo. Mas lembre-se sempre de que esse deve ser um movimento de mão dupla: não *dê* informações; *troque* informações. Estimule a reciprocidade, deixando claro que o objetivo é encontrar a melhor solução para os dois.

- Fale sobre seus reais **interesses, recursos e limitações**, explicando suas preferências sobre cada tema em discussão. Quando você expõe o que está por trás do que pede, ganha legitimidade, além de estimular a outra parte a fazer o mesmo.

- Converse sobre **recursos adicionais** que possam realmente agregar valor à outra parte. Mas busque interesses genuínos, para não correr o risco de parecer querer empurrar inutilidades adiante. Não é porque todo mundo come alface que todo mundo aceitará um caminhão de alface como pagamento.

- Reúna essas informações para buscar **soluções criativas** que satisfaçam os interesses dos dois lados.

- Se possível, **dê exemplos** de negociações bem-sucedidas que você conseguiu amarrar (ou de que ouviu falar) a partir desse tipo de interação.

É bom ter mente, também, que a maioria das negociações tem características tanto integrativas quanto distributivas. A melhor forma de pensar nisso é enxergá-las dentro de um contínuo, com um extremo em cada lado e uma mistura bem variada entre eles.

Haverá situações que são integrativas até certo ponto, com oportunidades tanto para a colaboração quanto para a competição. E haverá outras em que ficar com a maior parte será o único objetivo.

Uma vez participei de uma negociação entre um fornecedor de materiais de construção e uma grande associação de varejistas. A conversa era dura em torno do desconto do produto principal, responsável pelo maior volume de vendas. Não por coincidência, era uma *commodity* de margem baixa e que permitia pequenas variações de preço. A típica discussão que não levaria a lugar nenhum.

Quase que escondido na pasta do diretor de Vendas, havia um catálogo dos seus produtos, que, por pura curiosidade, eu pedi para ver. Conforme fui folheando o material e fazendo perguntas sobre os itens, o time de compras se interessou e admitiu que não sabia que a empresa tinha um portfólio tão completo assim.

Todos os produtos tinham margens melhores do que o item principal, objeto da discussão original. Vários dos itens não estavam disponíveis para os varejistas associados. A partir daí, a conversa tomou outro rumo: uma discussão improdutiva sobre margens apertadas se transformou numa parceria comercial com ótimas perspectivas para os dois lados.

Saber onde competir quando há interesses conflitantes e onde trocar informações para criar valor é um dos grandes desafios, até mesmo para negociadores mais experientes.

1.4. CRITÉRIOS DE ESCOLHA

Muita gente acha que só devemos pensar em critérios de escolha quando já temos as alternativas que precisaremos escolher. Mas se pensarmos em conceitos como MAPAN e Valor de Reserva, eles já trazem em si a essência dos seus critérios de escolha.

Porque, quando você está em uma negociação com diferentes alternativas, caso não consiga fechar um acordo e escolha uma delas como a melhor — a MAPAN, neste caso —, essa decisão foi tomada seguindo alguns princípios ou critérios.

1.4.1. CRITÉRIOS OBJETIVOS

Quando comparamos itens muito semelhantes uns com os outros escolhendo apenas entre fabricantes ou fornecedores, costumamos seguir critérios mais concretos e mais visíveis.

Ao comprar água mineral para a empresa, por exemplo, a decisão provavelmente se concentra nos aspectos comerciais da transação, em dimensões tangíveis, como preço e prazo de pagamento, ou questões mais práticas, como facilidade de entrega e disponibilização de bebedouros e copos descartáveis.

De qualquer modo, são situações em que a comparação entre as opções é direta e, possivelmente, mais transparente. É o tipo de avaliação que, se outra pessoa fizer, seguindo os mesmos critérios, possivelmente seguirá o mesmo caminho e chegará ao mesmo resultado.

1.4.2. CRITÉRIOS SUBJETIVOS

Por outro lado, quando comparamos algo menos padronizado, em que o gosto pessoal e aspectos intangíveis têm um peso maior, lidamos mais com preferências individuais e, muitas vezes, inconscientes. São escolhas baseadas em critérios subjetivos.

O que nas *commodities* é padronizado e massificado, em itens mais complexos é customizado e individualizado. O número e o tipo de exigências variam consideravelmente, para atender a uma gama mais ampla de desejos e necessidades, de especificidades e peculiaridades.

Ao comprar móveis para o escritório, por exemplo, comparar as opções pode não ser tão automático quanto no caso de comprar água mineral. Preocupações de preço e forma de pagamento agora parecem secundárias frente a cores e tipos de materiais. Garantia, durabilidade e manutenção podem ter um peso menor do que design e acabamento.

São elementos e pesos que dependem do gosto de cada pessoa e variam de acordo com os olhos que avaliam.

Existem, também, situações em que critérios objetivos e subjetivos se misturam e se complementam como quando você compra um celular: velocidade do processador, memória e resolução da câmera são elementos quantificáveis e, por isso mesmo, facilmente comparáveis. Enquanto isso, marca e aparência são preferências pessoais, individuais. Difíceis de serem medidas objetivamente.

Esse tipo de raciocínio vale para todos os envolvidos em uma negociação, independentemente de comprar, vender ou qualquer que seja a natureza do acordo: precisamos sempre tentar entender como o outro lado avalia a nossa oferta. Com que régua o cliente está medindo o meu produto? Com que lente o fornecedor analisa a minha proposta?

Imagine que você trabalhe no departamento de compras de uma grande empresa e precise comprar uma frota de carros para os diretores. Embora a tarefa pareça estar definida como uma compra tradicional, das que envolvem a transferência de propriedade de um determinado bem, você sabe que existem outras opções disponíveis.

Em vez de comprar carros, o real objetivo da tarefa, o interesse central, é disponibilizar um automóvel específico para cada diretor ou, ainda, um meio de locomoção. Além, é claro, de proporcionar um símbolo de *status* que reflita os valores da empresa e do cargo da pessoa, tanto para o público externo quanto para o interno.

Mas isso também pode ser conseguido através de aluguel ou *leasing,* por exemplo. Com mais essas opções, você pode incluir critérios adicionais na avaliação da melhor alternativa, como as alterações no patrimônio líquido da empresa e outras implicações contábeis como amortização e depreciação, a manutenção dos veículos, as alçadas de responsabilidade quanto a multas e acidentes. Cada nova modalidade traz, em si, seus próprios critérios de avaliação.

Em situações complexas como essa, com muitas variáveis, faça uma lista com os pontos a considerar, colocando-os em ordem de importância, do maior para o menor e liste os critérios de forma hierárquica. Se houver mais de três critérios, recomendo usar pesos diferentes para cada um, para ajudar a visualizar melhor a situação e concentrar-se no que realmente importa.

Em seguida, veja como os atributos de cada oferta satisfazem os critérios apontados (avaliação) e multiplique pelo peso. Você pode usar a lista para escolher entre duas opções, por exemplo:

Critério	Peso	OPÇÃO A		OPÇÃO B	
		Avaliação	Subtotal	Avaliação	Subtotal
1. Status	5	5	25	8	40
2. Design	4	6	24	9	36
3. Segurança	4	7	28	8	32
4. Preço	3	6	18	4	12
5. Manutenção	3	6	18	5	15
6. Garantia	2	8	16	5	10
7. Consumo	1	6	6	3	3
8. Assistência Técnica	1	7	7	6	6
TOTAL			142		154

A Opção B aparece como uma escolha superior, com os fatores Status e Design dominando questões de Garantia e Consumo. Em um departamento de compras, esse seria o tipo de critério estabelecido pela área do cliente para uma aquisição, dando maior importância aos itens mais relevantes, de acordo com o uso do item (se os carros fossem para uma frota de vendedores, provavelmente os critérios e os pesos seriam diferentes).

Em algumas situações, é possível reduzir variáveis a um denominador comum — normalmente traduzir tudo em dinheiro. Neste caso, você consegue reduzir todas as variáveis a um único preço final para tomar a decisão.

Pode trazer o período de 24 ou 48 meses de um aluguel ou financiamento a valor presente e comparar com o preço à vista dos automóveis e descontar o valor residual depois da depreciação.

Se você estiver avaliando dois apartamentos para alugar, um com uma vaga de garagem e outro com duas, se souber quanto custa alugar uma vaga extra para o primeiro, você pode acrescentar esse valor no aluguel e eliminar esse critério.

Outro cuidado é adequar os critérios às modalidades de transação. Manutenção e Assistência Técnica têm um peso se você comprar o carro. Mas se você alugar o carro, essa importância cai ou desaparece.

A maioria dos critérios que avaliamos admite graus e variações. Pode ser uma medida objetiva (o consumo de um é 6,5 km/l na cidade, e do outro é 7,9 km/l) ou subjetiva (o design deste carro é nota 9, e o do outro é nota 7).

Alguns, no entanto, são absolutos ou têm uma linha de corte, isto é: se tiver o mínimo, passa; caso contrário, está fora. Se o carro não for flex, não serve. Se não tiver blindagem nível três ou superior, não serve. Se não for quatro portas, não serve. Menos de 150 cavalos, não serve.

Estabelecer critérios ajuda a filtrar as opções disponíveis. Em muitas situações, a gama de possibilidades pode ser assustadoramente grande, o que torna a tarefa muito mais trabalhosa e sujeita a erros. Bons critérios de escolha limitam o escopo de avaliação e permitem focar no que realmente pode atender sua demanda.

É importante notar, também, que muitas vezes os critérios de escolha extrapolam o próprio produto. A cobertura da garantia, ou a sua duração, são critérios de pós-venda, e não do produto em si. O histórico de relacionamento entre duas empresas ou duas pessoas também pode ser mais relevante do que aquilo que se negocia,[10] assim como os reflexos desse relacionamento para o mercado.

Igualmente, você deve ser capaz de identificar quais são os critérios mais relevantes para a outra parte. Caso contrário, corre o risco de explorar demais algumas características irrelevantes, enquanto negligencia aquelas que efetivamente fazem a diferença.

E é aqui, também, que surgem oportunidades excelentes para gerar valor em uma negociação: elementos que tenham baixo custo para um e alto valor para outro são ótimas alavancas para negociações integrativas — aquelas em que aumentamos o valor do negócio antes de reparti-lo. No próximo capítulo, sobre como encontrar alternativas, veremos como explorar essas assimetrias de valor.

---

[10] Se sua agência de publicidade tem a conta da GM, pega mal você comprar carros da Ford para sua frota, não pega?

2
BUSCANDO
Alternativas

Independentemente de você estar em uma negociação distributiva — em que as partes estão simplesmente distribuindo um determinado valor — ou especialmente se estiver em uma negociação integrativa — em que mais valor é criado antes de ser dividido —, uma das tarefas mais importantes é encontrar boas alternativas que possam satisfazer ambos os lados e, assim, levar ao fechamento de um ótimo negócio.

Essa é a fase da negociação em que precisamos ir um pouco além e enxergar mais longe daquilo que está imediatamente à nossa frente. Buscar alternativas, encontrar soluções, criar opções, combinar ideias e desenhar acordos que muitas vezes são completamente diferentes do que imaginamos no início. Porque nem sempre uma negociação começa e termina no mesmo lugar.

Assim que recebi de Gérson sua versão preenchida do Checklist de Negociação, tive minha primeira surpresa: só havia ali uma alternativa. Meu único objetivo, a razão de eu ter sido chamado, era conseguir pelas suas cotas da empresa o valor estipulado pela consultoria financeira contratada por ele. Algo assim:

LISTA DE OPÇÕES:
1. Conseguir um bom valor na venda das cotas.
FIM.

Como você se prepararia para uma negociação desse tipo?

O primeiro impulso de alguém que terminou de ler o capítulo anterior é determinar as diferentes posições que o interesse definido nessa lista de opções que mostrei pressupõe.

"O valor de mercado da empresa, segundo os critérios utilizados, seria de R$50 milhões. Podemos tomar esse patamar como o Valor Mais Provável. O Valor de Reserva seria uma versão de avaliação baseada em fluxo de caixa descontado, que daria R$40 milhões"[1], e assim por diante, passando por Valor Estendido, MAPAN, estimativas do Valor de Reserva da outra parte e tudo o mais que vimos até agora.

Não estaria errado. Estaria incompleto.

Uma das tarefas mais importantes durante uma negociação, principalmente no início das conversas, é questionar as intenções, de lado a lado, independentemente de quem tenha contratado quem. Neste caso, eu estava desconfortável com a definição do problema e teria que revirar a situação de cabeça para baixo.

Desde o início da história, passando por suas diferentes tentativas de acordo, as recentes conversas, discussões, brigas e impasses, era necessário enxergar e entender cada possibilidade, cada desfecho e suas consequências. Tudo precisava ser analisado e colocado em perspectiva.

Em tomada de decisão, um dos problemas mais frequentes é a pessoa resolver seguir o primeiro caminho que aparece, normalmente o mais óbvio, e parar de buscar alternativas (LOVALLO e SIBONY, 2010). Em negociação — que, como vimos, nada mais é do que uma tomada de decisão em conjunto — acontece a mesma coisa: as pessoas agarram a primeira alternativa que

---

[1] Uma "solução" muito usada em situações assim é a pessoa dizer: O mínimo que eu aceito é R$30 milhões, porque é de quanto preciso para abrir meu próprio negócio. Usar situações completamente diferentes para estabelecer limites é algo que eu não recomendo. Não importa o que você fará com o dinheiro, e sim o quanto o negócio vale. São duas coisas completamente diferentes.

aparece e pronto, sem perceber que muitas vezes deixam dinheiro em cima da mesa.

Buscar alternativas para uma negociação é muito parecido com buscar soluções para um problema. É quando você pega os elementos à sua disposição e põe a criatividade para trabalhar.

E talvez seja exatamente por isso que muita gente passe batido por essa fase, simplesmente porque não se considera suficientemente capaz de encontrar uma solução adequada. Pega a primeira coisa que aparece e segue adiante.

Em muitos casos, no entanto, encontrar soluções criativas — ou mais alternativas para escolher — é mais uma questão de esforço e dedicação do que de talento nato ou inspiração celestial.

Por esse motivo, resolvi dedicar um capítulo inteiro à busca por alternativas, trazendo dicas e sugestões para ajudar a responder perguntas que a maioria nem sequer faz.

Pode ser que você encontre algo tão surpreendente que queira revisar seu mapeamento da situação.[2] Negociar não é uma atividade linear, lembra? É muito mais um processo cíclico, em que você pode ir e voltar várias vezes até chegar ao ponto ideal.

Há várias técnicas, ferramentas e modelos que podem ajudar nessa tarefa. São sugestões que você pode experimentar para gerar um grande número de alternativas. Não se preocupe muito se a alternativa parece maluca ou descabida ou o oposto do que você tinha em mente. Concentre-se na quantidade e deixe a qualidade para depois. Primeiro crie, depois selecione.

Vá testando aquelas com as quais que você se sente mais confortável ou com as quais tem mais facilidade e aos poucos incorpore as mais avançadas ou elaboradas ao seu repertório.

Outro ponto importante é conseguir dar foco ao esforço criativo, restringindo o campo de busca. Frequentemente, quando falamos de criatividade, de inovação, uma das primeiras dicas sugere expandir o campo de busca por soluções. Isso significa, normalmente, esquecer as barreiras aparentes, ignorar as limitações de recursos e deixar a mente ir mais longe, vagar pelo desconhecido e explorar outros territórios.

---

2 É até normal que isso aconteça, porque se você encontrar uma boa alternativa que não tenha enxergado antes, sua MAPAN terá mudado, certo?

Muitas vezes nos dizem que precisamos ampliar os horizontes. Usando o termo que ficou na moda, dizem para pensar fora da caixa.

É aí que muita gente começa a duvidar de sua capacidade para inovar. Porque, quando a pessoa sai da caixa, a mente começa a viajar em divagações sem fim. Seu pensamento voa longe, bem longe do problema que está tentando resolver. E, geralmente, ele não volta tão cedo.

Assim, a lógica por trás da ideia de pensar em um ambiente restrito está atrelada ao foco: quanto mais longe você estiver do problema — ou quanto mais fora da caixa —, menos foco terá.

Experimentos relacionados à criatividade sugerem que reduzir os recursos é uma das melhores formas de encontrar soluções mais originais e criativas. Porque elas geralmente estão mais perto do que se imagina. Elas estão dentro da caixa.

Além disso, uma das premissas para se pensar fora da caixa é abandonar as limitações — o que implica em recursos infinitos, tanto em termos de dinheiro quanto de tempo.

Assim, você pensará fora da caixa até encontrar uma solução, e depois terá que refazer o processo para encaixar a solução em sua realidade. Logo, precisará ser criativo duas vezes, em vez de uma.

Para ajudar nesse processo, desenvolvi o Checklist das Alternativas, que você encontra no Apêndice 2, com um roteiro para você acompanhar enquanto lê este capítulo.

Logo no início, há um espaço para um resumo das informações que você tem até o momento e que servirá como um ponto de partida.[3] Elas servem para você revisar e organizar suas ideias, certificando-se de não deixar nada de fora. Além disso, funcionam como um registro para que depois você avalie as escolhas que fez e corrija o seu processo decisório, se necessário.

Depois que você preencher a parte das Restrições, ou seja, as limitações da sua oferta, tente localizar ou entender suas verdadeiras origens ou razões. Por exemplo: o lote mínimo é em função de economias de frete ou é o *setup* da máquina, que produz aquele número exato em cada *batch*? O prazo de

---

3 Todos os materiais do livro foram elaborados para funcionarem separados, isto é, você pode usar somente o Checklist de Alternativas em um trabalho e o Checklist de Negociação em outro. Por isso, algumas vezes um ou outro item pode parecer repetido ou redundante.

entrega tem uma margem de segurança muito grande, ou realmente é uma produção demorada, ou é o ciclo de entrada na máquina?

A razão desse questionamento é que, muitas vezes, as premissas usadas pela área comercial — ou por qualquer outra na empresa — tiveram origem em circunstâncias do passado ("aqui sempre foi assim"), que não valem mais.

Outras referem-se, ainda, a restrições mal comunicadas. Já trabalhei com um fornecedor cujo prazo de entrega era de trinta dias mas, na verdade, a produção levava menos de doze horas e era feita todo 5º dia do ciclo. Então pode ser que leve trinta dias, mas pode ser que seja bem menos, desde que o cliente conheça a dinâmica e consiga se programar de acordo.

O importante, de verdade, é que você siga os itens a seguir, imaginando como poderia usar cada um deles para gerar novas alternativas para a sua negociação. Vá anotando suas ideias, seus *insights* e suas conclusões.

2.1. A OPÇÃO QUE DESAPARECEU

Em fevereiro de 2014, uma greve no metrô de Londres fechou cerca de 60% das 270 estações da cidade, prejudicando o trajeto dos quase quatro milhões de passageiros diários.

Sem poder contar com suas opções habituais, restou aos londrinos buscar rotas alternativas para cumprirem seus compromissos. Foi aí que entraram em cena três economistas da Universidade de Oxford para estudar os efeitos desta greve nos hábitos dos usuários do transporte público (LARCOM, RAUCH e WILLEMS, 2015).

Com acesso às informações dos bilhetes recarregáveis dos passageiros, eles conseguiam visualizar os trajetos antes, durante e depois da greve, de forma individual, mas anônima, claro.

O que descobriram foi que cerca de 5% dos usuários que mudaram seus trajetos durante a greve não voltaram a usar o percurso anterior depois que a paralisação acabou, muito provavelmente porque encontraram opções melhores quando foram obrigados.

Isso equivale a dizer que um em cada vinte passageiros perdia tempo e talvez dinheiro à toa no transporte diário, sem necessidade, por pura inércia. Foi preciso uma situação adversa para que saíssem da zona de conforto e encontrassem, meio que sem querer, uma rota mais adequada.

É por isso que abro esta parte do livro com a sugestão sempre útil dos irmãos Heath (HEATH e HEATH, 2013): pegar essa opção que imediatamente pula na nossa frente, a primeira que consideramos e estamos prestes a adotar, e pensar: o que eu faria se essa opção desaparecesse?

Quando as pessoas imaginam que não têm mais determinada opção disponível, elas se obrigam a buscar alternativas, se forçam a olhar em outros lugares — onde provavelmente outras opções estão esperando para serem descobertas.

Voltemos ao caso de um suposto pedido de aumento ao chefe. Você pesquisou, sondou o mercado, perguntou aos colegas, fez alguns cálculos e chegou a um percentual que acha razoável.

Também imaginou como seria a conversa, que tipo de resposta seu chefe poderia dar e como você reagiria a cada uma delas. Elaborou argumentos e contrapropostas. Resumindo, fez todo o dever de casa e se considera preparada para a discussão.

Mas no primeiro minuto de reunião, a frase do seu chefe sai como um vento gelado: "Todos os salários estão congelados pelo RH até o final do ano." E agora?

Se você já conhecesse a técnica da Opção que Desapareceu, esse seria um ótimo momento para usar. Antecipadamente, claro, durante a preparação. Você deveria ter se perguntado: o que fazer se ele *quiser* me dar um aumento mas não *puder* me dar um aumento? Se ele achar que eu realmente mereço, mas estiver de mãos atadas pelas políticas corporativas.

Um dos grandes erros que cometemos em negociação — especialmente quando o dinheiro ocupa um papel central — é achar que dinheiro é a mesma coisa que dinheiro agora, ou que a única forma que o dinheiro assume é um monte de notas empilhadas na sua frente. Ao contrário, o dinheiro pode assumir diversas formas e se manifestar em diferentes momentos.

O que você precisa descobrir com o seu chefe é qual a forma mais adequada para você, ou em que momento ela precisa aparecer. Você já sabe a forma *menos* adequada, a que não acontecerá: um número diferente no seu contracheque.

Se o aumento não pode ser dado agora, você se contenta com uma promessa em um futuro próximo? Isso pode ser feito por escrito? Ou ainda: para que você precisa do aumento? É para pagar um curso, alguma questão de saúde, para viajar nas férias, para fazer um plano de previdência privada?

Nem só com salário uma empresa remunera seus funcionários. Que tipo de despesa sua empresa pode assumir, funcionando como um aumento de salário indireto? Ou não é pelo dinheiro, mas, sim, pelo reconhecimento?

Repare que, enquanto você achava que existia a possibilidade de aumento de salário, sequer olhou para outras alternativas. Então, será que não é melhor pensar nelas antes do que só começar a pensar no que fazer quando estiver sentado na frente do seu chefe, depois de um balde de água fria?

2.2. QUEM JÁ RESOLVEU ESTE PROBLEMA?

Talvez seja a primeira vez que você negocia um aumento de salário com o seu chefe atual. Talvez até seja a primeira vez na sua vida que você negocia um aumento de salário. Mas será que você é a primeira pessoa a negociar um aumento com o seu chefe?

Improvável. Será que alguém pode te dar alguma dica sobre como agir com ele? Provavelmente, se você tivesse feito essa pergunta antes, já saberia que os salários estavam congelados e, ou desistisse de conversar com seu chefe, ou já iria direto com mais alternativas.

O fato é que dificilmente somos a primeira pessoa na face da Terra a lidar com os problemas que aparecem na nossa frente ou a negociar as coisas que temos na frente. E, por isso, nem sempre precisamos reinventar a roda — podemos pegar emprestado a roda de alguém.

Há três processos diferentes para fazer isso, um construindo sobre o outro. Você pode usar um deles ou mesmo os três para gerar ideias e criar alternativas.

1. **Procure por outliers (ou pontos fora da curva):** Procure alguém que já tenha tentado com sucesso o que você quer. Se muitas pessoas estão fracassando em um mesmo ambiente, mas algumas estão conseguindo, você precisa saber o que elas estão fazendo diferente. Você precisa descobrir quem conseguiu um aumento e como conseguiu.

O ponto fora da curva revela que algo é possível de ser feito, por mais difícil que pareça. A mera ocorrência da exceção, por mais improvável, mostra que existe uma chance.

2. **Identifique as melhores práticas:** Depois que você encontrou o *outlier* — ou a pessoa que conseguiu aumento este ano —, procure entender o que ela fez de diferente. Porque alguma coisa ela fez diferente dos outros para ter um resultado diferente dos outros.

Às vezes é algo bem óbvio, às vezes nem tanto. Será que a pessoa tinha outra oferta de emprego? Será que ela tinha muito tempo de casa? Será que fazia tempo que ela não recebia um aumento? Será que ela tem um chefe mais bonzinho ou mais poderoso dentro da empresa?

3. **Crie um guia:** Provavelmente você não pedirá aumento de salário toda semana, mas há outras negociações em que você se envolve com mais frequência. Para esses casos, pode ser útil elaborar uma lista com as principais informações e atitudes em que você deve prestar atenção.

Algo como um roteiro, ou um passo a passo. Nele você colocará aquilo em que precisa prestar atenção na próxima vez que tiver que resolver um problema parecido, quem pode ajudar — sejam pessoas ou cargos ou funções — e quais as atitudes mais adequadas.

Nos três casos, as informações na outra ponta do espectro — de quem não conseguiu um aumento, incluindo você — também são úteis. Ao analisar as atitudes dessas pessoas também se descobre o que não fazer, ou ainda, o que fez diferença para uns e não para outros.

Por exemplo: se você souber que três pessoas que conseguiram aumento tinham outra proposta de emprego, mas duas que não conseguiram também tinham, então olhe com desconfiança para o item "proposta de emprego", porque ele talvez não tenha sido determinante. Ou tente entender as diferenças entre as propostas de emprego que conseguiram aumento e as que não.

E o fato de alguém já ter tido sucesso nesse tipo de negociação funciona também como um elemento a mais de motivação.

2.3. REVISITANDO O PASSADO

Algumas negociações se alongam por meses, e até anos, antes de chegar a um desfecho. Outras acontecem repetidas vezes, variando apenas alguns detalhes.

Nas duas situações, a passagem do tempo pode resultar em uma série de mudanças no contexto em que a negociação se desenrola. Por exemplo:

- Ambiente macroeconômico: uma melhora nas perspectivas de consumo pode transformar em boa ideia algo que seria recusado em tempos de recessão. Um contrato atrelado ao dólar pode ser uma boa ou má ideia, dependendo do momento.
- Regulamentação: o Brasil é pródigo em mudar as leis que determinam as regras do jogo, e, assim, o que era uma má ideia ontem pode ser a melhor solução hoje. O mercado de telecomunicações foi radicalmente alterado quando o governo promoveu a privatização do sistema Telebras.
- Consumidores: os hábitos e tendências de consumo e as preferências do público também mudam com o passar do tempo, criando e destruindo mercados inteiros. Enquanto o transporte compartilhado cresce, as autoescolas sofrem com uma geração que não tem mais interesse em tirar habilitação.
- Gestão: algumas ideias e iniciativas são barradas ou incentivadas dependendo do gosto pessoal dos envolvidos ou de uma visão específica. Eventualmente os gestores são substituídos e outras abordagens podem ser consideradas.

Assim sendo, alternativas que foram abandoadas no passado podem se transformar em boas soluções para o presente. Opções que eram inviáveis ontem talvez tenham se tornado possíveis hoje.

Essas ponderações servem, ainda, para ressaltar a importância de se registrar o passo a passo de uma negociação, porque, ao reunir as informações relevantes durante o processo, além de poder recapitular e aprender, você também terá um excelente banco de dados.

Quando uma negociação empacar em determinada fase ou assunto, você terá seus registros para consultar e buscar uma situação parecida para usar como guia. É uma pista a mais sobre o que fazer — ou sobre o que *não* fazer.

Além dos *checklists* apresentados aqui, você pode criar suas próprias anotações e fazer sua versão do histórico ideal. Mas não deixe de anotar!

2.4. ANALOGIAS

Analogias tratam de temas diferentes que, mesmo assim, guardam semelhanças entre si. Essas semelhanças podem ser bem evidentes e saltar aos olhos imediatamente, ou podem ser mais discretas, mais distantes e precisar de um pouco mais de criatividade e imaginação para serem encontradas.

Aqui neste caso, usaremos as analogias para encontrar ainda mais opções relativas ao item anterior, quando tratamos de pessoas que já conseguiram negociar coisas parecidas. A primeira sugestão foi pensar diretamente em quem já conseguiu um aumento com o seu chefe. Mas além do seu chefe, dentro da sua empresa pode haver outras fontes de aprendizado que podem ajudar.

Veja como você pode ir pesquisando o assunto, abrindo o raio de busca sucessivamente:

- Será que você já conseguiu negociar **outras coisas** com o seu chefe? A data de entrega de um projeto, uma folga em um feriado prolongado? Como foi que você teve sucesso? Como você fez o pedido, quais foram seus argumentos e qual foi a reação dele?
- Será que **outras pessoas** já conseguiram aumentos na sua empresa? Como elas fizeram o pedido, como argumentaram, quem cedeu, qual foi o percentual? Em que época do ano foi?
- Será que outras pessoas na sua indústria, mas em **outras empresas**, conseguiram aumentos? Qual a reação mais comum entre os chefes delas? O que eles dizem quando negam os pedidos e o que dizem quando dão os aumentos?
- E fora da sua indústria, em qualquer **outro mercado**, qualquer outra empresa? O que as pessoas dizem sobre pedir aumento? Ou o que elas dizem sobre pedir qualquer coisa, sobre conseguir alguma coisa do chefe? Quais são as melhores formas, as melhores estratégias?

Ao buscar analogias que sirvam de inspiração para alternativas, você não precisa se prender ao mesmo tipo de contexto, ambiente ou relacionamento entre partes. Busque situações em que uma das partes tinha o mesmo tipo de necessidade, ambição ou aflição que você e a outra parte podia resolver com algo ao seu alcance.

2.5. RECOMBINAR ELEMENTOS

Como vimos no início deste capítulo, cada parte que se senta à mesa para buscar um acordo traz consigo algo de valor que interessa ao outro lado. E essa sua parte da negociação normalmente tem mais de uma dimensão, isto é, pode ser dividido em diferentes partes, múltiplos elementos.

Um telefone celular é composto de elementos físicos, como processador, câmera, bateria, tela e outros itens que atendem a critérios de escolha objetivos. Além disso, há aspectos mais subjetivos, como marca e design.

Cada fabricante oferece ao mercado uma série de modelos que combinam esses e outros elementos — como preço — de acordo com gostos e preferências dos nichos de mercado que pretendem atingir. Seja *entrylevel* ou *heavy user*, cada pacote atende a um perfil específico, de acordo com prioridades e preferências.

Um serviço de entregas também é composto por diferentes elementos, como velocidade e pontualidade, garantia e qualidade, atendimento e preço. Os concorrentes podem variar as combinações dos elementos entre si ou internamente, oferecendo diferentes modalidades (entrega padrão, entrega expressa, entrega VIP, 24 horas, garantida e outras).

Para os tópicos seguintes, você precisará fazer esse exercício de desconstrução da sua oferta, daquilo que você está levando para a mesa de negociação. Em outras palavras, você deverá identificar e separar cada elemento que compõe a sua parte do acordo.

Se você está vendendo, tente enxergar seu produto sob outras perspectivas, até pedindo ajuda de outras áreas da empresa. Pergunte à produção, por exemplo, por quais etapas ele passa, os processos e materiais. Saiba o que determina sua durabilidade e qualidade e como funciona a cadeia produtiva.

Converse com o marketing sobre características e benefícios e como os clientes enxergam os concorrentes. Atualize-se sobre as últimas pesquisas e como isso impacta o posicionamento do produto.

Entenda os aspectos financeiros atrelados ao preço, às formas de pagamento e às opções de financiamento.

E não se esqueça do pós-venda, do que prevê a garantia e o que ela deixa de fora; das principais queixas e os elogios mais frequentes ouvidos pelo serviço de atendimento; e, finalmente, os casos mais comuns na assistência técnica.

Se você está comprando e acha que a única coisa que traz para a mesa é o seu dinheiro, então pode checar de novo. Ao avaliar os elementos de uma oferta do lado do comprador, o que mais importa não é quanto dinheiro você entrega, mas como você entrega esse dinheiro.

Débito ou crédito? À vista ou parcelado? Depósito em conta ou boleto? Cada formato tem um impacto diferente do outro lado, e, na maioria das vezes, a escolha é feita por inércia. Já vi negócios sendo desfeitos porque um dos lados não se adaptou ao outro. (E não estou falando da diferença entre um prazo de noventa dias e um pagamento à vista. Estou falando de uma empresa que não fazia depósitos se a conta não fosse do mesmo banco.)

Na sua análise, você deverá considerar o perfil de crédito que sua empresa tem no mercado. Se você é um bom pagador, pode exigir taxas melhores, porque seu risco é menor. Se o seu financeiro é bem estruturado, mostre que tem condições de resolver problemas rapidamente.

Há, ainda, a imagem da sua empresa que agora estará no portfólio do seu fornecedor. Isso envolve uma questão de prestígio, o que, não raro, vale mais do que dinheiro.

Seja vendendo ou comprando, quanto mais você entender daquilo que está levando para a mesa — e do que o outro está trazendo também —, mais opções conseguirá encontrar durante as conversas.

No Checklist das Alternativas você encontrará um guia para ajudar nessa tarefa de separar os elementos. Trabalhe um pouco nesta etapa antes de passarmos para a fase seguinte, que é como recombinar os elementos encontrados.

2.5.1. SUBTRAÇÃO

Uma das dicas mais importantes, nestas fases, vem do incrível *Inside the Box* (BOYD e GOLDENBERG, 2013): os autores Drew Boyd e Jacob Goldenberg sugerem que devemos combinar os elementos identificados seguindo alguns princípios, forçando alguns resultados antes de ver como eles funcionam.

Imagine que você tenha separado sua oferta em seis elementos diferentes. Agora pense em como ela ficaria se você retirasse um deles. E se retirasse dois? Para que serviria essa nova oferta, agora com quatro elementos, em vez de dois?

Quando falamos de inovação, em encontrar novas soluções para velhos problemas, é comum vermos produtos que melhoraram sua performance ou que passaram a fazer mais coisas do que faziam antes. Mas muitos produtos inovadores revolucionaram mercados quando passaram a ter menos funções ou a ser mais simples de usar do que seus antecessores.

Vários autores, em diferentes linhas de atuação, já mostraram que em determinadas situações, menos é mais. Às vezes a gente simplifica um produto, uma oferta, uma proposta tirando elementos que achávamos que eram essenciais, mas que, na verdade, não fazem falta em uma nova configuração.

Imagine que você é o chefe e está do lado oposto do pedido de aumento. Nesse tipo de relação, há uma lista de coisas que cada um fornece ao outro. Você oferece um lugar para trabalhar, benefícios como plano de saúde, alimentação, transporte, possibilidade de crescimento profissional, contato com colegas, treinamento, status e até dinheiro.

O funcionário oferece as horas do seu dia — e algumas da sua noite, eventualmente — *expertise*, fluência em outros idiomas, *networking*, presença física, *coaching* e *mentoring* para os mais novos, cumprimento de metas, participação em reuniões, dentre outros.

Que elementos dessa equação podem ser retirados, de lado a lado, sem prejudicar o benefício esperado por cada parte ou, ainda melhor, tornando a relação ainda mais produtiva para ambos?

Vale lembrar que recentemente o *home office* reformulou completamente esse tipo de relacionamento. De uma vez só, reduziu a necessidade de espaço físico, instalações, equipamentos, suprimentos, transporte e mais alguns outros.

Para muitas empresas que adotam soluções assim — parcial ou integralmente —, definitivamente, menos é mais!

2.5.2. DIVISÃO

Na divisão, em vez de retirar um dos elementos, você irá simplesmente separá-lo em grupos e imaginar o que aconteceria se os entregasse separados. Digamos que você dividiu seus seis elementos em dois grupos de três. Haveria alguma vantagem para o cliente em recebê-los em partes? Ou receber uma hoje e outra semana que vem? A Lego, por exemplo, acha que sim. A Ikea também.

Veja o caso da telefonia: é um setor que sempre obedeceu a um padrão de funcionamento: você escolhe a operadora, usa o serviço e depois paga. Aliás, a maioria dos serviços é assim.

Quando alguém dividiu esse procedimento e reordenou os passos, inventou o cartão pré-pago. É praticamente uma cópia do serviço original, mas ao inverter a sequência de uso/pagamento, criou-se um apelo totalmente diferente, que amplia a público alvo.

O salário, que muita gente recebe, é uma divisão do pagamento anual que, em muitas empresas, vem dividido em duas partes no mês. Algumas empresas trabalham com bônus anual, outras, trimestral. Funciona parecido como os empréstimos: a pessoa recebe o valor total e, depois, vai pagando aos poucos.

O importante a ser considerado aqui é que nem tudo o que usamos precisa vir inteiro. Aliás, algumas coisas funcionam melhor quando são separadas. Provavelmente você tem vários exemplos disso na sua casa, como explicam Boyd e Goldenberg:

Na TV, os controles foram retirados do gabinete principal e escondidos entre as almofadas do seu sofá, sob a forma de controle remoto. O ar-condicionado *split* jogou a parte quente e barulhenta (condensadora) para fora da casa, ficando apenas com o necessário dentro de casa (evaporadora), ganhando muito em eficiência.

Repare que em alguns exemplos a divisão ocorre no tempo (salário), em outras, de acordo com a função (TV e ar-condicionado), ou simplesmente uma divisão física (brinquedos e móveis).

2.5.3. MULTIPLICAÇÃO

Enquanto na subtração e na divisão os elementos são separados e alguns são retirados da forma como estão, na multiplicação eles são repetidos, mas modificados, cumprindo funções diferentes.

É como a caneta esferográfica, que, em vez de uma carga de tinta, tem várias, mas uma de cada cor, permitindo que se escolha qual delas usar. Um dos elementos (a carga de tinta) é replicado e alterado (novas cores) para oferecer outro benefício: a praticidade.

Muitos eletrodomésticos são equipados também com diversos acessórios para desempenhar tarefas variadas. Aspiradores de pó vêm com tubos e escovas que são trocados de acordo com a superfície que se quer limpar. Processadores de alimentos têm lâminas para cortar, fatiar, triturar e moer.

Daí a importância de você conhecer bem o que cada parte oferece dentro de um acordo. Porque, quanto melhor você definir os elementos que compõem a oferta, mais variações você será capaz de criar para compor suas alternativas.

A pessoa que compra, por exemplo, pode fazer diferentes pagamentos, cada um em um valor ou formato. Eu já recebi pagamentos em dinheiro, em equipamentos, em serviços, em diferentes momentos. E uma entrega de produto também pode ser feita em diferentes etapas, diversos locais e formatos.

Embora não pareça, a multiplicação é um dos artifícios mais usados na hora de buscar opções para impasses em negociações. Nós já fazemos isso naturalmente, instintivamente. A diferença aqui está em usar um processo, um método de tentativa e erro. E a chave para isso reside, exatamente, em como fazer a variação dos elementos repetidos, como transformá-los para outras finalidades e avaliar os novos benefícios.

2.5.4. UNIFICAÇÃO DE TAREFA

Desde o surgimento das primeiras redes de hotéis de baixo custo, esse segmento tem adotado políticas constantes de controle de custos, sem prejudicar receitas e margem de lucro.

Como os gastos com pessoal são muito altos — especialmente considerando impostos e encargos trabalhistas e os riscos agregados — reduzir o *staff* tem sido um dos caminhos. E muitas vezes isso é atingido através da simplificação dos processos. Foi assim que muitas redes acabaram com o *check-out*.

O primeiro passo é se perguntar para que serve determinado elemento ou processo. No caso do hotel, isso é bem óbvio: receber o pagamento, não só das diárias, mas também do consumo do cliente. Mas não seria possível eliminar essa etapa, levando esses pagamentos para outros momentos dentro da estadia?

A questão das diárias pode ser feita de duas maneiras: a pessoa paga no *check-in*, antecipadamente, ou os valores são debitados no final, do cartão de crédito apresentado no mesmo *check-in*. Dessa forma, um mesmo procedimento (*check-in*) serve a duas tarefas que, teoricamente, correspondem a momentos distintos (entrada e saída do hotel).

Repare: não é porque as necessidades aparecem em momentos distintos que elas não podem ser resolvidas em um mesmo momento.

Quanto ao consumo, o hóspede pode ir pagando enquanto consome. Ou, no caso do frigobar, também há duas hipóteses: as geladeiras dos quartos ficam vazias e o cliente compra na recepção o que consumirá, ou, como é feito em muitos hotéis nos EUA: não há frigobar nos quartos. Cada andar tem uma *vending machine* e máquinas de gelo.

Assim, ao sair do hotel, você simplesmente deposita sua chave eletrônica numa urna e pronto. Sem *check-out*, sem fila,[4] sem custo.

A diferença para os exemplos da subtração é que aqui a função (pagamento) do elemento retirado (*check-out*) não foi eliminada. Ela simplesmente foi incorporada por outro elemento (*check-in*).

Em muitos setores, as funções de vendas e entregas são executadas pelas mesmas pessoas, que às vezes também fazem recebimento e cobrança.

Empresas de serviços financeiros, por sua vez, perceberam que os inquilinos tinham muita dificuldade em conseguir fiadores para alugar imóveis. Daí surgiu o seguro fiança, que tirou de cena a figura do fiador e embutiu essa tarefa no valor pago pelo inquilino.

Que tarefas, responsabilidades ou atribuições dentro da sua oferta podem ser repassadas de um elemento para outro, sem prejuízo do resultado final? E que vantagens essa ação pode trazer para os dois lados?

2.5.5. CONTINGÊNCIAS

Independentemente do objeto, quando você negocia, é impossível prever tudo o que acontecerá dali para a frente. Acordos que foram baseados em premissas do momento podem mudar completamente caso o ambiente seja alterado.

Situação macroeconômica, interferências da China, oscilações cambiais, tendências específicas do setor e regulamentação do governo são alguns exemplos de movimentos que transformam ótimos negócios em verdadeiras furadas de uma hora para outra.

Como, por definição, não dá para antecipar e muito menos controlar os desdobramentos futuros, muitos acordos envolvem incertezas e riscos para as partes, em maior ou menor grau.

E já que cada um tem um perfil próprio de tolerância a risco — seja ele real ou imaginário, da pessoa ou da empresa — podem-se criar situações que inviabilizem um acordo.

Em casos assim, uma das saídas é compartilhar os riscos ou distribuí-los de acordo com o tipo e a aceitação de cada parte. Isso normalmente é feito

---

[4] Aliás, na maioria dos hotéis, as filas de *check-in* e *check-out* são as mesmas, e, ao reduzir esta última, reduz-se o tempo de espera de quem está chegando para se hospedar e tendo sua primeira impressão.

através de contingências, ou regras de negócio específicas de acordo com os acontecimentos futuros.

Veja o caso de jogadores de futebol, que são vendidos cada vez mais novos para clubes do exterior. Uma promessa das divisões de base é uma incógnita, e não se pode dizer, com certeza, se ele conseguirá render tudo aquilo que se espera dele.

Então o clube que compra não quer investir um valor muito alto, nem o clube que vende quer receber um valor muito baixo por um ativo que pode se valorizar muito no futuro. Ou não.

O que se faz neste caso? Atrela-se parte do pagamento à performance do atleta no futuro. Estabelecem-se métricas através das quais seja possível ajustar as expectativas às realizações.

Por exemplo: de acordo com minutos jogados, gols marcados ou convocações para a seleção nacional, o comprador vai pagando um *premium* ao vendedor. O mesmo vale para o caso de o jogador ser revendido, mais adiante, por um valor maior: o clube de origem recebe uma participação nessa nova negociação.

Do mesmo modo, contratos atrelados ao dólar tendem a proteger um dos lados de variações cambiais muito bruscas. Acordos com quantidades mínimas de compra justificam conceder a exclusividade a um parceiro comercial.

Contingências servem também para que cada parte efetivamente se comprometa com aquilo que promete. Se um empresário garante que a jovem promessa do futebol se valorizará no futuro, então ele não se importará de receber uma parte do pagamento quando essa previsão se concretizar.

Assim, a parte que promete fica, de fato, atrelada ao que prometeu, fazendo com que, no mínimo, suas promessas tenham sustentação, já que seus ganhos também dependerão de aquilo se confirmar.

E, assim, acordos que pareciam improváveis conseguem avançar. Cada um respondendo por parte das incertezas do futuro e se comprometendo com suas previsões.

2.6. MUDANÇA DE FOCO

Em algumas situações, como transações envolvendo bens de consumo, os papéis são bem definidos: o vendedor vende e o comprador compra. Ou seja: um recebe um produto e dá algo em troca por esse produto; ou um realiza um serviço — como trabalhar — e recebe uma recompensa por isso — na maioria das vezes, dinheiro.

Mas há algumas situações em que essa relação se inverte, em que o foco do benefício se altera. Alguém pode receber o produto *e* receber o pagamento, ou pode prestar o serviço ou realizar o trabalho *e* pagar por isso. Vamos ver dois exemplos muito ilustrativos:

Theodore Roosevelt já havia sido presidente dos EUA entre 1901 e 1909 e conseguiu eleger seu vice, Howard Taft, como sucessor. Quando ele quis voltar, em 1912, o Partido Republicano resolveu continuar apoiando Taft, e Roosevelt decidiu criar seu próprio partido para concorrer.

Na reta final da campanha, ele imprimiu 3 milhões de folhetos para distribuir em todo o país, como parte de uma ofensiva final. No material, uma foto sua e algumas razões para ele novamente ser presidente.

Mas antes da propaganda ser distribuída, alguém notou que a foto de Roosevelt trazia também a assinatura do estúdio fotográfico responsável pelo trabalho. Resolveram, então, checar se eles tinham permissão para usar a imagem.

Não tinham. A distribuição do material sem autorização poderia resultar em centenas de milhares de dólares em um processo por violação de direitos autorais. Esse era um risco que eles não estavam dispostos a correr.

Em uma posição bastante delicada, George Perkins, um dos coordenadores de campanha de Roosevelt, foi negociar com o Moffett Studio, de Chicago. Ele precisava chegar a um acordo sobre o valor dos *royalties* que seriam pagos. Caso não conseguisse chegar a um acordo, contudo, os três milhões de folhetos estariam irremediavelmente perdidos.

Se você estivesse no lugar de Perkins, que estratégia usaria para negociar um acordo desses? Qual a sua MAPAN? Qual o seu Valor de Reserva? Pare um instante e pense um pouco sobre isso.

Se você considerar que cada folheto tenha custado, digamos, um centavo, você tem 30 mil dólares em folhetos — ou em lixo — nas mãos. Se você precisar trocar a foto e reimprimir os folhetos, é mais ou menos isso que gastará. Essa é a situação em que você ficará se não conseguir chegar a um acordo. Essa é a sua MAPAN: reimprimir tudo, com outra foto, e gastar mais 30 mil dólares. Nada animadora.

Se o estúdio souber disso, esse número tem tudo para ser seu objetivo na negociação. E é aí que está a chave para sair desse problema: *se* o estúdio souber.

Se o estúdio souber que você já imprimiu os folhetos, o poder de barganha estará todo na mão dele. Mas se ele não souber, parecerá que você está fazendo uma sondagem sem compromisso.

Repare na importância de você ter uma informação que ele não tem, de haver uma assimetria de informação a seu favor. Nos capítulos a seguir, voltaremos a esse tema.

Isso já seria uma luz no fim do túnel para uma abordagem inicial, mas ainda pode melhorar.

BENEFÍCIOS OCULTOS

Vamos olhar a mesma situação sob o ponto de vista do outro lado, do estúdio fotográfico. Como é normal no seu trabalho, você tirou uma série de fotos e já foi pago por isso. Mas desta vez, essas fotos foram de um político famoso, que está disputando uma eleição importantíssima. Alguém que está em evidência no país inteiro.

Não seria interessante pegar uma carona em toda essa exposição na mídia? Ter seu nome atrelado a uma pessoa com tanto destaque? Isso poderia ser tão bom para o negócio, que você estaria até disposto a pagar para acontecer...

Pois foi exatamente o que Perkins fez: em vez de perguntar quanto o Moffett Studio *cobraria* pelos *royalties* da foto, ele perguntou quanto eles estavam dispostos a *pagar* para ter seu nome divulgado junto com o material de campanha.

"Duzentos e cinquenta dólares", foi a resposta do estúdio.

Ao enxergar um benefício oculto na negociação, um efeito colateral positivo que o acordo traria para o estúdio, ou seja, a exposição que isso proporcionaria, Perkins conseguiu tirar o foco do benefício principal, que seria o pagamento pelos *royalties*.

Repare que, mesmo se a negociação ocorresse de forma tradicional — o cliente pagando pelos direitos autorais —, o estúdio, ainda assim, teria o benefício da divulgação. A chave está em salientar, em expor e destacar esse benefício oculto, secundário.

A propósito, no final das contas, nem o gênio de Perkins foi suficiente, e o Democrata Woodrow Wilson venceu a eleição por esmagadora maioria e se tornou o 28º presidente dos EUA.

Há outras situações em que a mudança de foco muda completamente a natureza de relacionamentos comerciais. Veja o que ocorreu, por exemplo, em algumas fazendas da Califórnia, em 2006.

Por causa de uma ofensiva[5] do Departamento de Imigração sobre trabalhadores ilegais, safras inteiras de frutas estavam apodrecendo nos pomares[6] durante a primavera, sem que houvesse mão de obra disponível para fazer a colheita.

Mas a primavera também é uma estação com temperaturas amenas, ideais para passear com a família ao ar livre. E no meio desse passeio, por que não colher algumas frutas, direto das árvores, para crianças — e adultos também — terem mais contato com a natureza?

O resultado dessa combinação foi uma multidão de gente indo às fazendas pagar para fazer o trabalho dos catadores e levar algumas frutas para casa a preços exorbitantes.

E se você estiver em dúvida sobre fazendas perto de onde você mora — caso você more nos EUA —, é só acessar o *Pick Your Own* (http://www.pickyourown.org/), o site criado pelos próprios produtores para que todos encontrem um pomar vizinho.

Imagine, agora, um viajante indo passar suas merecidas férias em Wigtown, uma cidadezinha com menos de mil habitantes, 180 km a sudoeste de Edimburgo, na Escócia. Ele aluga um quarto no AirBnb[7] que fica em cima de uma livraria. Acorda cedo, toma seu café da manhã e desce direto para a livraria. Para trabalhar.

Foi uma combinação pensada para aquelas pessoas que sonham em, um dia, trabalhar em uma livraria — sim, essas pessoas existem. Nem que seja só um dia e que se tenha que pagar por isso. Pagar para trabalhar.

E se um belo dia você fosse a uma peixaria comprar umas trutas e, em vez de entregar-lhe o peixe, o dono do lugar entregasse uma vara de pescar e apontasse o lago como quem diz: "Vai lá, pega suas trutas."

---

5 <https://www.nytimes.com/2006/09/22/washington/22growers.html> Acesso em: 23 dez. 2019.

6 <https://slate.com/business/2006/10/against-apple-picking.html> Acesso em: 23 dez. 2019.

7 <https://www.airbnb.co.uk/rooms/7908227?sug=51&source_impression_id=p3_1577107286_Kh3tVaxzrM4YmjzA> Acesso em: 23 dez. 2019.

Parece estranho? Pois isso existe. Chama-se "pesque e pague".

Embora esses exemplos pareçam contrariar a lógica e o senso comum, o que realmente importa aqui é a forma como se está vendendo a oportunidade. Se você perguntar quem quer pagar para passar o dia trabalhando, certamente pouca gente se mostrará interessada.

Mas pergunte quem quer passar o dia com a família no campo, aprendendo como é a vida nas fazendas, respirando ar puro enquanto se exercita. O inesperado sucesso desse tipo de empreendimento dá uma boa dica da resposta.

ASSIMETRIAS DE VALOR

Muita gente diz que as melhores negociações surgem quando duas pessoas têm interesses em comum. Mas o que acontece, de verdade, é que os acordos realmente valiosos nascem das diferenças de interesses. Muito mais valor é criado quando as partes querem coisas diferentes do que quando elas querem as mesmas coisas.

A ideia central por trás disso é entender que, às vezes, há uma assimetria de valor entre as partes. Você pode ter algo que tem baixo custo para você e alto valor para a outra parte. E a outra parte, por sua vez, tem algo de baixo custo para ela, mas de alto valor para você.

Quando algo tem baixo custo para você, quer dizer que você aceitaria se desfazer desse algo por um valor pequeno. Na linguagem da negociação, isso significa que o seu Valor de Reserva é baixo. Por outro lado, a pessoa do lado de lá estaria disposta a pagar um alto valor por isso. Isto é, o Valor de Reserva da outra pessoa é alto.

E como vimos na parte sobre como mapear a situação, o intervalo entre dois Valores de Reserva também é conhecido como ZOPA. Logo, quanto maior a ZOPA, isto é, quanto maior a diferença entre os Valores de Reserva, maiores as chances de se amarrar um acordo altamente rentável para os dois lados.

O caso que vimos no exemplo da divisão das laranjas, no capítulo anterior, ilustra bem esse conceito: para um, a casca da laranja não valia nada, enquanto que para o outro ela era a matéria-prima do seu negócio. Do mesmo modo, para o outro a laranja não servia mais depois de tirar a casca, mas para o primeiro era tudo o que ele queria.

Pense em negócios como reciclagem: para uns, o lixo é um problema, um estorvo, algo que você tem que pagar para se livrar. Para outros, é o início da cadeia produtiva. E para outros, ainda, é uma oportunidade de marketing, ao mostrar para o mundo que estão empenhados na reciclagem e no esforço para reduzir a poluição.

2.7. UM ALERTA

Um dos mais famosos *cases* de comportamento do consumidor é o estudo das geleias, que avaliou o efeito do número de opções nas escolhas dos consumidores (IYENGAR, 2000).

Ele funcionava mais ou menos assim: em dias alternados, uma *delicatessen* oferecia 6 ou 24 tipos diferentes de geleias para seus clientes experimentarem.

O que a gente imagina é que, quanto mais opções, mais chances o cliente tem de encontrar uma de que goste e, assim, mais chances de vender geleia.

Mas na prática não foi bem assim que funcionou. Os resultados mostraram que, quanto mais opções havia, mais os clientes experimentavam, mas menos eles compravam.

Uma das explicações encontradas pelos pesquisadores foi que escolher um sabor era relativamente fácil. O difícil era desistir dos outros. E se em uma situação o cliente precisava escolher uma e desistir de 5, na outra ele escolhia uma e desistia de 23.

A angústia por tomar uma decisão incorreta cresce conforme aumenta o número de alternativas e, em casos extremos, pode levar à total falta de ação — ou o que conhecemos por paralisia por análise.

O medo de perder ao escolher errado é o que faz com que as pessoas comprem menos geleias quando há muitas opções.

Por isso, por mais que você seja criativo, ou por mais que tenha gostado das técnicas que acabamos de ver e queira muito gerar uma porção de alternativas, às vezes ter muitas opções para escolher pode atrapalhar mais do que ajudar.

Além disso, criar alternativas e buscar opções tem um custo, e é preciso avaliar previamente se este custo (antecipado) poderá ter um benefício compatível, que faça o esforço valer a pena.

Então, você até pode gerar um monte de opções, mas antes de partir para a escolha final, antes de ir para a mesa de negociação, tente reduzir a umas três ou quatro, no máximo.

Resolvi explorar o assunto um pouco mais com Gérson. Começamos discutindo, por exemplo, que não fazer nada também é uma opção.

— Ah, mas a empresa pode quebrar se nada for feito.

— Sim, Gérson, essa é uma opção que devemos considerar, até porque pode ser um ponto de pressão nos seus sócios. Eles não querem que a empresa quebre, querem?

A ideia inicial era a de que os outros sócios comprassem a cota dele. Mas e se ele comprasse as cotas dos sócios?

— Ah, mas eu não tenho o dinheiro.

— Não tem agora, à vista. Mas não pode conseguir um empréstimo?

A ideia começou a tomar corpo. E se em vez de um empréstimo, fosse um investidor? E se houvesse outro grupo interessado em comprar a empresa toda? Ou em comprar só a parte de Gérson?

No final das contas, chegamos em oito novas alternativas, todas razoáveis e viáveis. Era uma nova visão sobre um problema que, inicialmente, se desenhou com um desfecho binário: ou é isso ou não é nada.

Havia agora mais formas de compor uma solução que pudesse agradar aos dois lados. Um acordo começava a tomar forma.

3

NEGOCIAÇÃO
e Poder

Há uma região entre a margem oeste do mar Morto e o mar Mediterrâneo que, pela importância estratégica, foi palco de conflitos desde os tempos relatados pelo Velho Testamento.

Um dos mais célebres ocorreu durante o ataque dos filisteus à Belém, no século XI a.C. Comandados pelo rei Saul, os israelitas estavam cercados pelos filisteus, que, mesmo assim, ainda hesitavam em invadir a cidade sitiada — principalmente porque ela estava em terreno elevado, o que favorece quem se defende.

Para resolver o impasse, os filisteus enviaram Golias, seu guerreiro mais completo, para um duelo com um soldado inimigo. É que, segundo costumes da época, essa era uma das formas de definir o vencedor de uma batalha: por meio de uma disputa mano a mano.

Mas, impressionados com o tamanho e as armas de Golias, os israelitas adiavam o conflito enquanto podiam. Até que apareceu Davi, um pastor que havia ido ao local levar comida para seus irmãos, e se ofereceu para enfrentar o gigante.

Embora não gostasse da ideia, pela visível disparidade física entre os dois e a inexperiência de Davi em batalhas, o rei Saul acabou concordando.

Mas, como sabemos, Davi venceu Golias com um tiro certeiro de sua funda (que é uma espécie de atiradeira), criando um mito que até hoje simboliza o triunfo do mais fraco contra o mais forte.

Essa história já serviu de pano de fundo para diversas analogias explicando que nem sempre o mais forte vence, que é importante manter a humildade mesmo diante de oponentes aparentemente mais fracos, ou que você não deve desistir se achar que não é páreo para alguém mais poderoso.

Tudo isso é muito importante quando falamos de poder dentro de uma negociação — especialmente quando esse poder não está distribuído de forma equilibrada, isto é, quando uma parte é mais forte, ou muito mais forte do que a outra.

Mas a mensagem que eu quero deixar aqui é que às vezes nós precisamos rever nossas avaliações sobre quem detém o poder e quem está em inferioridade em uma negociação.

Em seu mais recente livro, o premiado autor Malcolm Gladwell analisa exatamente o histórico duelo entre Davi e Golias, mas chega a uma conclusão completamente diferente da que sempre ouvimos.

Segundo ele, estudos recentes sugerem que o tamanho exagerado de Golias era causado por uma doença conhecida por acromegalia, que resulta em um crescimento desproporcional do corpo e outras deformidades que também afetavam a visão do gigante.

E se você ainda considerar a pesada roupa de batalha e as armas de combate, terá um guerreiro imbatível no corpo a corpo, mas com pouca mobilidade e, por isso, vulnerável a ataques à distância.

Já o pastor Davi, proporcionalmente bem menor que seu adversário, protegia seus rebanhos de ursos e leões. A arma que ele usava era capaz de lançar projéteis a mais de 120 km/h, e um atirador realmente habilidoso conseguia acertar um pássaro em pleno voo.

Nessas condições, segundo Gladwell, Golias era um alvo fácil para a artilharia de Davi. Em sua avaliação, o gigante não tinha nenhuma chance. Em seu livro, chamado exatamente de *Davi e Golias*, Gladwell relata outros casos semelhantes em que os pequenos venceram os grandes.

Ele analisa, especialmente, quais as circunstâncias que levam os favoritos a serem surpreendido pelos azarões, e como os poderosos podem ser derrotados pelos mais fracos.

As ideias que veremos neste capítulo mostrarão como é possível negociar quando estamos em uma posição de inferioridade — e como não se deixar surpreender ao lidar com adversários pequenos.

Porque muitas vezes, poder é uma questão de ponto de vista, de perspectiva. Independentemente de estarmos no lado mais forte ou mais fraco, é importante nunca superestimarmos demais nossas vantagens, e nem desprezarmos nossas fraquezas.

Assim como na luta entre o urso e o jacaré, a chave para a vitória estaria, de forma literal, no terreno onde a disputa é travada: se for na floresta, vence o urso; se no pântano, o jacaré.

Considerando essas questões relativas a forças e fraquezas, Gérson estava em uma posição muito particular ao negociar com sua família: de um lado ele cuidava da sua saída, dos seus interesses, seu futuro; de outro, se tudo desse errado, ele ficaria e continuaria como gestor das empresas.

Negociações se resumem, muitas vezes, a jogos de poder. Um dos lados — ou uma pessoa em um dos lados — entende que vencer a disputa é mais importante do que o valor daquilo que está em jogo.

Para alguns, dar a última palavra significa mais do que a quantidade de zeros no cheque. A vitória pura e simples pode representar mais prestígio, mais destaque ou mais poder, ao passo que a derrota significa ser colocado de lado, deixado no ostracismo.

A saída de Gérson deixaria um vácuo de liderança, e seu primo Flávio procurava nitidamente preencher esse espaço desde já, através de uma postura combativa e questionadora.

Outro aspecto que precisa ser considerado é o precedente que um acordo pode abrir para problemas semelhantes no futuro. Ou, como se diz no Direito, a jurisprudência que cada nova decisão sugere.

A própria negociação entre Gérson e sua família acontecia à sombra de acordos anteriores, que haviam obedecido a regras específicas, em que parte era a favor, parte contra. Assim, ao estabelecer uma regra para a compra das cotas de Gérson, a empresa poderia contradizer o que decidiu no passado, abrindo margem até mesmo para pedidos de revisões, inclusive judiciais.

3.1. AUTORIDADE PARA NEGOCIAR

Um dos primeiros cuidados que se deve ter ao iniciar uma negociação é entender quem toma a decisão final. Quem tem o poder de fechar o acordo e dizer se ele é válido ou não. Embora isso pareça ser uma preocupação trivial, nem sempre a resposta é tão óbvia ou direta quanto parece.

Imagine um vendedor de um laboratório farmacêutico que negocia seus produtos com o comprador de um hospital. Se já for um relacionamento estabelecido, o comprador tem uma demanda específica para o vendedor atender, e ambos os lados têm seus parâmetros de negociação predefinidos. Ou seja, os dois têm uma boa ideia de quantidades e valores.

Mas imagine que o laboratório lance um produto novo, por exemplo, um genérico de um antibiótico que o hospital já está acostumado a usar. Como será o procedimento do comprador para decidir se o produto será comprado ou não?

Tipicamente, o uso de um medicamento hospitalar pode envolver uma série de pessoas:

- Um médico que prescreve.
- Um enfermeiro que administra.
- Um paciente que recebe a droga.
- O hospital que paga o medicamento.
- Um plano de saúde que paga o hospital.
- Um familiar (ou empresa) que paga o plano de saúde.
- Um governo que reembolsa.

Mas, afinal, ali na frente do vendedor do laboratório, quem toma essa decisão?

Provavelmente cada hospital terá um processo decisório diferente, e isso é importante, porque negociar é tomar decisões em conjunto.

Em algumas situações, o médico dá a palavra final, exigindo os produtos de referência; em outras, ele pode aceitar laudos que comprovem a qualidade das cópias. Em outros casos, o financeiro recomenda que se aceitem genéricos pelo menos 40% mais baratos, e em outras instituições, o plano de saúde pode estabelecer que só reembolsa se for usado o genérico.

Ou ainda, o farmacêutico responsável pode atender às reclamações da enfermeira-chefe, que diz que a cópia provoca mais efeitos colaterais — e aí ele escolhe o original. Ou pode haver uma combinação de todas essas alternativas dentro do mesmo hospital, dependendo do produto.

O importante em situações assim é entender que uma decisão pode estar fragmentada em mais de um departamento da mesma empresa ou estar nas mãos de mais de uma pessoa — e que não necessariamente obedece a uma cadeia de comando predefinida.

A enfermeira-chefe, por exemplo, não tem nenhuma relação hierárquica com o farmacêutico responsável, mas, talvez por conhecimento ou experiência, pode exercer influência sobre ele. Por isso, devemos sempre pensar além do que o organograma da empresa diz e entender as relações informais de poder.

Então, para resolver a questão da autoridade na negociação, você precisa entender aquilo de que trataremos a seguir.

COMO É O PROCESSO DECISÓRIO?

Quando um processo decisório é muito distribuído ou fragmentado dentro da empresa, provavelmente será preciso passar por diversas fases antes de fechar o acordo formal. Pode ser que exista uma análise de documentação prévia, para atestar a idoneidade da empresa e a qualidade dos produtos, por exemplo, antes de qualificar um fornecedor.

Pode ser que exista uma primeira rodada de coleta de preços, não só para compor um alvo final de valores, mas também para restringir o número de participantes em uma cotação.

Qualquer que seja a situação, é importante conhecer o processo como um todo, primeiro para saber se você ou sua empresa atendem aos critérios e, assim, não perder tempo à toa. Depois, para não ser eliminado no meio do caminho por não atender a uma regra que você não entendeu direito.

E mesmo em processos mais simples, sem tantas formalidades, é importante saber como tudo funciona, para preparar os argumentos adequados às pessoas certas. Não adianta levar um laudo técnico para a área de finanças, nem a planilha de custos para o setor de qualidade. Você deve falar a linguagem de quem está ouvindo em cada momento.

QUEM DÁ A PALAVRA FINAL?

E você também precisa saber quem deve ouvir e em que ordem.

Já vi negociações serem sabotadas porque uma pessoa se sentiu desprestigiada por não ter sido consultada logo no início.

É importante passar pelo processo de compras, tratando todos com respeito, mesmo que o poder de influência no fechamento seja pequeno. Mas não perca o decisor final de vista. Às vezes você faz todas as concessões que poderia com uma pessoa e aí descobre que quem dá a palavra final é o chefe dela. E o chefe ainda pedirá mais um monte de coisas, e você não tem mais como ceder.

Então, logo no começo de uma negociação, inteire-se de como tudo funciona. Não parta do princípio de que toda a empresa é igual, ainda que seja do mesmo segmento, ou até do mesmo grupo. Em alguns casos, um departamento pode ter um procedimento diferente do outro, e a compra de matéria-prima pode ser diferente da contratação de serviços.

Essa é uma informação que você pode perguntar ao seu interlocutor e pedir que ele lhe explique o passo a passo.

E saber quem é o decisor final não significa atropelar todo mundo e falar diretamente com ele. Queimar etapas pode fechar portas que nunca mais se abrem novamente. Lembre-se de que lidar diretamente com o decisor final tem prós e contras.

As principais vantagens de falar diretamente com a pessoa que tem a autoridade são:

- Sua mensagem vai diretamente para quem toma a decisão, sem perigo de ser mal interpretada ou distorcida pelo caminho.
- Você constrói um relacionamento que pode ajudar no futuro, não só no acordo em si, mas também na sua implementação.
- Você evita uma segunda etapa de concessões.
- Com acesso direto ao decisor, você pode influenciar diretamente seus desejos e ambições.

Por outro lado, falar com um intermediário também pode ter suas vantagens, porque essa pessoa muitas vezes se sente mais à vontade para falar dos reais interesses da companhia e está mais aberta a explorar alternativas. Mesmo assim, tome as seguintes precauções:

- Se a outra pessoa não pode assumir nenhum compromisso, então você também não é obrigado a prometer nada.
- Em vez disso, aproveite a oportunidade para discutir os interesses de cada lado e explorar opções criativas.
- Caso vocês passem para as posições concretas (quantidades, valores *etc.*), deixe alguma margem para uma possível segunda etapa de negociação, com a pessoa que efetivamente bate o martelo.

Lembre-se, ainda, que esses prós e contras servem para você também. Isto é, há vantagens e desvantagens em você tomar as decisões diretamente ou ser intermediário de alguém.

UM LUGAR À MESA

Limitar ou não a quantidade de pessoas que você envolverá na negociação é uma questão de praticidade, de um lado, e implementação, de outro.

Quanto menos pessoas participarem das tratativas e das conversas, mais fácil tende a ser a conciliação de interesses, o consenso em torno de um acordo. Quando vier a fase de implementação, no entanto, as pessoas que ficaram de fora podem não concordar com o que ficou decidido, ou ainda, podem se ressentir de não terem participado das discussões.

Por outro lado, quando grupos reduzidos levantam menos objeções, é mais difícil antecipar problemas e descobrir falhas que podem dificultar ou impedir o sucesso do projeto.

Mais gente à mesa significa mais olhares e mais pontos de vista diferentes, planejamentos mais completos, detalhados, e uma antecipação de erros mais eficiente.

Além disso, envolvendo as pessoas desde o início, você tem um *buy-in*, uma aceitação melhor antes de precisar pôr a mão na massa. As pessoas compram a ideia com mais facilidade se elas tiverem voz nas decisões.

Para resolver esse *trade-off*, o ideal é que você consiga prever o nível de complexidade que a implementação do acordo terá e quem são as pessoas-chave envolvidas.

Você não precisa que todas elas participem de todas as discussões, mas ao menos escute o que elas têm a dizer. Elas não precisam ter poder de veto nas decisões finais, mas é bom que se sintam ouvidas, que sejam reconhecidas, que sua importância seja notada.

Esse é um cuidado que pode ser fundamental para que uma negociação de sucesso não se transforme em um pesadelo na hora da execução.

NEGOCIAÇÃO, IMPLEMENTAÇÃO E A BALANÇA DE PODER

Por falar em execução, esta parece ser uma fase da negociação da qual as pessoas se esquecem. Muita gente ainda enxerga a assinatura de um contrato como o ponto final do processo. Na realidade, em muitas situações, ela é apenas o início de tudo.

Diversas empresas, de olho na especialização e no potencial corte de custos, criaram departamentos focados exclusivamente em compras e direcionaram todas as atividades de aquisição de materiais — diretos ou indiretos — a essa área.

Por mais que as atividades de especificação de materiais e qualificação de fornecedores seja bem-feita, por mais que o usuário final tenha participado do processo como um todo, é comum essa divisão de tarefas e responsabilidades gerar divergências.

Nas palavras de Danny Ertel e Mark Gordon:

> *Para que as partes atinjam seus propósitos, elas devem negociar o acordo da mesma forma que esperam trabalhar juntas. O precedente que abrem e a história que criam juntos impactará em como colaborarão depois que o acordo for fechado.*[1]

Em outras palavras, o que se faz durante a fase de negociação deixa marcas nas fases seguintes, quando da implementação do acordo, seja ela uma entrega de produtos ou a prestação de um serviço.

Muitas empresas entendem que a separação da função de compras isola completamente as atividades e, consequentemente, abafa as consequências de suas ações.

Na vida real, contudo, a situação é bem diferente, e por uma razão muito simples: frequentemente há uma inversão na balança de poder durante a negociação. Enquanto a empresa compradora especifica o item a ser comprado, faz a coleta de informações e tomada de preços, normalmente é ela que detém o poder.

---

1 ERTEL, Danny; GORDON, Mark. *Negociação*. São Paulo: M.Books, 2007. [tradução do autor]

Depois de fechado o acordo, no entanto, ela passa a depender da empresa vendedora para receber seu produto ou o serviço contratado. É nesse momento que os lados percebem que o poder mudou de mãos.

Então, se uma empresa aperta seus fornecedores até o limite, trata mal os vendedores que a atendem, muda as regras sem aviso prévio e usa de todos os artifícios para extrair vantagens às custas do outro, como ela espera ser tratada no momento em que tiver um problema e depender da boa vontade do seu fornecedor? Ou no momento em que o vendedor tiver um problema de entrega de mercadoria e precisar escolher entre o cliente que o trata bem e o que o trata mal?

Negociadores muito agressivos, seja comprando ou vendendo, podem conseguir bons acordos no curto prazo, mas geralmente à custa de uma reputação ruim — o que tem consequências no longo prazo. Não adianta fazer ótimos negócios hoje se você quebrar todos os seus fornecedores e não tiver de quem comprar amanhã.

3.2. INFORMAÇÃO

Em *Davi e Golias*, uma das mais importantes lições de Gladwell é entender que às vezes as vantagens são superestimadas ou as desvantagens são valorizadas demais.

Não é porque você acha que está em uma posição de inferioridade em uma negociação que seus resultados necessariamente serão ruins. Não é porque a outra parte é maior, mais rica ou mais poderosa que você terá que aceitar qualquer proposta.

Em muitas situações, forças e fraquezas são relativas e dependem muito de outros fatores, como contexto, percepção, momento, estratégias de longo prazo, relacionamentos, e por aí vai.

Mas a única maneira de você fazer uma leitura correta, de mapear a situação com mais precisão, é tendo informações de qualidade. Mesmo que a balança de poder — seja poder econômico, político ou até militar — penda para um lado, a única maneira de virar o jogo é conhecendo melhor a outra parte, seus interesses, suas necessidades, suas fraquezas, enfim, suas características mais importantes.

Já vimos que negociação é um jogo de informação. E para jogar bem esse jogo, você precisa de duas habilidades essenciais: saber perguntar e saber ouvir.

3.2.1. SABER PERGUNTAR

No primeiro capítulo, ao mapear a situação, ficou claro que é preciso conhecer os interesses da outra parte para poder entender, de fato, o que ela quer para, assim, buscar um acordo vantajoso para os dois lados.

Imagine que você quer importar um novo componente eletrônico de um fornecedor na China e as negociações estão bem adiantadas, até que vocês esbarram em uma cláusula de exclusividade.

Como pretende montar uma grande estrutura de marketing e vendas para o produto, você não gostaria que aparecessem concorrentes se aproveitando do seu investimento, e, por isso, uma cláusula de exclusividade seria uma forma de proteger seu investimento.

Para não parecer uma via de mão única, você oferece um preço competitivo e garante uma quantidade mínima anual, para que o trato seja bom para eles também. Mas eles não aceitam. Você ainda aumenta o valor unitário uma, duas vezes. Nada. Aumenta a quantidade mínima, e nada. Você está prestes a desistir, quando resolve fazer uma última pergunta.

Quando o fornecedor responde, tudo fica claro. Não é uma questão de valor, não é uma questão de quantidade. É um detalhe quase insignificante, que estava impedindo o acordo, mas que pode ser contornado de um jeito muito simples.

Qual foi a pergunta?

Uma dica: essa é a pergunta mais simples, porém, incrivelmente, é a menos usada em situações assim. Outra dica: talvez seja a primeira pergunta que você aprendeu na vida. A pergunta é: por quê?

"Por que você não quer me dar a exclusividade na venda deste produto?"

E a resposta, incrivelmente simples e facilmente contornável, é que o fornecedor tem um primo que mora no Brasil e que compra uma pequena quantidade desse equipamento para uso em sua oficina.

Uma situação que pode ser contornada com uma simples exceção no contrato, permitindo que o fornecedor continue a honrar o compromisso assumido anteriormente *e* venda para você.

Acredite, boa parte dos problemas de falta de comunicação ou de mal-entendidos em uma negociação podem ser resolvidos com um simples "por quê"? Ou com dois, três ou quatro. Essa é uma pergunta que abre caminho para interesses e motivações que, no final das contas, são as melhores matérias-primas para a criação de ótimos acordos.

Além dos interesses ou das motivações, você também precisa ter ao menos uma ideia das posições do outro lado, isto é, das formas concretas que eles pretendem dar ao acordo.

O Capítulo 1 praticamente todo aborda a importância dessas informações e dá, inclusive, algumas dicas sobre como e onde é possível obtê-las antes mesmo de se conversar com a outra parte.

É aconselhável, inclusive, que se tenha esse primeiro contato prévio com a realidade do outro, não só para não parecer que você caiu ali de paraquedas, mas também para que a conversa flua mais naturalmente.

Uma boa ideia é usar o próprio Checklist de Negociação (Apêndice 1) como uma referência das informações de que você precisa e, a partir dele, criar uma lista de perguntas para ajudá-lo a obtê-las. Essa lista de perguntas servirá também como um roteiro para a sua visita, para que você não se perca durante as conversas.

Repare, no entanto, que não é para você fazer uma entrevista com a outra parte. Isso seria muito estranho para os dois lados! A lista serve como um guia, não como um roteiro preciso ditando cada passo que você deve dar. É um plano geral, que você adapta segundo as circunstâncias.

Conforme for usada, sua lista certamente será revisada e melhorada. Como cada fase da negociação demanda informações diferentes, elas também terão perguntas específicas, de acordo com a situação.

É importante, contudo, pensar nelas antes de se encontrar com a outra parte, já que durante as conversas há muitas coisas acontecendo ao mesmo tempo, muitos estímulos e informações que ficam no ar competindo pela nossa atenção. Se no meio disso tudo ainda precisarmos pensar no que perguntaremos, teremos uma queda importante de foco naquilo que realmente importa.

Nas seções a seguir, veremos algumas definições e ideias importantes para levar em consideração no momento de elaborar uma boa lista de perguntas. De modo geral, há dois formatos básicos de perguntas:

PERGUNTAS ABERTAS

Perguntas abertas normalmente são feitas no começo da conversa e permitem que a outra pessoa fale livremente sobre um assunto. Geralmente elas começam abordando assuntos bem genéricos, e, à medida que o diálogo vai avançando, o foco vai se fechando em torno do objetivo principal.

Utilizadas em sondagens iniciais, servem para verificar o conhecimento da pessoa sobre certo assunto, suas intenções e interesses, principalmente. Quando bem colocadas, elas encorajam a outra pessoa a falar e fornecer as informações de que você precisa.

Tipicamente, elas começam com *Por quê? Como?* ou *Qual?* Por exemplo:

Por que o seu hospital não compra medicamentos genéricos?

Como vocês escolhem os distribuidores preferenciais?

Quais os fatores que mais pesam na hora de escolher um parceiro?

Perguntas abertas dão às outras pessoas a oportunidade de expor necessidades, expectativas e opiniões de uma forma bem livre. E por ser bem livre, isso às vezes vira um problema, porque tem gente que fala demais.

Então, quando você fizer perguntas abertas, tenha a consciência de que você está dando espaço para a pessoa falar praticamente o que quiser — e isso pode atrapalhar quando sua intenção for partir restringir ou encerrar um tema, ou mesmo partir para um fechamento.

PERGUNTAS FECHADAS

Por isso, algumas vezes, é melhor optar por perguntas fechadas, porque elas são mais específicas e, geralmente, focam um único ponto de informação. São usadas, normalmente, para confirmar ou validar algo — o que é extremamente valioso para evitar mal-entendidos.

Normalmente as perguntas fechadas começam com algo do tipo *"Você acha que...?"*, *"É verdade que...?"*, *"Você concorda que...?"*, *"Você já ouviu...?*, ou algo parecido. Por exemplo:

Vocês preferem comprar medicamentos de referência?

É verdade que variedade é essencial para escolher um distribuidor?

Preço é o principal critério para fechar um pedido?

Além de servirem para confirmar e validar informações, elas limitam o foco da discussão. Na primeira, o assunto é qualidade; na segunda, é variedade e nível de serviço, e na terceira, é preço. Dependendo da resposta, você pode passar a outro assunto ou se aprofundar mais no mesmo tema.

Ao contrário da pergunta aberta, que permite uma grande variação nas respostas, a pergunta fechada é bem objetiva e limita as respostas. Ela define o tema, mas não incentiva a outra pessoa a seguir nele. Por isso, não espere que seu interlocutor elabore muito, e tome cuidado para não encerrar a conversa de repente.

Repare, ainda, que essas perguntas, especificamente, podem ser respondidas simplesmente com sim ou não. Mas isso não é uma regra, e muita gente inclusive define perguntas fechadas como aquelas que podem ser respondidas com sim ou não. Na verdade, elas admitem uma variação muito pequena de respostas, nem sempre resumidas a sim ou não. *"Quem é o seu principal cliente?"*, por exemplo, é uma pergunta fechada.

Em uma sondagem, o ideal é alternar perguntas abertas e fechadas, para ir restringindo o foco até chegar no ponto de seu interesse.

Seguindo no exemplo da venda de medicamento para um hospital, imagine o seguinte diálogo:

— *O que ainda impede o fechamento deste negócio?*

— *Não estamos realmente satisfeitos com o nível de serviço de vocês.*

— *E como podemos melhorar o nosso nível de serviço?*

— *Fazendo entregas semanais, em vez de mensais.*

— *Com entregas semanais, chegamos a um acordo, então?*

— *Sim. Se vocês conseguirem nos entregar toda a semana, podemos fechar negócio.*

Primeiro foi uma pergunta aberta bem ampla procurando a origem da resistência do cliente: o nível de serviço. A pergunta seguinte, novamente aberta, aprofundou o tema tentando especificar que parte do nível de serviço estava deixando a desejar. A última pergunta — fechada, desta vez — serviu para confirmar se era só aquilo que estava faltando.

3.2.2. OS BENEFÍCIOS OCULTOS NAS PERGUNTAS

Outro aspecto essencial das perguntas é que elas não servem apenas para se conseguir informações importantes sobre determinado assunto. Quando bem-feitas e colocadas nos momentos certos, elas contribuem para o desenvolvimento da conversa e podem ter um impacto decisivo no resultado de uma negociação.

VOCÊ NO COMANDO

Um dos detalhes que pouca gente percebe é que a pessoa que está fazendo as perguntas é que escolhe o tema, direciona os assuntos e dita o ritmo da conversa. Quem pergunta determina as abordagens utilizadas e as perspectivas adotadas. Em outras palavras, é quem conduz a conversa.

Por isso, não tenha medo de achar que uma pessoa que faz perguntas demonstra ignorância ou pouco conhecimento — até porque isso não é nenhuma vergonha e ninguém é obrigado a saber tudo. Ao contrário, fazer perguntas demonstra um interesse autêntico em conhecer a realidade do outro e uma vontade genuína de fazer as coisas certas.

E esse é um dos principais traços das pessoas que são reconhecidas pelo seu carisma: o interesse genuíno pelo outro manifestado, essencialmente, através de perguntas.

PERGUNTAS OU RESPOSTAS?

No início do século passado, Charles Walgreen abriu nos Estados Unidos a primeira loja da cadeia que leva seu nome na fachada.[2] Pouco mais de 30 anos depois, a rede tinha mais de seiscentos pontos espalhados em 33 estados norte-americanos.

Parte de seu gênio, que lhe permitiu continuar crescendo mesmo durante a grande recessão dos anos 1930, estava em atrair as melhores mentes para trabalhar. Um dos métodos usados por Green era pagar US$500 a quem lhe trouxesse um produto que ele pudesse comprar por US$0,01 e vender por US$0,05.

A oferta atraiu um vendedor que perguntou a Walgreen por quanto ele estava comprando os ovos que vendia. Para um volume semanal de mil unidades, eles pagavam US$0,03 em cada. O vendedor disse, então, que conseguia 10 mil unidades a US$0,01 cada.

Mas Walgreen não tinha demanda para tanto ovo, e, além disso, o preço de venda tinha que ser no mínimo de US$0,05. Então o vendedor foi até o local onde a loja servia milk-shakes a US$0,20 e mostrou um cartaz que

---

[2] Ver a história de Charles R. Walgreen, em: Sold: A Collection of Short Stories Only a Closer Could Love. p.88. Disponível em: <https://books.google.com.br/books?id=K9VuuQJ13LIC&pg=PA88&hl=pt-BR&source=gbs_toc_r&cad=3>. Acesso em: 07 fev. 2020.

ele tinha feito: "MILK SHAKE, NOVA RECEITA, MAIS CREMOSO E NUTRITIVO. AGORA COM OVO. US$0,25." E logo abaixo, em letras menores: "APENAS US$0,05 por um ovo extra."

Se prestarmos mais atenção à história, o que o cartaz realmente fazia era "perguntar" ao cliente se ele queria seu milk shake com um ou dois ovos. E isso é bem diferente de perguntar ao cliente se ele quer um ovo no milk shake. Até porque, provavelmente pouca gente aceitaria isso.

O que essa passagem mostra é que muitas vezes a pergunta principal já vem respondida, escondida atrás de uma pergunta secundária e sem muita importância.

A pergunta principal é se o cliente quer o milk shake com ovo ou não, mas ela vem disfarçada, escondida atrás de outra sobre quantos ovos o cliente quer — e que, no final das contas, funciona mais como uma pergunta retórica.

Veja mais alguns exemplos:

Entendeu o porquê de o nosso produto ser o melhor?

Você prefere blindagem nível 3 ou 4 para o seu carro?

Você quer o seguro do seu cartão com qual limite?

No primeiro caso, o vendedor deve ter apresentado uma série de qualidades do seu produto, para depois *ele mesmo* concluir que é a melhor opção. Repare que a pergunta não é se você concorda ou não com o produto ser o melhor, mas se você entendeu as razões. São duas coisas bem diferentes!

No segundo caso, em uma concessionária de automóveis, a pergunta principal seria se você quer blindar o seu carro. Mas ela já vem respondida quando perguntam que nível de blindagem você prefere.

Já o último caso, da contratação de um cartão de crédito, a opção *sem seguro* foi tirada, fazendo parecer que ter um seguro é praticamente uma obrigação.

É bom deixar claro, no entanto, que nesses casos as informações são colocadas com a clara intenção de direcionar a escolha da outra pessoa — nem sempre para o lado que ela naturalmente escolheria. Em outras palavras, deixa um forte cheiro de manipulação no ar.

Por esse motivo, é preciso ter consciência dos riscos envolvidos em estratégias desse tipo, já que elas podem ter um impacto negativo na sua imagem.

De qualquer forma, é importante tratar desses temas, pra que você consiga identificar situações semelhantes e se proteja de eventuais armadilhas.

Há diversos tipos de perguntas que podem induzir respostas específicas. Vejamos algumas delas.

CARREGANDO INFORMAÇÕES

Este formato de pergunta começa com algum tipo de afirmação, que sustenta um ponto de vista específico dentro do assunto que está sendo tratado. Só que essa afirmação não é colocada em discussão, e, assim, passa como se fosse verdadeira e acaba influenciando o restante da conversa.

Exemplo:
O preço dos imóveis está disparando nas grandes capitais. Como você vê o mercado imobiliário enquanto investimento?

Repare que a primeira parte da pergunta é uma afirmação sobre o atual momento do mercado imobiliário — sugerindo uma alta acentuada nos preços —, sobre a qual não se abre uma discussão.

Ela é colocada como uma verdade absoluta e funcionará como pano de fundo para falar sobre o mercado imobiliário provavelmente de forma positiva.

Outro efeito provocado por algumas perguntas é o que em Psicologia se convencionou chamar de *Priming* — ou ativação —, que é o efeito que uma palavra ou frase tem sobre o que a outra pessoa está pensando ou fazendo.

Um exemplo clássico foi observado em um experimento em que os participantes trabalhavam com quebra-cabeças de palavras e depois caminhavam até outra sala para realizar uma tarefa qualquer.

Quando o conjunto de palavras fazia referência a idosos incluindo termos como *aposentado, bingo* ou *cuidador,* por exemplo, as pessoas caminhavam mais devagar.

Isto é: as palavras tinham um impacto no comportamento das pessoas, mesmo que isso não estivesse relacionado com a atividade. E isso acontecia, obviamente, de maneira inconsciente.

De certa forma, quando você carrega informações em uma pergunta, está ativando uma determinada linha de raciocínio. Mas isso pode acontecer mesmo que você não mude as perguntas. Outro clássico exemplo aconteceu mudando apenas a ordem das perguntas.

Quando os voluntários de uma universidade eram perguntados se estavam felizes, cerca de 70% respondia que SIM. Na pergunta seguinte, eles precisavam estimar quantos encontros românticos haviam tido no mês anterior. Nesse caso, as respostas não importavam muito, porque a correlação com a anterior era baixa.

Mas quando a ordem das perguntas era invertida, a quantidade de encontros importava — e muito! Os pesquisadores encontraram uma forte correlação entre o número de encontros e o grau de felicidade da pessoa.

Se ela respondesse quantos encontros tinha tido no mês anterior ANTES de estimar sua felicidade, ela considerava esse número e o que ele significava antes de dar a resposta seguinte. Poucos encontros, pouca interação, pouca vida social, pouca felicidade. E vice-versa.

Lembre-se disso quando fizer sua lista de perguntas: será que a resposta a uma pergunta pode influenciar a resposta seguinte? Será que ela pode interferir no estado de espírito, no ânimo, na motivação da pessoa que está respondendo?

Outra coisa que pode interferir nas respostas é quando você usa uma escala.

Suponha que você seja um dentista e queira conhecer melhor os hábitos de higiene do seu público. Estão você faz a seguinte pergunta, usando essa escala:

Quantas vezes por dia você escova os dentes?

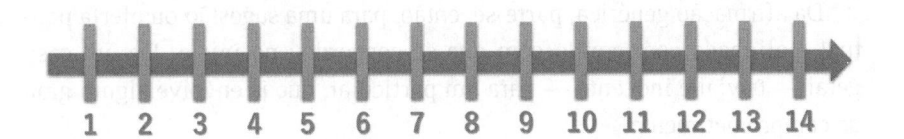

Salvo engano, a média das respostas deve ficar entre três ou quatro.

Mas o que aconteceria se a escala de tempo fosse mudada? Como seriam as respostas se, em vez de dias, usássemos semanas como medida?

Quantas vezes por semana você escova os dentes?

Desta vez, é mais provável que a média fique no outro extremo. Ainda que você faça as perguntas às mesmas pessoas — o que geraria resultados compatíveis, embora em escalas diferentes —, a percepção gerada não é a mesma.

Considerando os dois formatos de perguntas (diário e semanal), em qual você imagina que as pessoas se sentem em dia com sua higiene oral: no que elas estão na parte inferior da escala ou na parte superior da escala? No três ou no quatorze? Em qual dos dois a pessoa fica com a sensação de que não está fazendo o necessário e pode ser, quem sabe, a hora de agendar uma consulta de rotina?

POLARIZANDO A DIREÇÃO

Esta é uma variação do item anterior, em que você deixa que a outra parte tenha a sensação de que é ela que faz a primeira afirmação.

— *A segurança da sua família é muito importante, não é?*
— *Sim, claro!*
— *Então você precisa investir na melhor blindagem para o seu veículo!*

Perceba que aqui parece que você tem uma opção de resposta, mas, na verdade, você não tem. Isso acontece porque a sugestão parte de uma afirmação altamente genérica, normalmente baseada no senso comum e com a qual é muito difícil discordar.

São coisas do tipo *"Você quer a melhor educação para os seus filhos?"* ou *"Você quer ficar rico com um investimento sem risco?"* ou ainda *"Você quer emagrecer sem fazer esforço?"* Perguntas com as quais qualquer pessoa em sã consciência concordaria.

Da afirmação genérica, parte-se, então, para uma sugestão ou oferta pontual e alinhada com aquilo com que se concordou no início. De um caso geral — trivial e inocente — para um particular, que já envolve algum grau de comprometimento.

Afinal, quem não quer o melhor para os filhos, ganhar muito dinheiro ou emagrecer sem esforço? Soa até ingênuo, dito assim, mas este é um dos formatos mais usados para convencer as pessoas em situações imaginárias, que mexem com desejos, ambições e aspirações.

Frequentemente, inclusive, essas sequências de perguntas vêm acompanhadas de elogios, e isso nos deixa ainda mais desarmados e vulneráveis.

3.2.3. SABER OUVIR

Quando tratamos das relações de poder dentro de uma negociação, é sempre importante entender que conseguir informações é uma das formas mais eficientes de obter algum tipo de vantagem. Mas como você conseguirá informações se não estiver preparado para ouvir o que o outro lado tem a dizer?

Ao contrário do que muita gente pensa, saber ouvir não significa simplesmente ter disciplina e paciência para ficar quieto (e calado) enquanto a outra pessoa fala. Ouvir vai muito além de esperar sua vez de falar

Grosso modo, há três tipos diferentes de escuta.

ESCUTA COMPETITIVA

Você já conversou com alguém que te interrompe no meio de uma frase ou que, enquanto você fala, fica se contorcendo esperando sua vez? Uma pessoa que parece que está competindo com você, que está disputando a palavra em uma conversa?

Se você interage com alguém assim — ou se você é alguém assim — e se envolve em diálogos desse tipo, então pode ter uma certeza: um não está ouvindo o outro e a conversa está tendo pouca utilidade.

Quando um começa a falar imediatamente após o outro terminar — ou até um pouco antes —, é sinal de que, enquanto o outro está falando, ele está pensando no que dirá em seguida, em vez de escutar.

Nosso cérebro tem uma capacidade limitada de atenção e processamento, e, por isso, dificilmente conseguimos acompanhar alguém falando enquanto pensamos em uma resposta adequada. Este é, inclusive, mais um argumento em favor de se preparar antecipadamente uma lista de perguntas, pois assim você pode se concentrar totalmente no outro.

Então preste atenção nos intervalos entre uma fala e outra. Quanto maior a pausa, mais um lado está refletindo sobre o que o outro acabou de dizer. Do mesmo modo, quanto menor a pausa, menos as palavras e seus significados estão sendo absorvidos.

ESCUTA PASSIVA

Nesta variação, a pessoa até pode parecer escutar, mas fica difícil ter certeza. É mais ou menos como quando você está no telefone com alguém e precisa perguntar constantemente se a pessoa ainda está lá, para ter certeza de que a ligação não caiu.

Isso também acontece, por incrível que pareça, em conversas frente a frente: a pessoa está ao seu lado, mas parece que a ligação caiu e você está falando sozinho. Principalmente em tempos de tecnologias nas pontas dos dedos, com celulares, notebooks e tablets, sempre temos a sensação de que nosso interlocutor está em outra dimensão.

Além de ser uma situação desconfortável, desagradável, pode ser que você tenha perdido seu tempo, porque não tem como saber se a pessoa realmente entendeu o que você disse ou se aquilo entrou por um ouvido e saiu pelo outro.

ESCUTA ATIVA

Ocorre quando você está realmente engajado na conversa, interessado em saber o que a outra pessoa está dizendo, e demonstra isso claramente, repetidas vezes.

A escuta ativa começa com sua linguagem corporal: você virado na direção de quem está falando, olhando diretamente para ela e com uma postura receptiva, isto é, com os braços descruzados. Evite sinais de tédio, como ficar encurvado ou olhar para os lados o tempo todo.

Enquanto a pessoa fala, dê sinais de que você está acompanhando sua linha de raciocínio. Acene com a cabeça ou até com os olhos e use as interjeições apropriadas, como "Sim", "Entendo" ou "É verdade", por exemplo.

Quando for sua vez de falar, espere alguns instantes antes de começar. Uma pausa de uns dois ou três segundos mostra que você está terminando de assimilar o que acabou de ser dito — ainda mais se for muita coisa — e reforça a impressão de que sua atenção estava toda focada na pessoa.

Aproveite esses momentos para confirmar os pontos centrais daquilo que está sendo discutido. De tempos em tempos, faça perguntas do tipo "Se eu entendi bem, você quer dizer que isso, isso e isso?" ou "Em outras palavras, você acha que é assim, assado".

No final da conversa, você pode, ainda, fazer um resumo geral ou pedir que a outra pessoa diga, com suas próprias palavras, o que ela entendeu da conversa. Além de reforçar o conteúdo que acabaram de cobrir, vocês diminuem as chances de mal-entendidos ou de interpretações equivocadas.

Uma das vantagens quando você pratica a escuta ativa é que a pessoa do outro lado sente que você realmente está lhe dando atenção, que você se importa com o que ela tem para dizer e, por extensão, que ela é importante. E isso também pode fazer muito bem à sua imagem, já que, segundo Olivia Fox Cabane, saber ouvir bem é uma das principais características de pessoas carismáticas.

Uma observação importante sobre escuta ativa é que, como o nome sugere, você está escutando, você está ouvindo o que a outra parte tem a dizer. Você não precisa, necessariamente, concordar com o que está sendo dito — seja de forma subjetiva ou objetiva.

Se a pessoa está falando do partido A, você não precisa convencê-la a seguir o partido B. Você está ali para ouvir. Da mesma forma, se a pessoa está dizendo que a Terra é quadrada, talvez você não precise tentar explicar que a Terra é redonda — até porque provavelmente você não conseguirá mesmo.

Mas lembre-se sempre: ouvir — ou principalmente entender — não é o mesmo que concordar.

Outra vantagem importante da escuta ativa em uma negociação é que você tanto pode usá-la para deixar seu interlocutor mais confortável quanto mais desconfortável. Porque, assim como uma pequena pausa entre a outra pessoa terminar uma frase e você começar outra demonstra interesse e atenção, uma pausa mais longa pode ter outros significados.

Quando a outra pessoa termina de falar e fica claro que é "a sua vez", quando ela espera uma resposta sua e você não diz nada, o silêncio começa a incomodar, a ficar desagradável — ao menos para quem não espera por isso.

O que acontece é que muita gente fica desconfortável com esses períodos de silêncio e, até instintivamente, procura preencher esse vazio. E é nesse momento que acabam dizendo o que não devem.

Eu já vi, por exemplo, pessoas que davam um preço para um serviço e, quando eu não respondia nada, elas mesmas começavam a falar sobre parcelamento, prazos e até mesmo descontos — sem que eu houvesse pedido nada. Já vi corretores de imóveis e vendedores de carros falarem sobre problemas nos bens que vendiam e, instantaneamente, diminuir o valor do que estavam oferecendo.

Em situações desconfortáveis, as pessoas começam a negociar contra si mesmas. E isso também é uma forma de escuta ativa, porque você ainda está escutando e deliberadamente provocando uma atitude da outra parte. Mas repare: você não está obrigando ninguém a falar. As pessoas falam porque querem.

E se a outra parte fizer isso com você, isto é, quando você terminar de falar, ela não disser nada, você pode simplesmente sugerir terminar a conversa, seja perguntando se a pessoa não tem mais nada a dizer, ou até declarando: "Bem, se você não tem mais nada a dizer, então podemos pular para a próxima etapa."

3.2.4. ARQUITETURA DA ESCOLHA

Quando vemos a maneira como as pessoas tomam decisões, costumamos imaginar quais teriam sido suas razões, suas motivações para agir de uma forma ou de outra. Mas em algumas situações, as escolhas parecem não ter nenhuma lógica. Ou até têm uma lógica simples, e nós é que não conseguimos enxergar ou compreender.

Uma dessas situações é a doação de órgãos. O que leva alguém a decidir ser ou não um doador? Questões morais, dilemas religiosos, história familiar?

Quando analisamos, por exemplo, as taxas de doações de órgãos em alguns países europeus, na hora percebemos que há algo estranho. Por que será que em um grupo de países todos ou quase todos os cidadãos são doadores, ao passo que em outros a adesão é baixíssima?

Além das variáveis morais e religiosas, podemos pensar em etnia ou regime político, mas isso também não basta, porque países muito parecidos nessas dimensões têm números muito diferentes, como Alemanha com 12%, e Áustria com 100%, ou Dinamarca com 4% e Suécia com 86% (JOHNSON, 2003). O que explica essas diferenças tão grandes, então?

A resposta está na forma como a pergunta é feita, ou melhor, como pedem que a resposta seja dada. Alguns países usam o seguinte formato:

Marque aqui se você quer ser um doador de órgãos.

Já outros fazem assim:

Marque aqui se você não quer ser um doador de órgãos.

A grande diferença está na opção padrão, porque, em muitos casos, as pessoas tendem fortemente a seguir a opção padrão (THALER, 2008). Em situações complicadas demais, normalmente optamos por manter o *status quo*, isto é, continuar a fazer do jeito que a gente fazia antes, ou deixar do jeito que está.

Isso tem a ver com o fato de que preferimos errar por omissão do que por comissão, isto é, preferimos ter um papel passivo em nossos erros (não marcar o X), porque depois podemos dizer que não fizemos nada.

Se, por outro lado, temos um papel ativo no erro (marcar o X), fica difícil encontrar uma desculpa depois, porque mudamos uma coisa que estava pronta, que estava certa.

Agora vejamos outro tipo de situação, bem mais *light*: o restaurante por quilo. Quando você entra no buffet, tem a nítida sensação de que é você que fará seu prato, não é? De que é você quem escolherá, dentre as opções disponíveis, o que comerá hoje, certo? Errado.

A pessoa que distribui os pratos no buffet, a pessoa que escolhe os pratos do dia, a pessoa que determina o tamanho do prato tem muito mais influência no que você come do que você.

Por exemplo: se a salada vem antes da sobremesa, o restaurante vende muito mais sobremesa, porque depois que a pessoa coloca salada no prato, ela se sente no direito de comer uma sobremesa, porque uma compensa a outra. Isso também acontece no supermercado, repare só.

E como o prato vai enchendo na medida em que a pessoa vai avançando, então o dono do buffet colocará primeiro as comidas que ele tem mais interesse em vender — as que são baratas e pesam mais, como arroz e batata e alguns legumes, por exemplo.

Mas e se for a cantina da escola? A nutricionista pode preferir que as crianças tenham uma alimentação mais equilibrada e, assim, colocará os alimentos mais saudáveis na frente, em vez de doces ou frituras. Ou nem terá doces e nem frituras.

E o tamanho do prato também interfere, porque, se ele for muito grande, sempre parecerá estar vazio, que você está pegando pouca comida. E os estudos mostram, também, que a pessoa normalmente come tudo, ou quase tudo o que coloca no prato.

No famoso experimento da pipoca, os clientes de um cinema recebiam de graça um daqueles baldes enormes com pipoca dentro. Embora todos tivessem o mesmo tamanho, alguns tinham um fundo falso para reduzir a quantidade de pipoca que cabia e os pesquisadores pudessem fazer diferentes medições.

O que eles descobriram era que o que mais interferia na quantidade de pipoca que cada um comia não era se a pessoa era gorda ou magra, alta ou baixa, homem ou mulher, adulto, criança ou adolescente, nem o horário da sessão. O que determinava quanta pipoca cada um comia era quanta pipoca tinha no balde! Eles pesavam a quantidade de pipoca quando a pessoa entrava e quando ela saía do cinema, para ver o quanto ela comia. E a conclusão foi a de que, quanto mais pipoca tinha, mais as pessoas comiam (WANSINK, 2007). E isso valia também quando eles colocavam pipoca velha nos baldes.

Assim como no restaurante por quilo, as pessoas comiam o que viam pela frente. Aliás, não é só no restaurante por quilo que isso acontece. Em qualquer restaurante.

Na verdade, mesmo em casa, normalmente comemos o que está no prato — e não de acordo com a nossa fome. É por isso que uma das dicas mais importantes para quem faz dieta é diminuir o tamanho do prato que usa em casa.

Porque assim você interfere indiretamente em outras escolhas que faz a seguir, já que reduz o limite máximo de comida de uma refeição e, consequentemente, reduz o tamanho das porções.

É o que costumamos chamar de Arquitetura da Escolha, porque distribuímos as alternativas de maneira planejada, de forma a otimizar as escolhas. Só que aí fica uma dúvida: otimizar as escolhas para quem?

Alguns dos exemplos que eu dei são indiscutivelmente benignos, ao menos na minha opinião — como a doação de órgãos e a lanchonete da escola incentivando uma alimentação saudável.

Mas e se o dono da cantina quiser vender mais doces, refrigerantes, salgadinhos e frituras, uma vez que uma margem de lucro é melhor? Ou se ele quiser aumentar as vendas colocando um prato maior?

Quem decide o que é melhor para seu público, seus clientes? Quem é o responsável pelas escolhas que os outros fazem?

Esse tipo de discussão não faz muito sentido em um livro sobre negociação, já que dizem respeito a escolhas pessoais, direcionadas por valores e traços de caráter individuais. Não cabe a mim dizer o que está certo e o que está errado.

De minha parte fica apenas o alerta de que há muito mais fatores interferindo nas nossas decisões do que conseguimos observar — e que eles interferem mesmo que a outra pessoa não tenha tido a intenção ou a malícia.

A Arquitetura da Escolha trata de interferir em uma escolha sem que as opções sejam mudadas, isto é, as mesmas alternativas podem ser arranjadas de maneiras distintas, gerando resultados muito diferentes.

Veremos um pouco mais sobre isso mais adiante, especialmente no que trata de fatores psicológicos como *framing* e viés de disponibilidade e na parte sobre o diálogo, ao falarmos sobre forma e conteúdo no Capítulo 6.

3.3. FORTALECENDO SUA MAPAN

Quando fazemos o planejamento de uma negociação, uma das coisas mais importantes é entender o que acontece com você caso não consiga fechar um acordo. Chamamos isso de MAPAN (ou Melhor Alternativa Para um Acordo Negociado) no primeiro capítulo.

E uma das características mais importantes da MAPAN é que ela é um bom indicador de quanto poder você tem em uma negociação, porque, quanto melhor for a sua alternativa, o seu plano B, menos você depende do outro lado e, consequentemente, mais exigências pode fazer.

Em negociação, questões de poder normalmente se referem à diferença entre a MAPAN de um lado e a do outro — e esse é um ótimo indicador de quanto valor você está trazendo para a mesa. Porque, se o outro lado tem boas alternativas, então ele pode te colocar para escanteio sem muito problema — e isso significa que a sua contribuição é pequena. Mas se você precisa dele e se esse negócio é muito importante para você, então você tem um problema.

Mas vamos lembrar que, se sua MAPAN for ruim, isso só será um problema se o outro lado souber. Por isso, quando você estiver em uma posição inferior em uma negociação, se não conseguir encontrar boas alternativas, você não tem nada a ganhar deixando o outro lado saber disso. Então, bico calado.

Por isso, se você quer melhorar sua situação, tem dois caminhos: ou fortalece a sua MAPAN ou enfraquece a do outro lado.

Se você já definiu sua MAPAN, tente pensar de que forma você pode deixá-la ainda mais forte.

Por exemplo: você mora em um apartamento alugado e quer se mudar para um prédio mais novo. Você encontrou um apartamento de que gostou e negociará o aluguel com o proprietário. Uma das suas alternativas é continuar no mesmo lugar em que está hoje – essa é sua MAPAN.

Ainda assim, você pode conversar com o proprietário do apartamento em que mora hoje para tentar baixar o valor do aluguel e, assim, melhorar essa alternativa. Se for o caso, inclusive, você pode usar o dinheiro economizado em serviços que seu prédio não oferece hoje, como academia ou lavanderia. E assim, sua MAPAN fica ainda melhor.

Algumas dicas que podem ajudar a melhorar a sua MAPAN:

- Se você está comprando, busque outras opções, outros fornecedores e compare o custo total, não apenas do produto em si, mas de outros atributos que compõem o preço. Considere e compare o frete, prazos de entrega ou pagamento, quantidades mínimas e capital de giro, qualidade e aproveitamento. E lembre-se de que às vezes o custo da compra, da transação em si, é maior do que uma pequena diferença de preço entre um fornecedor e outro. E não se esqueça, também, de que pesquisar tem custo e leva tempo.

- Se você está vendendo, reveja seu processo produtivo e como pode entregar mais valor com menor custo. O que realmente agrega valor ao seu produto — o que é insubstituível e o que pode ser eliminado para baixar o preço?

- Relembre as circunstâncias que levaram vocês a negociar. Por que eles estão conversando com você? Estavam insatisfeitos com os parceiros anteriores ou tiveram uma boa indicação? Ou os dois?

- O que aconteceria com você se a pessoa com a qual você está negociando sumisse do mercado? O que você faria?

Além de melhorar a sua MAPAN, você também pode tentar enfraquecer a MAPAN deles. Isso significa encontrar situações ou possibilidades em que as alternativas com as quais eles contam não sejam tão eficazes.

Você deverá, simplesmente, ajudar o outro lado a antecipar eventuais problemas ou incompatibilidades, de forma clara e assertiva, sem parecer que está apenas tentando desmerecer seus concorrentes.

Em algumas situações, você conseguirá levantar questões em que a outra parte ainda não havia pensado, e isso pode ser decisivo na escolha deles. Mas tome cuidado para não ficar dando "sugestões" — ou você pode, sem querer, mostrar um caminho que eles ainda não haviam visto.

No final, se for preciso, faça uma revisão das informações que você inseriu no seu Checklist de Negociação. Aliás, faça sempre revisões nos seus planos, porque as condições, os contextos e as situações são dinâmicos e estão sempre mudando.

3.4. ALIANÇAS E PARCERIAS

Negociações não acontecem no vácuo, em um ambiente isolado. Elas fazem parte de um contexto, têm consequências e desdobramentos. E quanto mais você conhecer esse contexto, esse mercado, mais alternativas verá.

A maioria dos negócios está inserida em uma cadeia produtiva específica. Se você vende papel, antes de você, alguém produz o papel, alguém processa a celulose, alguém corta os eucaliptos, alguém planta as árvores, alguém beneficia as sementes e os adubos, alguém financia isso e alguém transporta tudo.

E depois que você vende o papel, alguém o embala e distribui, alguém coloca na papelaria, alguém imprime livros, alguém distribui nas livrarias, alguém anuncia na TV, alguém compra e lê, alguém vende impressoras, alguém vende toner, alguém recicla papel usado. E alguém financia isso e alguém transporta tudo.

Mas normalmente nós só olhamos para os elos imediatamente antes e depois de nós na cadeia produtiva. E isso às vezes faz com que nossa visão se afunile e, assim, perdemos a perspectiva e deixamos passar oportunidades excelentes.

Imagine que você seja um distribuidor de tomates e venda para os restaurantes de uma região. Se você conhecer bem o negócio do seu cliente, saberá que boa parte desses tomates é usada para fazer molhos, mas eles preferem comprar os tomates frescos porque têm um sabor melhor do que os processados.

Ora, mas e se o produtor fizer entregas diárias, em vez de duas por semana, e você conseguir processar e entregar no mesmo dia? Você diminui o trabalho do seu cliente e agrega mais valor ao seu produto.

Você cria um vínculo mais forte com o seu cliente, e isso te permite oferecer alho e cebolas, que você compra de outro distribuidor, concorrente seu. Mais um pouco e o alho já vai espremido, e a cebola, picada.

O negócio fica tão bom, que você compra o negócio do produtor — que normalmente chamamos de integração vertical, porque você entrou em um ramo acima do seu (e o nome seria o mesmo se você comprasse algo abaixo de você, como o restaurante).

E logo depois, você compra o seu concorrente que vende tomates, alho e cebola e faz uma integração horizontal, porque é no mesmo nível de negócio que você.

Este exemplo mostra como as atividades de diferentes etapas se inter-relacionam e como as fronteiras entre uma e outra se confundem e, por isso, podem sugerir ótimas ideias. É claro que você não precisa sair por aí fazendo integrações verticais e horizontais, mas precisa conhecer a dinâmica da cadeia produtiva em que está inserido.

Você precisa saber quem agrega mais ou menos valor, onde os prazos de entrega e lotes mínimos de compra demandam o emprego de capital mais intensivo, que setores são mais fortes dentro de uma indústria.

Com uma visão mais ampla, você consegue ajudar a pessoa com quem negocia a resolver outros problemas. Porque em negociação não existe o meu problema, o seu problema e o problema deles. Se a outra parte não tiver dinheiro ou ficar sem produto, mais cedo ou mais tarde esse problema será seu também.

Dentro da sua cadeia produtiva, o que acontece antes e depois de você fazer a sua parte pode e deve te interessar. A partir desse conhecimento, você pode buscar alianças estratégicas com clientes, fornecedores e até mesmo com concorrentes.

Pode, ainda, desenhar parcerias com um ou mais *players*, de modo a viabilizar uma operação específica ou mesmo consolidar acordos já existentes. Mas para isso, você precisa esquecer as árvores e se concentrar na floresta.

3.5. CONFLITO DE INTERESSES

Se você contrata um pedreiro ou um eletricista para fazer uma reforma na sua casa, basicamente você tem dois formatos de remuneração: ou você fecha um valor fixo pelo serviço, ou determina um valor para a diária ou semana de trabalho dele.

No primeiro caso, quanto mais rápido ele terminar, melhor para ele, porque assim pode ir atrás de outro serviço. Mas no segundo caso, qual o interesse dele em acabar logo?

Pensando em outro tipo de situação, em casos em que há um agente, um intermediário, como o corretor de imóveis, por exemplo. Um proprietário entrega sua casa para ele avaliar, preparar, divulgar e negociar com um comprador. É o mesmo objeto, a mesma coisa sendo vendida ou comprada para as três pessoas, mas suas motivações são completamente diferentes, como já mencionado, inclusive, no primeiro capítulo, na parte sobre interesses e posições.

O comprador pode querer um imóvel para morar ou para investir ou para ter a renda do aluguel. O proprietário pode precisar se desfazer do imóvel para pagar dívidas, para comprar uma casa na praia, ou para investir em outro setor. E o corretor pode usar sua comissão para montar um negócio, pagar os estudos, ou quitar dívidas. Ou pode ser que tenha acabado de conseguir emprego em uma imobiliária e o mais importante agora é fechar um monte de negócios e impressionar o chefe.

Dependendo do que for, de qual motivação ele tenha, ele lidará tanto com o proprietário quanto com o comprador de maneira diferente, privilegiando ou um valor maior, ou um desfecho rápido.

O mesmo pode acontecer com um analista de investimentos: se ele ganha comissão por transação, que importa para ele, no curto prazo, se o investimento é bom ou não? Ou para um advogado que cobra por hora, que diferença faz se o cliente tem chance de ganhar o processo ou não?

Em negociações de compra e venda, quem vende sempre achará que seu produto vale mais do que quem compra. Compradores normalmente acham que os produtos são todos iguais, enquanto o vendedor sempre tem certeza de que o seu é superior.

O que existe, às vezes, é um conflito de interesses — entre ser honesto e fechar o acordo —, e isso pode levar um dos lados a enxergar as coisas de forma tendenciosa. E quando o vendedor jura de pés juntos que seu produto é melhor, mas o comprador não consegue ver a diferença, ele começa a duvidar das intenções do vendedor, da sua honestidade.

Repare que não estou afirmando que nesses casos as pessoas sempre serão desonestas ou levianas. Em casos assim, é difícil dizer, com certeza, se há má-fé envolvida ou se a ética foi comprometida de propósito. Provavelmente cada um age de acordo com as características da situação, com as regras do jogo. O ponto fundamental aqui é que *existe a possibilidade de um conflito de interesses*, que pode interferir no julgamento de um ou mais lados, *sem que este se dê conta disso.*

O vendedor tem um incentivo para agir assim, mesmo que de forma inconsciente — e essa é a parte importante aqui. Conflitos de interesse muitas vezes ficam fora do nosso radar, mesmo que a gente não queira, ou negue que aconteçam.

Em situações assim, nas quais os interesses podem interferir muito nas posições, é sempre bom ter cuidado com o modo como os incentivos são planejados. Quando se estabelece uma comissão fixa para valores muito altos, o que era para motivar o vendedor a buscar acordos melhores pode acabar tendo efeito contrário.

Por exemplo: se a comissão de um corretor é de 3%, vender um imóvel de R$300 mil por R$310 mil significa que ele ganhará R$9.300, em vez de R$9 mil.

Para o corretor, depois de ter conseguido fechar a venda por R$300 mil, talvez não compense todo o esforço extra para, no fim das contas, ter mais R$300, enquanto que o dono do imóvel aumenta seu ganho em R$9.700 — e ainda arriscar pôr o negócio todo a perder.

Por esse motivo, ao negociar através de um intermediário, de um agente, ou de um sistema de incentivos ambíguo, é fundamental entender corretamente as motivações e os potenciais conflitos de interesses envolvidos.

Quando há incentivos financeiros, por exemplo, na venda do imóvel, taxas diferenciadas de comissão para cada novo patamar de valor alcançado representam uma boa alternativa.

Se você oferecer, digamos, 20% ou 30% de comissão para o que superar R$300 mil e 50% para o que ultrapassar R$330 mil, será que o corretor não se esforçará muito mais para alcançar um valor mais alto? E essa será, possivelmente, uma solução melhor para os dois lados.

Certa vez, fui abordado por um cliente que, segundo ele, precisava de um treinamento para sua equipe de vendas. Quando perguntei qual era o problema que ele queria resolver, ele respondeu que seus vendedores não sabiam negociar direito, porque já chegavam no cliente oferecendo o maior desconto disponível.

Com um pouco mais de conversa, descobri que a premiação da equipe — ou seja, a política de incentivos — era baseada no número de pontos de vendas ativados e no volume de vendas. O desconto praticado — e, consequentemente, a margem de lucros (que era a verdadeira preocupação da empresa) — não afetava em nada a remuneração da equipe.

Logo, o problema não estava aí. O desconto máximo era usado, então, como um atalho para fechar logo uma venda e partir para a seguinte e fazer volume.

Lembre-se disso sempre que precisar estipular alguma remuneração baseada em performance! Um sistema de incentivo mal elaborado pode não estimular os vendedores a buscar os melhores negócios para a empresa, e, sim, um resultado melhor para ele, vendedor.

Você precisa se lembrar de que não são empresas que fecham negócios; são pessoas.

Por isso, entender o que realmente motiva alguém dentro de uma determinada situação é fundamental no momento de fazer ou alterar uma proposta, porque você pode estar dando muita relevância aos itens errados e pouco destaque aos itens certos. Daí a importância de iniciar a negociação com um mapeamento correto da situação.

3.6. O FATOR TEMPO

Em muitas negociações, pode haver pressa em fechar logo o acordo por parte de um dos lados ou de ambos. O problema de se estar pressionado pelo tempo é que nem sempre conseguimos enxergar ou avaliar corretamente um bom número de alternativas, e a pressão para tomar logo uma decisão acaba causando erros desastrosos.

É o que acontece, por exemplo, em algumas disputas judiciais: a parte que não tem pressa em terminar um processo (normalmente o réu) pressiona a outra a aceitar um acordo menos vantajoso sob o argumento de que levar a disputa adiante pode demorar décadas.

E isso pode ser feito explícita ou implicitamente. Quando norte-americanos e vietnamitas se reuniram em Paris para discutir o fim da Guerra do Vietnã, na década de 1970, os representantes da República Democrática do Vietnã alugaram uma casa por dois anos e pagaram adiantado, deixando claro que não tinham pressa para fechar um acordo.

Ter tempo suficiente para buscar um acordo interessante talvez seja tão importante quanto ter os recursos necessários. Por isso, é sempre preferível se preparar com antecedência e, também, ter algumas alternativas para o caso de algo demorar mais do que o previsto.

Além disso, você deve sempre se perguntar se não está fechando um acordo por impulso. Quando não há contingências reais, não há razão para pressa. Não confunda a sua ansiedade para realizar o negócio — o que é muito comum — com um prazo que não existe, de verdade.

Muita gente impõe prazos apertados para os outros para depois poder realizar a sua parte da tarefa com mais calma, ou mesmo para desafogar sua própria falta de planejamento e organização. Quando você sentir que um prazo próximo demais pode comprometer a qualidade da sua entrega, busque alternativas com o outro lado.

Entregar o trabalho aos poucos pode facilitar a revisão para ambos, ao dividir a tarefa em partes. Na maioria das vezes, você perceberá que os prazos são bem menos rígidos do que se imagina e, portanto, é possível encontrar opções igualmente satisfatórias.

O importante aqui é não deixar que o prazo se transforme em pressa, seja agindo de maneira planejada e antecipada, seja criando alternativas. E nunca se esqueça de que a outra parte também tem interesse em fechar um acordo. Do contrário, ela nem negociaria com você, em primeiro lugar.

4

PSICOLOGIA
da Negociação

Ter boas alternativas em uma negociação é uma questão de qualidade, mas passa também pela quantidade. Precisamos gerar um bom número de opções para, dentre elas, escolher as que representam as melhores oportunidades. No Capítulo 2, inclusive, vimos uma série de dicas e técnicas com essa finalidade. Mas por que as pessoas não buscam mais alternativas antes de ir atrás de um acordo com a outra parte?

Uma das pistas que tive aqui foi a de que as respostas de Gérson àquelas perguntas iniciais eram curtas e secas. Respostas curtas não significam que a pessoa está sendo objetiva, nem que está com preguiça de pensar. Significam, neste caso, simplesmente, que ela não quer falar a respeito, que aquele assunto é delicado demais para dividir.

Considerando tudo o que estava em jogo num contexto desse tipo, era mais do que natural que Gérson fosse breve e sucinto: a situação era incômoda, para dizer o mínimo. Mexia com sentimentos íntimos, questões familiares, história e relacionamentos.

Era um grande caldeirão de emoções. E tudo adquire contornos muito mais complexos quando as emoções estão em jogo. Mas, pensando bem, quando é que as emoções *não* estão em jogo? Quando é que nossas decisões não são influenciadas pelas nossas emoções?

Quando estudamos Física no colégio, normalmente usamos modelos bem simplificados no início, para começarmos a entender como as coisas funcionam. É por isso que, em dinâmica, muitas vezes desconsideramos o atrito entre dois corpos, a resistência do ar, e arredondamos a aceleração da gravidade nos cálculos de velocidade ou trajetórias.

Nesse nível inicial, sacrificamos a precisão em nome de uma facilidade maior para aprender conceitos fundamentais. Isso garante que o leigo possa ir acumulando e aperfeiçoando seus conhecimentos de forma gradual e de acordo com a necessidade ou complexidade da situação.

Mas a validade dos modelos simplificados termina aí. O jornalista provavelmente passará o resto da vida achando que a gravidade é 10 m/s^2 em qualquer lugar da Terra — e isso provavelmente fará pouca diferença na sua vida.

Mas para o astrofísico — que pode até ter sido colega de classe do jornalista no colégio —, a complexidade desse modelo tende a crescer cada vez mais, porque uma maior precisão nos cálculos que envolvem a aceleração da gravidade será fundamental na sua carreira.

Essa simplificação inicial dos modelos para o entendimento de conceitos básicos acontece em diversas áreas do conhecimento. E muitos desses conceitos — sabidamente imprecisos — nos acompanham pela vida toda, sem maiores consequências.

Além disso, alguns modelos dependem da tecnologia em que são baseados, das técnicas disponíveis na época em que as observações foram feitas e das conclusões tiradas. Hoje sabemos que a Terra não é o centro do Universo e que a trajetória dos planetas é elíptica, mas antes de Copérnico e Kepler, antes do astrolábio, do telescópio e do desenvolvimento de determinadas fórmulas matemáticas, chegar a essa conclusão tão simples era impossível.

Por isso, de acordo com o grau de precisão de que você precisa e das ferramentas disponíveis, algumas teorias menos precisas são aceitas. Outras não.

É o que acontece, por exemplo, com alguns conceitos da Economia Tradicional. Ela se baseia em uma ideia de que o homem é dotado de perfeita racionalidade, no qual os agentes avaliam criteriosamente os prós e contras de cada decisão, de forma a extrair o maior benefício possível, dentro do que se costuma chamar de maximização da utilidade.[1]

É o que em Tomada de Decisão costumamos chamar de modelo prescritivo, pois funciona como uma prescrição, uma receita, um passo a passo para se tomar decisões. São diretrizes que usam modelos da realidade e sugerem ações específicas para se chegar a um dado resultado.

Assim como na Física, o que esses modelos fazem é simplificar as complexidades do mundo real, eliminando alguns elementos, para tornar os problemas do dia a dia mais tratáveis, para que as teorias possam ser estudadas em um formato mais didático.

O problema é que o mundo não é um sistema fácil de ser modelado e traduzido em uma série de regras que funcionam em toda e qualquer situação. Especialmente quando tratamos de seres humanos e de toda a imprevisibilidade que vem junto. E é por isso que esses dogmas da Economia Tradicional não podem ser levados ao pé da letra — especialmente aquele que diz que o ser humano é perfeitamente racional e que sempre pesa prós e contras em sua constante busca pela maximização de seus recursos.

Em muitas situações, sabemos que nossas escolhas violam frontalmente esses princípios, levando-nos a decisões que estão longe do ideal. Por esse motivo, um modelo descritivo de Tomada de Decisão ganhou espaço, focado mais no que acontece de verdade, do que no que deveria acontecer. É um modelo que enxerga o mundo como ele realmente é — e não como ele deveria ser, de acordo com um modelo de ser humano que, bem, não existe de verdade.

É um dos campos de estudo da Economia Comportamental, uma disciplina que traz uma boa dose de psicologia às discussões da Economia Tradicional, mostrando, principalmente, que nossas decisões dificilmente são puramente racionais.

Os primeiros estudos da Economia Comportamental a ganhar mais relevância foram publicados pelos psicólogos Daniel Kahneman e Amos Tversky no início da década de 1970 e focavam em heurística e vieses cognitivos (que veremos mais adiante).

---

1 Esta também é, aliás, uma simplificação bem grosseira, e espero que o leitor economista não se zangue com a imprecisão.

Em 2002, a disciplina ganhou corpo graças ao prêmio Nobel em Economia ganho por Kahneman (Tversky faleceu em 1996), pelo seminal artigo sobre a Teoria da Prospecção, publicado em 1980 (é, essas coisas demoram mesmo) e que trata da aversão à perda e da enorme dificuldade que temos em lidar com probabilidades (KAHNEMAN, 2011).

Outro colaborador contumaz de Kahneman, o economista norte-americano Richard H. Thaler também ganhou recentemente o Nobel em Economia, em 2017, por suas contribuições à área da tomada de decisão. Thaler é especialmente celebrado por seu elegante conceito de nudge.[2]

Mas por que isso é importante em negociação? Porque, como dissemos lá no início, ainda na Introdução, negociar é tomar decisões em conjunto. Isso significa que os dois (ou mais) lados de uma mesma negociação estão tomando decisões, logo, isso é duplamente importante, já que se você conseguir entender de que forma a outra parte faz suas escolhas, suas chances de interferir nesse processo são muito maiores.

O importante, de verdade, é entender que sempre que alguém precisa tomar uma decisão específica, há diversos fatores que podem influenciar diretamente no resultado. Além disso, nem todos esses fatores conseguirão ser explicados pela Economia Tradicional.

Quando vamos comprar um apartamento, por exemplo, levamos em consideração a relação custo/benefício do imóvel, a valorização (ou desvalorização) daquela área e do mercado como um todo, nossa capacidade de honrar os pagamentos diretos — como o próprio financiamento — e indiretos — como condomínio e IPTU —, a adequação da compra aos nossos planos de investimento, aposentadoria, e assim por diante. São considerações complexas dentro de uma transação igualmente complexa.

Avaliações igualmente importantes na compra de um apartamento costumam passar batidas, como as reais motivações do proprietário do imóvel ou de intermediários, como o corretor ou a pessoa que viabiliza o financiamento.

Mas quando estamos na porta do cinema escolhendo entre um chiclete e um chocolate, as decisões parecem bem mais simples, certo?

---

2 Em Inglês, *nudge* refere-se ao leve empurrão que damos nas pessoas para que elas tomem decisões mais acertadas. (O empurrão é no sentido figurado, claro.) É também o título do seu livro mais famoso, publicado em parceria com Cass Sustein em 2008.

De acordo com a Economia Tradicional, você deveria fazer o mesmo tipo de consideração que faz quando compra um apartamento. Pesar prós e contras até concluir qual opção mais maximiza a utilidade do seu dinheiro.

Se não precisará pensar em sua capacidade de honrar o financiamento de um chiclete, ao menos deverá considerar qual opção pode ser mais danosa aos seus dentes e qual a implicação da compra nos seus gastos anuais com o dentista — e se esses gastos estão dentro do seu planejamento para economizar dinheiro para a sua aposentadoria, imaginando que a atual taxa de juros permanecerá alterada.

Ufa! São raciocínios complexos demais para escolhas banais. Um tipo de avaliação que inviabiliza qualquer tomada de decisão, por mais simples e inconsequente que ela seja. É o que costumamos chamar de paralisia por análise.

Por esse motivo, na maioria das vezes, nosso cérebro toma atalhos para decisões mais instantâneas. São as heurísticas que Kahneman e Tversky estudaram. Com elas trocamos análises muito complexas pela reprodução automática de decisões que tomamos anteriormente e que deram certo.

Heurísticas representam uma eficiente ferramenta para lidarmos com a crescente complexidade do mundo em que vivemos. Diversas delas são conhecidas que nos ajudam em situações do dia a dia, e, via de regra, são ótimas! Exceto quando não são.

Outro tipo de engano que costumamos cometer diz respeito às ilusões cognitivas.

Se você nunca ouviu falar em uma ilusão cognitiva, pense em uma ilusão de ótica. Há várias delas muito famosas e interessantes, daquelas em que as linhas parecem curvas, mas, na verdade, são paralelas, ou que uma linha ou círculo parece maior do que o outro ou de uma cor diferente, mas, na verdade, são todos iguais.

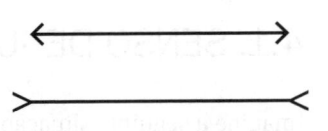

Na figura anterior, os círculos brancos têm o mesmo tamanho, embora o da esquerda pareça maior, por causa da presença dos círculos escuros, que, em comparação com os da direita, são bem menores. Do mesmo modo, as duas linhas horizontais têm o mesmo tamanho, embora a de baixo pareça maior.

À primeira vista, é fácil se confundir com as imagens e dar a resposta errada. Mas com um olhar mais atento, é possível perceber que a realidade é diferente do que nossa intuição nos diz.

Neste capítulo veremos que com as ilusões cognitivas — ou vieses cognitivos — é bem parecido. Isto é, fazemos uma leitura inicial da situação que, mais tarde, revela-se incorreta. Ok, somos humanos e errar faz parte. Acontece que são erros rotineiros e conhecidos, e os cometemos repetidamente — ou, como diz Dan Ariely, de maneira previsível (ARIELY, 2008).

Perceba que não importa quantas vezes você veja e reveja a mesma ilusão de ótica, ela sempre parece estar lá: uma linha contínua parecendo maior do que a outra, e os círculos também parecem diferentes. Mas não são. Você já mediu e verificou que são rigorosamente iguais. Mas seus olhos insistem que não. Mas são.

Com as ilusões cognitivas é bem parecido: você sabe como funcionam, sabe onde elas aparecem, já viu acontecer. E mesmo assim, se deixa levar.

Mas então de que adianta estudá-las? É importante conhecê-las e saber quais são os seus mecanismos para que você fique mais atento às situações que parecem óbvias demais. Quando você se treina para reconhecer tais ilusões, aprende a desconfiar de sua intuição e buscar alternativas às respostas que aparecem prontas imediatamente.

Porque quando alguém faz uma pergunta óbvia demais — como qual das linhas é mais comprida ou qual círculo é maior —, você pode até desconfiar do que os seus olhos estão vendo. Mas nem sempre haverá alguém para fazer as perguntas óbvias. Então você precisa aprender a fazê-las por si próprio.

4.1. SENSO DE JUSTIÇA

Imagine a seguinte situação: você está participando de um jogo em que deve dividir R$100 entre você e outro participante. Segundo as regras, ele faz uma oferta sobre como o dinheiro será repartido — com quanto cada um ficará

— e você diz simplesmente se aceita ou não. Caso você aceite, cada um fica com a sua parte, conforme a proposta do outro. Caso você não aceite, nenhum dos dois leva nada.

Então a outra pessoa propõe que ela fique com R$70 e você com os outros R$30. Indignado, você recusa a oferta, e os dois ficam sem nada. Seu senso de justiça não permite que uma pessoa ambiciosa leve vantagem sobre você, e, por isso, você decide puni-lo rejeitando sua proposta. Seu senso de justiça acaba de lhe custar R$30.

O jogo do ultimato,[3] que é o que acabamos de ver, representa uma situação clássica em negociação. Tipicamente, ofertas inferiores a 30% do valor total costumam ser rejeitadas — o que contraria frontalmente os princípios da Economia Tradicional. Porque qualquer valor, mesmo que muito pequeno, ainda é melhor do que nada. Em tese, até R$1,00 deveria ser aceito — algo que só vi uma vez, até hoje, em sala de aula.

No entanto, o nosso senso de justiça contraria essa lógica, e frequentemente repudiamos situações nas quais nos sentimos explorados, mesmo que isso represente prejuízo direto.

Muitos autores gostam de classificar as negociações como ganha-ganha, perde-ganha ou até perde-perde.[4] Particularmente, entendo que essa distinção não faz muito sentido. Em todas as negociações, os dois lados estão ganhando alguma coisa — mesmo que pareça haver um desequilíbrio nos resultados. Do contrário, a negociação nem aconteceria, em primeiro lugar, e ficar sem um acordo seria melhor.

Em situações assim, precisamos prestar atenção em dois aspectos básicos que podem atrapalhar o nosso julgamento.

Em primeiro lugar, na maioria dos casos, o principal objetivo de uma negociação não é fazer justiça. Muitas vezes, uma das partes tem mais poder do que a outra e, por causa disso, pode fazer mais exigências e menos concessões. O seu simples senso de justiça não muda essa dinâmica, e, além disso, se concentrar nessa característica do ambiente, nesse

---

[3] O jogo do ultimato apareceu pela primeira vez em uma publicação acadêmica em 1982 (GÜTH, 1982) e, desde então, tem sido replicado por todo o mundo e com resultados bem semelhantes, independentemente da cultura.

[4] Um exemplo de negociação perde-perde é uma guerra: normalmente, os dois lados perdem.

desnível que está fora do seu controle, pode prejudicar a avaliação de outros aspectos importantes.

Então, concentre-se em obter um bom acordo, em algo que lhe seja favorável, mesmo que seja apenas reduzir seu prejuízo, independentemente de parecer justo ou não. Às vezes pode ser que você esteja brigando por algo que, no fim das contas, não vale mesmo a pena. Em momentos assim, o tempo que você está perdendo pode até ser mais importante do que o motivo pelo qual você briga.

Em segundo lugar, devemos nos lembrar sempre de que senso de justiça é uma questão pessoal, individual, e tem a ver com os valores nos quais cada um de nós acredita e segue.[5] Algo que parece justo para você pode ter uma conotação extremamente negativa para a outra pessoa, sem que percebamos. Ou pode ser o contrário. E isso pode ser ainda mais frequente ou grave quando envolve diferentes culturas.

E não se esqueça, ainda, de que o outro lado também pode estar experimentando a mesma sensação de que o acordo é injusto, em um ou mais aspectos, porque sempre há questões subjetivas envolvidas, e que cada um enxerga de uma maneira.

Alguns se ressentem, por exemplo, do status ou mesmo do cargo que a outra pessoa ocupa e, por consequência, sempre acharão que estão em desvantagem. Em casos assim, pense em como diminuir essa distância, mesmo que ela esteja apenas na cabeça do outro.

Porque, no final das contas, não importa muito se isso é apenas uma percepção que não corresponde à realidade. Se é assim que a outra pessoa enxerga a situação e você não consegue mudar a perspectiva dela, então é com esse cenário que você precisa lidar.

O que é importante ressaltar aqui é que uma negociação não deve se transformar em uma batalha de valores e princípios morais. Você não precisa convencer a outra pessoa a pensar da mesma forma que você para chegar a um acordo. Vivemos em mundos cada vez mais polarizados, e partir para esse tipo de confronto reduz as chances de um final feliz.

O ideal é que nenhuma das partes precise se desviar do objeto principal da negociação para impor seus princípios ao outro lado. É possível chegar a

---

5 Claro que não me refiro aqui àquelas situações clássicas, preto no branco, em que (praticamente) todos concordam, mas às zonas cinzentas, mais dúbias.

um bom acordo e mesmo assim divergir em outros assuntos — uma situação típica em que as partes concordam em discordar.

Se um dos lados se sentiu, de alguma forma, injustiçado, provavelmente ele já entrou na negociação fragilizado, numa posição de inferioridade. E uma das formas de se evitar tal situação é criando alternativas para o caso de o acordo não ser favorável (MAPAN, lembra?).

Além disso, uma negociação não precisa ser encarada como uma disputa, um embate, em que um dos lados sairá vencedor e o outro, perdedor. Esse tipo de sentimento pode tirar o foco do objetivo principal da negociação e transformá-la numa disputa de egos, um confronto pessoal, uma luta irracional por detalhes insignificantes e conquistas inúteis. Lembre-se de que *negociar é tomar decisões em conjunto*, então, concentre-se naquilo que você está buscando de verdade.

4.2. FICAR BEM NA FOTO

A maioria de nós costuma se envolver em negociações em torno de dinheiro, bens, prestígio, poder ou algo equivalente. Estatisticamente, é improvável que um leitor trate de questões mais sensíveis, como a vida de outra pessoa ou outros ambientes que envolvam violência.

Em casos assim, o ideal é contar com um especialista de verdade, que entenda os riscos e desafios de cada contexto. William Ury é uma dessas pessoas que você vai querer ao seu lado numa hora dessas.

Certa vez, ele se viu em uma dessas situações quando um criminoso em fuga fez reféns em uma região barra-pesada numa cidade norte-americana. Embora estivesse encurralado — e pessoas encurraladas costumam ser as mais perigosas, já que não têm muito a perder —, ele resistia à ideia de se entregar pacificamente.

Conversando com o sequestrador, Ury conseguiu entender sua maior preocupação: se ele se entregasse pacificamente, passaria uma imagem de fraqueza à multidão que se aglomerava em volta do local. E isso seria terrível para a sua reputação, mesmo que ele estivesse preso — ou principalmente se ele estivesse preso.

Retomando o Capítulo 1, em que falamos sobre interesses e posições, quais seriam os interesses de cada parte? E as posições?[6]

Depois de muita conversa, a rendição foi acertada com a condição de que ele pudesse sair esbravejando violentamente, sustentando sua posição de bandido perigoso. E assim foi feito. No caminho até a viatura, ele gritou com todos ao seu redor, xingou os policiais e as pessoas da imprensa, chutou, mordeu, socou e arranhou quem estivesse no seu caminho até entrar no carro. Dali em diante, o sequestrador cumpriu sua parte do acordo e voltou a se comportar de maneira tranquila.

Uma situação potencialmente perigosa foi resolvida simplesmente entendendo qual era a prioridade central do bandido: resguardar sua imagem de perigoso. Nesse caso, uma negociação bem conduzida salvou não só a pele dos reféns, mas também a do bandido.

Quando nos envolvemos em uma negociação, além de toda a parte objetiva que está em jogo — como valores e condições de pagamento ou entrega —, existe também uma parte subjetiva igualmente importante. Você se preocupa com a sua imagem, com a sua reputação, com o que as pessoas pensarão a respeito do acordo que você conseguiu, porque isso se refletirá nos acontecimentos futuros, em como as pessoas te encararão dali em diante.

E isso também acontece, claro, com o outro lado. Não dá para simplesmente pensar que a imagem da outra pessoa é um problema dela, porque em negociação, frequentemente o problema dela se torna um problema seu — como o caso do bandido ilustra.

Da mesma forma que acontece com você, a decisão que a outra pessoa toma em uma negociação será avaliada pelos pares dela, pelo chefe, pela empresa, pela comunidade e pelo círculo de amizades dela. O resultado de uma negociação tem implicações diretas na reputação de todas as pessoas envolvidas.

Por isso, ao pensar em uma estratégia de negociação, você deve considerar o impacto que isso terá não só na sua imagem, como também na imagem da outra pessoa. E se essa pessoa tiver que "vender" o resultado conseguido

---

6 Lembrando: o interesse é a real motivação de a pessoa buscar um acordo, ou o que ela pretende fazer com o acordo. Nesse caso, o bandido tem que manter sua fama de mau, ao passo que a polícia quer que ele se renda sem que ninguém saia ferido. Já a posição é a forma concreta que o acordo assume.

para o seu próprio público — sejam colegas, chefes ou até mesmo eleitores —, você deve pensar em como pode ajudá-la a fazer isso.

Se você quer ficar bem na foto[7] depois de um acordo, tem que lembrar que o outro lado também quer.

Indo um pouco mais a fundo, a necessidade que a outra parte tem de ficar bem na foto vai além de terceiros, vai além do que os outros pensarão dela. Ela também precisa ficar bem consigo mesma. Não é apenas o julgamento externo, o das outras pessoas, que pesa em suas decisões. O julgamento que ela faz dela mesma também influencia.

Se ela se vê obrigada a fazer muitas concessões, se precisa voltar atrás em suas decisões, promessas ou compromissos, isso também tem um peso negativo que pode impedir um acordo. É um preço psicológico alto demais, às vezes. Voltaremos a esse tema mais adiante, no Capítulo 6, na parte sobre ameaças e ultimatos.

Outra dica interessante é jamais aceitar a primeira oferta em uma negociação, mesmo que ela seja boa para você. O racional por trás disso é que o grau de satisfação que uma pessoa sente ao finalizar uma negociação depende menos de como ela se saiu, de fato, do que de como ela *acha* que se saiu. Porque, em muitas situações, a realidade e a percepção podem ser duas coisas completamente diferentes.

Ela pode sair felicíssima de um péssimo negócio ou ficar arrasada com uma negociação espetacular. Tudo depende de como suas expectativas são gerenciadas.

Já vimos aqui que, em uma negociação, muitas pessoas gostam de ter a sensação de que ganharam algo, de que tiveram algum tipo de concessão ou vantagem, mesmo que seja só aparentemente. Imagine a seguinte situação, a título de exemplo.

Você diz ao seu amigo que está vendendo seu carro, e ele pede mais informações. Depois de ouvir os detalhes e a descrição do automóvel, ele pergunta o preço. Antes de você terminar de dizer que quer R$30 mil, ele fecha o negócio e pede o número da sua conta-corrente para fazer um DOC. Como você se sentiria?

---

[7] Em inglês costuma-se usar o termo *save face*, que, traduzido literalmente, significa livrar a cara ou salvar a pele.

Se você é como a maioria dos mortais, na hora você ficaria com a impressão de ter feito um mau negócio. Em seguida viveria o dilema de desistir da transação e ficar mal com seu amigo, ou seguir adiante e continuar pensando em quanto dinheiro perdeu.

Essa é mais uma razão pela qual muitos autores sugerem que jamais aceitemos a primeira oferta, porque, acredite ou não, isso pode deixar quem fez a oferta infeliz. Quem nunca foi numa feira árabe, turca ou libanesa certamente já ouviu falar de comerciantes que se ofendem se você disser que pagará o preço que ele pediu. Em algumas culturas, pechinchar faz parte do negócio, e a outra parte até acha ruim se você agir diferente.

No caso do carro, se o seu amigo fizer uma contraproposta de, digamos, R$27.200 e vocês discutirem um pouco até chegarem a algo como R$28.900, é provável que você saia mais satisfeito do negócio do que com o valor original.

À primeira vista, parece loucura que alguém fique mais satisfeito com R$28.900 do que com R$30 mil, mas tudo depende do contexto em que a transação se realiza. Com R$30 mil você sai com a sensação de que perdeu alguma coisa. Já com R$28.900, a sensação é a de que você ganhou, porque a outra parte queria pagar R$27.200.

4.3. MALDIÇÃO DO VENCEDOR

No final do ano 2000, o Brasil vivia uma fase de privatizações, passando à iniciativa privada o controle de grandes operações. Em 20 de novembro, o Santander assumiu as operações do Banespa e se tornou o terceiro maior grupo bancário do país na época.[8]

O gigante espanhol, que provavelmente enxergou os ativos do Banespa como um importante diferencial na disputa com seus concorrentes, desembolsou nada menos do que R$7,05 bilhões pelo controle do banco paulista. O ágio sobre o preço mínimo (R$1,85 bilhão), estipulado pelo governo, chegou a quase 300%.

---

8 Santander paga R$7,05 bi por banco; ágio vai a 281%. *Folha de S.Paulo*. Disponível em: <https://www1.folha.uol.com.br/fsp/dinheiro/fi2111200002.htm>. Acesso em: 28 fev. 2020.

O Santander apostou alto porque achava que Itaú e Bradesco também apostariam alto. Bem, talvez não tão alto assim. A segunda maior oferta, do Unibanco, mal passou dos dois bilhões (R$2,1 bilhões), enquanto o Bradesco ficou em R$1,86 bilhão, bem próximo do "se colar, colou".

Para o Santander, isso teria sido uma vitória doce, ou será que o sabor ficou mais para o amargo por oferecer quase três vezes mais do que o necessário?

É assim que se sente o negociador que, mesmo logo após fechar um acordo aparentemente vantajoso, fica com a sensação que poderia ter conseguido coisa melhor. Em negociação, chamamos isso de maldição do vencedor.

No caso do leilão do Banespa, são variáveis muito complexas para analisarmos. Embora dê para acreditar que um dos lados errou grosseiramente em sua avaliação — o Santander para muito mais, ou o Unibanco para muito menos —, também é possível imaginar que ambas as estimativas podiam estar certas, considerando o tipo de estratégia que cada um tinha em mente.

Isto é, cada empresa tinha uma ideia sobre o que fazer com os ativos do Banespa, e provavelmente esses ativos seguiriam caminhos diferentes e assumiriam papéis e valores diferentes — e isso também tinha a ver com a estratégia e o objetivo geral de cada banco, que também são diferentes.

Nas transações mais simples, do dia a dia, algumas vezes temos um sentimento parecido, de que poderíamos ter pedido um pouco mais numa venda, ou pago um pouco menos numa compra.

Como quando você diz que quer R$30 mil pelo seu carro e o comprador concorda na hora e pede o número da sua conta para fazer o DOC. É impossível não ter a impressão de que vendeu barato.

A maldição do vencedor ocorre quando há um descompasso entre o valor percebido e o valor real. Se após o leilão o Santander tiver conseguido extrair do Banespa o valor estimado, então não há razão para arrependimento, mesmo tendo desembolsado uma diferença exorbitante em relação à segunda oferta.

Mas se o negócio se revelar um fiasco, então o gosto amargo é mais do que justificável, porque aí realmente sua avaliação passou longe.

A maldição do vencedor pode não ser um problema em si, mas a consequência indesejável de gerar outros tipos de problemas é. Entre eles:

- A falta de um processo específico para Tomada de Decisão: quando você não segue um passo a passo para tomar uma decisão — do tipo

"Quanto vamos oferecer pelo Banespa e por quê?" —, não consegue fazer uma auditoria de qualidade na sua decisão. E, por isso, não aprende com seus erros.

- A vontade de ganhar a qualquer custo: quanto desses R$7 bilhões foram investidos para ter um ativo considerado valioso e quanto foi para não perder uma disputa? Porque atingir determinado objetivo estratégico e "ganhar" do seu concorrente nem sempre são a mesma coisa. E isso pode ser causado por dois fenômenos similares, mas antagônicos:

    - A escalada irracional, que faz a gente ir cegamente atrás de algo, deixando de lado a relação custo/benefício.
    - Ou a aversão à perda, em que, ao contrário, a gente faz de tudo para evitar perder ou correr o risco de perder algo, mesmo indo contra uma avaliação de custo/benefício. (Mais um pouco sobre isso adiante, ainda neste capítulo.)

Quando lidamos com ativos ou serviços de fácil comparação — como *commodities* —, é mais fácil ter referências e chegar a um valor médio, por meio de pesquisas nem tão complexas.

Mas quando o item negociado tem uma conotação mais subjetiva, em que cada um o valoriza de maneira diferente, o dever de casa pode ser um pouco mais sofisticado. Sua avaliação deverá ser um pouco mais detalhada e, ao mesmo tempo, considerar as ações de terceiros. Não a ponto de colocar a vitória na disputa acima dos valores envolvidos, mas lembrando-se de que pode ser necessário pagar um *premium* para garantir o sucesso.

4.4. ANCORAGEM

Quando você está envolvido em uma negociação, você normalmente faz a primeira oferta, ou espera a outra parte fazê-la? Pense um pouco na sua resposta e, principalmente, nas razões dela. Por que você prefere fazer primeiro, ou por que prefere esperar? Mais tarde a gente volta a esse assunto.

Enquanto isso, considere as perguntas a seguir e anote as respostas em um papel. Você tem que responder as DUAS perguntas de cada tema, mas não vale usar o Google!

- Você acha que Alexandre, o Grande, sucedeu seu pai e tornou-se rei da Macedônia antes ou depois do ano 100? Em que ano Alexandre, o Grande, tornou-se rei da Macedônia?
- Você acha que a distância entre Moscou e Pequim é maior ou menor do que 2.750 km? Qual você acha que é a distância entre Moscou e Pequim?

Outro teste: pegue os dois últimos algarismos do seu CPF e use-os para responder às próximas perguntas:

- Você acha que Gandhi morreu com idade maior ou menor do que esse número? Com quantos anos você acha que Gandhi morreu? (Exemplo: se os dois últimos algarismos do seu CPF forem 35, você acha que Gandhi morreu com mais ou menos do que 35 anos?)
- Você acha que a quantidade de satélites de Júpiter é maior ou menor do que este número? Quantos satélites você acha que Júpiter tem?

Conseguiu responder? Bem, vamos dar uma olhada nas respostas.

(Alexandre, o Grande, tornou-se rei em 336 a.C.; a distância entre Moscou e Pequim é de 5.790 km; Gandhi morreu com 78 anos; Júpiter tem 79 satélites.)

Se você entende tanto de história antiga e astronomia quanto eu, deve ter errado as perguntas — e errado feio.

Mas além de provavelmente não entender absolutamente nada sobre nenhum um desses assuntos, há outro elemento que atrapalha ainda mais o raciocínio: a primeira pergunta, a que questiona se é antes ou depois, maior ou menor.

Embora ela seja absolutamente irrelevante para a resposta que realmente vale, a primeira pergunta acaba servindo como um substituto para a segunda — que é a que interessa. Quando alguém pergunta a distância entre Moscou e Pequim, na sua cabeça você pensa: "Um momento, eu já respondi a uma pergunta parecida! Moscou fica a mais de 2.750 km de Pequim, claro! Eu não preciso responder isso de novo. Só preciso fazer umas pequenas modificações e uns rápidos ajustes e pronto, tenho minha resposta: 3.100 km!"

O grande problema é que esses ajustes e modificações normalmente são insuficientes. Veja o que acontece, por exemplo, com esse pequeno teste de matemática: se você pedir às pessoas para calcular o resultado de 2 × 3 × 4 × 5 × 6 × 7 × 8, mas der apenas cinco segundos para fazer a conta, a média das respostas fica, geralmente, em 512. Mas se você pedir a outras pessoas para calcularem 8 × 7 × 6 × 5 × 4 × 3 × 2, dando os mesmos cinco segundos, a média pula para 2.250 (TVERSKY, 1974).

Provavelmente você também percebeu que as duas contas são rigorosamente iguais e apenas a ordem está invertida. Mas por que, então, os resultados são tão diferentes?

O que acontece é que, como o tempo é muito curto, as pessoas fazem as duas ou três primeiras contas e depois extrapolam o resultado para algo que acham que é razoável. No primeiro caso, elas chegam a 24 e extrapolam para 512. No segundo, chegam a 56 e extrapolam para 2.250. Nas duas situações, entretanto, as pessoas ficam muito, muito longe do resultado correto, que é 40.320.

E por que isso acontece? Exatamente porque as extrapolações, as estimativas, as tentativas de aproximação são insuficientes. As pessoas partem do número inicial e vão ajustando na direção do que imaginam ser o número correto. Só que a maioria se dá por satisfeito assim que chega a um valor que considera plausível ou aceitável — e que normalmente fica longe do valor correto.

Embora não pareça, aqui também existe uma primeira pergunta, só que dessa vez ela é inconsciente. Como você não consegue responder à pergunta inteira — quanto é 2 × 3 × 4 × 5 × 6 × 7 × 8 — você responde outra pergunta: quanto é 2 × 3 × 4, e aí chuta o resto. E erra feio.

Então o que acontece, na prática, é que a primeira pergunta (que não vale nada) direciona a segunda (que vale de verdade). E mesmo que ela esteja atrelada a um número aleatório ou ridiculamente fora da ordem de grandeza, a resposta interfere no seu raciocínio.

Em Psicologia, isso é conhecido como ancoragem, que é a tendência a usar um valor inicial como ponto de referência — ou âncora — em uma discussão.

Certo, mas por que isso é importante?

Em uma tomada de decisão, quando você estabelece uma âncora — seja um valor, um conceito ou uma ideia —, ela é capaz de influenciar tudo o que se pensa ou se discute depois.

Num estudo envolvendo corretores de imóveis, os pesquisadores pediram aos participantes que avaliassem um imóvel, tomando como referência algumas informações básicas (NORTHCRAFT, 1987). Embora todos usassem o mesmo pacote de dados, os valores sugeridos eram diferentes, e o objetivo era medir o impacto desses números iniciais nos preços propostos.

De uma forma geral, os números iniciais funcionaram como âncoras e tiveram impacto decisivo nas avaliações dos corretores em ambas as direções, ou seja, tanto para quem recebia um valor mais alto quanto para quem recebia um valor mais baixo do que o real.

Ainda assim, apenas 14,5% dos participantes admitiram ter usado o valor inicial em suas considerações, sugerindo que a ancoragem tem efeito inconsciente, silencioso.

Isso sugere que, além de a nossa própria avaliação sofrer interferência do primeiro valor que surge na discussão, todas as conversas posteriores girarão em torno desse número, e, principalmente, o número final será uma versão mais ou menos aproximada dessa âncora.

Assim sendo, será que você continua preferindo que a outra pessoa continue levando a negociação para onde *ela* quer? Será que você não prefere escolher o ponto de partida da discussão?

Porque, como vimos, as pessoas tendem a seguir esse valor, essa âncora, e fazer ajustes em torno dela, mas, no final das contas, os números acabam sempre ficando bem próximos.

Então, em casos assim, a primeira oferta — ou a âncora — tem impacto decisivo no final.

Mas isso quer dizer que tudo de que preciso é fazer a primeira oferta — de preferência bem exagerada —, e o resto acontece naturalmente em meu favor?

Claro que não! Por dois motivos: primeiro que nem sempre as âncoras são fixas, imutáveis, definitivas. Ninguém é obrigado a aceitar um valor inicial. Segundo que nem sempre você deve fazer a primeira oferta. Mas vamos por partes.

Se você reparar nas perguntas que fiz no início — e até mesmo na conta de multiplicação —, perceberá que são temas que não fazem parte do nosso dia a dia. São assuntos em que a maioria de nós não tem muito conhecimento e não sabe nem por onde começar. São temas que envolvem muita incerteza.

E quanto maior a incerteza, mais forte é a influência da âncora — até porque, sem uma base mais concreta, sem argumentos nem fundamentos, não há como questionar os seus méritos, suas razões.

Em meus exercícios com alunos em sala de aula, é comum propor atividades com valores bem discrepantes. Digamos que um aceita vender um item pelo valor mínimo de R$50 e o outro esteja disposto a pagar, no máximo, R$100. É uma distância bem grande, e quase sempre os participantes fecham um acordo. Mas o ponto em que fecham o acordo — lembrando que qualquer valor entre R$50 e R$100 é possível — quase sempre é determinado por quem faz a primeira oferta.

Então, como regra, procure fazer a primeira oferta em situações nas quais não há uma boa referência, um valor de mercado, um histórico de transações que possa ser consultado, ou em que as avaliações sejam mais subjetivas.

Essa primeira oferta se transformará em uma âncora e focará a atenção e as expectativas da outra pessoa. A partir do momento em que a âncora é estabelecida, a pessoa para de buscar um valor adequado e passa a buscar razões que justifiquem ou não o valor que ela pensou. E se ela não encontrar uma boa razão para não aceitar o valor, é bem provável que fique bem perto dele.

Mas lembre-se de que esse valor direcionará o resto da conversa, para o bem ou para o mal. Se você não tiver feito o seu dever de casa direito e vier com um valor errado, ele servirá de âncora do mesmo jeito. Cuidado sempre para não cair na armadilha do excesso de confiança!

Essa é mais uma razão para você se preparar bem antes de uma negociação. É importante que você tenha mapeado bem os valores envolvidos e tenha uma boa ideia sobre a Zona Positiva de Acordo e, especialmente, sobre o Valor de Reserva da outra parte.

Outra dica importante sobre fazer a primeira oferta é que você deve estar bem preparado para justificar sua proposta. E, de preferência, isso deve ser feito antes de fazer a proposta em si, ou seja, primeiro explique o seu racional, as suas razões e, depois, apresente o valor.

Já nas situações em que há referências, em que existem fontes confiáveis de informação sobre os valores envolvidos — como o mercado de carros usados, em que há tabelas de preços oficiais —, a primeira oferta vinda do outro lado pode representar uma informação importante a respeito das expectativas deles. Em situações assim, esperar ou até mesmo provocar uma primeira oferta pode valer a pena para você ter uma ideia melhor sobre o que o outro lado espera.

Há algumas estratégias para fazer a primeira oferta que podem ajudar não só a se posicionar, como também a sondar a outra parte de forma bem sutil:

1. Âncoras flexíveis: em vez de um valor, sugira um intervalo de valores. Desta forma você terá mais liberdade para variar sua posição durante as conversas, ao mesmo tempo em que dá a chance para a outra pessoa se posicionar. Lembre-se sempre de que há uma forte possibilidade de o outro lado se posicionar nos extremos, isto é, no valor mais baixo quando estiver comprando, ou no mais alto se estiver vendendo.

   E esse posicionamento dará também uma ótima visão da perspectiva do outro: se numa entrevista de emprego você revela uma expectativa salarial entre R$10 mil e R$13 mil, a proposta do recrutador revelará o quanto eles te valorizam enquanto profissional ou se apenas desejam mão de obra barata.

2. *Benchmarking*: ao sugerir ou mencionar um valor comumente praticado pelo mercado, você está sugerindo um patamar, sem se comprometer. Pode simplesmente avaliar a reação do outro lado para, aí sim, jogar sua âncora.

3. Expectativas de terceiros: quando se é um intermediário em uma negociação — e normalmente é o que acontece —, você pode mencionar o que a parte interessada espera do acordo. "Olha, meu diretor espera uma redução de pelo menos 5% da área de compras em relação ao ano passado".

4. Ancorado no passado: citar eventos ou números passados ajuda a sugerir uma âncora sem se comprometer. Ao falar da variação cambial do ano anterior ou mencionar o dissídio do semestre passado, você sinaliza uma expectativa em busca de uma reação.

Repare que algumas dessas estratégias são mais sondagens para verificar a receptividade de uma eventual âncora. É como se você jogasse a âncora aos poucos, testando antes a profundidade da área.

Qualquer que seja o caso, nenhuma das partes é obrigada a aceitar passivamente a âncora colocada pela outra, seja para valores em que há boas referências ou para as situações de incerteza.

Você pode optar por uma das seguintes estratégias:

- Se você quiser combater a âncora jogada pelo outro lado, então não fale sobre ela. Não repita o valor, nem seus méritos. Quanto mais você falar dela, mais ela se consolida. E isso inclui as comparações entre a âncora deles e a sua.

- Tire a discussão dos números concretos e passe a falar de conceitos mais abstratos. Deixe de lado as posições (valores concretos) e foque os interesses. Você pode fazer isso dizendo, por exemplo: "Vamos deixar os valores de lado por enquanto e falar sobre como fazer disso um bom acordo". Ou pode experimentar uma abordagem mais indireta, tipo: "O que mais você poderia me oferecer para que esse valor seja bom para mim?" Quando você sentir que a conversa mudou de tom, volte aos valores, mas dessa vez com a sua âncora — e diga o porquê de o seu número ser razoável.
- Se você achar que o número não é sério ou é irreal, simplesmente ignore. Às vezes é apenas uma isca que o outro lado joga e espera que você morda. Se você ignorar, provavelmente ele também ignorará. Mas se a pessoa insistir, então peça que ela explique por que a oferta é razoável. Assim você está movendo a discussão dos números para os méritos — e isso cai no item anterior.

Essas dicas são especialmente importantes quando houver uma diferença muito grande entre o valor inicial da outra parte e a sua expectativa. Digamos que você queira R$30 mil no seu carro usado e alguém ofereça R$15 mil — algo bem comum em lojas de automóveis. A diferença é muito grande para ser negociada, e você precisaria fazer uma contraoferta 100% maior. Ou alguém errou muito na avaliação inicial (e isso também deve ser levado em consideração!), ou não está levando a negociação a sério e é impossível tirar uma diferença tão grande em uma negociação normal.

Outra consequência importante da ancoragem é que ela influencia também as decisões futuras. Assim, quando você oferece um desconto agressivo para conquistar um cliente novo, ele pode ancorar o seu valor para as próximas negociações, não importa o quanto você deixe claro que aquela é uma condição extraordinária.

Por isso, é sempre bom pensar onde você está jogando a sua âncora e qual impacto isso terá no futuro dessa relação. Caso contrário, você corre o risco de se prender para sempre em um patamar de valores que não será interessante no futuro. Até porque você está abrindo essa concessão inicial de olho no futuro, certo?

Um último alerta: cuidado também com a ancoragem de ideias. Se você vai conversar com o RH sobre um funcionário problema e a primeira sugestão que aparece é demiti-lo, é provável que a conversa toda gire em torno dessa ação. Alternativas como mudar a pessoa de área ou dar-lhe novas atribuições podem ficar completamente de fora, simplesmente porque o tema foi afunilado para uma única opção.

4.5. AVERSÃO À PERDA

No final de 2008, uma investigação do governo norte-americano pôs fim à maior fraude financeira até hoje. Bernie Madoff, um dos mais respeitados investidores do mundo, foi preso, julgado e condenado por um rombo estimado em U$65 bilhões.

Mas como alguém pode ter enganado tanta gente por tanto tempo com um golpe tão básico como um esquema de Ponzi conhecido há quase cem anos — que nada mais é do que uma pirâmide financeira, praticado por estelionatários há muito mais tempo?

Existem várias explicações razoáveis para isso, que vão desde a reputação de Madoff — que até o estouro do escândalo parecia sólida como rocha — até a consistência dos resultados de suas empresas.[9]

Mas uma dessas explicações parece ter um apelo extra, uma atração irresistível: a exclusividade. Madoff tratava seu fundo de investimento como um clube restrito e particular, ao qual somente alguns felizardos poderiam ter acesso. E quanto mais ele parecia dificultar a entrada de alguém, mais essa pessoa queria entrar. E quando entrava, não queria mais sair.

Quando alguém por acaso falasse em sair, Madoff dizia que enviaria um cheque para a pessoa e ela nunca mais entraria no fundo. Normalmente a pessoa desistia.

Ninguém queria ficar de fora do fundo de investimentos mais badalado do momento. Ninguém, em sã consciência, queria perder um rendimento constante, acima de inflação e de qualquer outra aplicação.

O medo de perder, o medo de ficar de fora, o medo de não fazer parte daquele mundo privado fez com que todos caíssem na maior fraude financeira do século.

---

9 De minha parte, não há nada mais suspeito do que um relatório contábil muito consistente, sem emendas nem ressalvas.

Mas por que será que temos tanto medo de perder? Por que será que essa aversão à perda acaba nos causando perdas ainda maiores no final das contas?

Uma série de estudos realizados por Daniel Kahneman mostrou que, para nós, a sensação ruim deixada por uma perda é muito maior do que a satisfação gerada por um ganho de igual valor.

Isso equivale a dizer que a tristeza de perder R$100 é muito maior do que a alegria de ganhar R$100. Na verdade, segundo os estudos, para anular a tristeza de perder R$100 a pessoa teria que ganhar R$200 — nada menos do que o dobro.

Essa disparidade de sentimentos entre perdas e ganhos faz com que tomemos algumas decisões erradas.

Quando algo parece acabar, ou quando um prazo está se esgotando, nosso cérebro tende a entrar em curto-circuito e atropelar qualquer restinho de bom senso, levando a decisões das quais nos arrependemos depois.

Quem nunca comprou algo por impulso? Quem nunca fechou um negócio porque o prazo estava acabando? Quem nunca exagerou na quantidade com medo de ficar sem depois? Quem nunca?

É muito comum em decisões as pessoas tentarem forçar o fechamento de um acordo usando a aversão à perda como ferramenta de pressão. Os formatos mais usados são:

- O estoque está acabando.
- O prazo termina hoje.
- As inscrições são limitadas.
- A tabela de preços pode sofrer um reajuste.
- Não posso garantir esse desconto amanhã.
- Tem mais gente interessada.

Quando as promoções no supermercado colocam um limite nas quantidades permitidas para cada cliente, as vendas são sensivelmente maiores do que sem o limite. Se uma oferta de refrigerante de dois litros por R$5 fica limitada a seis unidades por cliente, normalmente quem só levaria uma ou duas acaba levando seis.

Independentemente do formato utilizado, o que você tem que se questionar é se está sendo levado a tomar uma decisão que, em outra situação, não tomaria. Ou se a outra pessoa está distorcendo a verdade para tentar te manipular.

Muitos dos prazos e outras restrições são criados artificialmente só para forçar uma decisão rápida. Muita gente que diz que o estoque está acabando tem armazéns lotados de produto. Muita gente que diz que as inscrições se encerram hoje ficará feliz se você se inscrever amanhã — ou mesmo na semana que vem.

O que você não deve se esquecer é de que a outra pessoa quer fechar o acordo tanto quanto você. Mas você não precisa se apressar só porque *ela* está com pressa. Cada um com seus prazos, suas prioridades.

Quando alguém obriga o outro a tomar uma decisão rápida, talvez imagine que, se a pessoa pensar mais um pouco ou avaliar outras alternativas, não decidirá da mesma forma. Se quer que você se decida sem pensar, então não é uma decisão que você tomaria naturalmente. Provavelmente não é uma boa decisão.

Pense nisso, também, se você estiver pensando em pressionar a outra parte para ela tomar uma decisão logo, só para você não perder o negócio. Se você disser que hoje é o último dia e ela voltar amanhã e comprar, você perde sua credibilidade. Será que vale a pena?

4.6. O PRINCÍPIO DA COMPARAÇÃO

Imagine que você esteja procurando um apartamento para comprar ou alugar e converse com um corretor de imóveis para te ajudar. Você explica o que está querendo, e uns dias depois ele combina uma série de visitas a imóveis que selecionou.

Logo no primeiro, você tem uma decepção que te deixa desanimado. O apartamento, além de estar em péssimo estado de conservação, parece exatamente o oposto do que você havia pedido. Você só quer sair dali, mas antes pensa em jogar o corretor pela janela.

Já imaginando que perderá o dia todo olhando coisas que não quer, você tem uma grata surpresa logo em seguida. O apartamento parece sob medida para você. Tem tudo o que você queria e um pouco mais. Você olha para o corretor e quase sente vergonha do que pensou dele poucos minutos antes.

O que você não sabe é que acabou de cair em um dos mais velhos truques da corretagem de imóveis: o primeiro apartamento que você viu era horroroso de propósito. A imobiliária deixa o imóvel naquele estado para dar um choque nos seus clientes. Porque depois daquilo, qualquer coisa mais ou menos parecerá boa — e qualquer coisa boa parecerá excelente.

Você acabou de ver o princípio da comparação.

Se eu te disser que num restaurante uma lata de refrigerante custa R$15, na hora você pode dizer que está caro. Mas e se eu disser que vi um curso de paraquedismo por mil reais, você é capaz de dizer se está caro ou barato?

O fato é que nós temos dificuldade em avaliar as coisas em termos absolutos e, por isso, precisamos fazer comparações para ver o que vale mais a pena.

No caso do refrigerante, temos uma ideia de quanto custa no supermercado, no botequim ou no restaurante chique, e provavelmente seremos capazes até de fazer suposições sobre o lugar onde o refrigerante custa R$15 e onde custa R$3.

Mas quando olhamos para bens ou serviços que não conhecemos bem, ou quando são novidades, lançamentos, é mais difícil ter um parâmetro de comparação.

Algumas vezes conseguimos associar com produtos parecidos e fazer uma estimativa próxima. Você pode não saber quanto custa o novo Sedan da Ford, mas tem uma noção dos outros modelos. E se o preço do novo automóvel estiver muito fora dessa faixa, na hora você sente que a comparação está errada.

Via de regra, usamos o princípio da comparação em quase tudo o que avaliamos, mesmo de maneira inconsciente. Por isso, independentemente da sua situação — como comprador ou vendedor —, você precisa saber que parâmetro a outra pessoa está usando para avaliar o negócio em que estão envolvidos.

Se você está vendendo um produto *premium*, mas seu cliente te compara com alternativas mais genéricas, então ele não dará valor à qualidade superior; só verá um preço mais alto. É importante, nesses casos, que vocês nivelem as expectativas em relação ao que estão discutindo de verdade.

Se, por outro lado, você está comprando algo e o preço parece muito abaixo do que você imaginava, talvez você deva rever o que está tomando como base, qual padrão está usando.

Discrepâncias muito grandes entre preços de compra e venda podem indicar que os parâmetros de comparação são inadequados e provavelmente a negociação chegará num impasse.

Procure entender os critérios que a outra parte escolheu para fazer suas avaliações, ao mesmo tempo em que explica os que você está usando. Se a dúvida persistir, busque outros exemplos ou situações parecidas. Ou, ainda, peça a opinião de uma terceira parte que os dois considerem confiável.

Mas lembre-se de que as avaliações dificilmente são independentes e absolutas. Quase sempre elas se apoiam em algum tipo de comparação, mesmo que implícita.

Então, quando você ou seu cliente estiverem avaliando algo, você precisa prestar atenção em:

- Parâmetros: se vocês estiverem comparando laranjas com maçãs, será difícil chegar a um acordo. Procure saber o que a outra pessoa está buscando e quais são seus critérios mais importantes.
- Ordem de qualidade: se o melhor for avaliado primeiro, os outros parecerão ainda piores — e vice-versa, como no caso do apartamento e do corretor.
- Ordem de valores/grandezas: se você está vendendo roupas masculinas e o cliente escolher uma camisa, fica difícil vender depois um terno que custa dez vezes mais. Mas depois que você vende um terno, é mais fácil vender uma gravata que custa apenas 10% do valor. É por isso que uma montadora de automóveis lança primeiro o modelo mais completo e, depois, o mais básico.

Repare que esses detalhes interferem na escolha do cliente sem que você mude uma vírgula na sua oferta. Veja o que aconteceu em um estudo para avaliar o impacto de diferentes ofertas de assinatura de uma revista (ARIELY, 2008).

Os pesquisadores começaram oferecendo duas opções de contratação: uma era apenas online e custava US$59, enquanto a outra era online mais impressa, ao preço de US$125. Nessa situação, 68% das pessoas preferiam a primeira opção, mais barata, contra 32% na segunda opção.

Então eles colocaram mais uma opção, que era só a revista impressa. Se você tivesse que escolher o preço desta terceira opção, quanto você diria?

Pense um pouco. Seria mais barato que a versão online? Seria mais caro? Seria o mesmo preço? Ou seria um valor intermediário?

Se você ficou na dúvida e colocou um valor intermediário, então você também deixou o seu cliente na dúvida — e você não quer isso. Você quer escolher um preço que o leve para a opção mais cara.

Se você sabe que Impressa + Online = US$125,00 e Online = US$59,00, então é só subtrair um do outro para descobrir que, na opção mais cara, estão cobrando US$66,00 pela versão impressa. Logo, se você criar uma versão intermediária, somente Impressa, e cobrar US$66,00 por ela, a percepção de valor da opção mais cara fica inalterada, isto é, não há vantagem nenhuma em comprar o pacote, em comparação às duas versões separadas.

Mas se você cobrar US$67,00 pela versão Impressa, aí o combo Impressa + Online já fica US$1,00 mais barato. Se cobrar US$76,00, o cliente fica com a sensação de economizar US$10,00 no pacote — e assim por diante. Então, como você faz para dar ao cliente a maior sensação de ganho possível? Qual o maior valor que você poderia colocar na versão Impressa? Exatos US$125,00! Repare que ao igualar o valor do combo Impressa + Online, a versão Impressa faz com que a Online pareça sair de graça.

Nesse caso, o cliente percebe uma vantagem muito clara, e isso se reflete em uma mudança drástica nas preferências: 84% das pessoas agora preferem a opção mais cara, contra 16% da mais barata — e nenhuma pessoa escolheu a intermediária.

Lembre-se disso na hora de preparar as suas propostas ou de avaliar as que os outros te fazem. O conjunto das ofertas pode ter um direcionamento intencional e que nem sempre será voltado para o mais caro. Pode ser que alguém queira privilegiar o que tenha melhor margem ou estoque ocioso. Fique atento!

4.7. DESVALORIZAÇÃO REATIVA

Em 1986, quando a Guerra Fria ainda assombrava o mundo, pesquisadores foram às ruas para ver o posicionamento da população a respeito de algumas iniciativas para diminuir a tensão entre as duas superpotências da época: EUA e União Soviética.

Pessoas eram entrevistadas na rua e liam um resumo de uma proposta para diminuição dos arsenais atômicos de lado a lado. Mas esse resumo era apresentado em três formatos diferentes:

No primeiro, os pesquisadores diziam que a proposta era do presidente Reagan. No segundo, diziam que ela tinha sido escrita por um grupo independente de analistas (MALHOTRA, 2007). E no terceiro, teria partido de Mikhail Gorbachev. Fora isso, o conteúdo dos textos era rigorosamente idêntico.

E será que com textos idênticos, a suposta autoria teria alguma influência no modo como as pessoas avaliavam o conteúdo?

Pois bem, no texto teoricamente assinado por Reagan, 90% dos entrevistados consideraram seu teor neutro ou favorável aos EUA, enquanto 80% pensaram o mesmo do texto assinado pelo grupo de analistas independentes. Mas se o texto era assinado pelo *premier* soviético, apenas 44% consideravam que ele era neutro ou favorável aos norte-americanos.

Isto é, em algumas situações, a pessoa que assina o texto tem muito mais influência no impacto causado pelo conteúdo do que o próprio conteúdo em si. É por isso que às vezes propostas que você considera ótimas são sumariamente rejeitadas pelos outros e você fica sem entender os motivos.

Há uma série de razões para isso, mas uma das mais relevantes é a crença de que se algo vem do outro lado, então deve ser mais favorável a ele. Isso é um efeito colateral de quando as pessoas tratam negociações como se fossem batalhas entre inimigos ardilosos e odiosos.

Você vê a proposta do outro lado e começa a procurar pelo em ovo. Quer ver onde a pessoa quer te enganar. Enxerga qualquer ambiguidade como uma tentativa de levar vantagem.

E isso não precisa necessariamente acontecer entre duas empresas, em uma relação de compra e venda. Às vezes acontece dentro da sua própria empresa, quando suas sugestões são recusadas simplesmente por serem suas — ou por não serem da pessoa que recusa. Ou mesmo dentro de casa, em família, quando suas ideias para o fim de semana são fulminadas por um raio, sem qualquer chance de defesa.

Muita gente reage negativamente pelo simples fato de não ser o dono da ideia. Atiram no mensageiro sem pena, tampouco remorso. Mas felizmente há algumas boas sugestões para evitar esse problema.

DEIXE QUE ALGUÉM ADOTE SUA IDEIA

A primeira lida exatamente com a rejeição por não paternidade, isto é, a pessoa rejeita a ideia porque não é pai — ou mãe — dela.

Quando você precisa fechar um negócio, não importa muito se a ideia que faz o negócio avançar é sua ou não. Ou se, para você, levar a ideia adiante for mais importante do que ser o dono dela, então, em vez de dar a ideia inteira, você pode ir dando dicas e pistas para que outra pessoa — de preferência alguém com mais poder para levar isso adiante — chegue à mesma conclusão que você e saia como dono da ideia.

ESTABELEÇA OS MÉRITOS ANTES

Sua proposta, por mais que seja sua, certamente endereça algumas das necessidades da outra parte. Então, antes de falar sobre a proposta em si, fale sobre essas necessidades que sua proposta endereça.

Desta forma você consegue dar mais legitimidade àquilo que está propondo e usa as próprias informações da outra parte para se defender.

Pode ser que você ainda enfrente resistências sobre a maneira como está tentando atender às necessidades da outra parte, mas ao menos algum mérito sua proposta terá, e mesmo que alguma resistência ainda apareça, você já terá um ponto de partida estabelecido.

Essa estratégia será ainda mais forte se antes de fazer sua proposta você e a outra parte chegarem a um consenso sobre as necessidades de cada lado.

OFEREÇA UM MENU DE OPÇÕES

Para que as opções anteriores funcionem bem, as partes precisam ter, no mínimo, um relacionamento razoável. Quando isso não for possível, uma boa sugestão é oferecer uma lista de possíveis concessões para que o outro lado escolha uma.

O fato de o outro lado poder escolher uma das concessões oferecidas reduz a desconfiança porque cede o controle da ação. Além disso, a própria escolha dá uma ótima informação sobre as motivações do outro lado, em termos daquilo que mais valoriza no relacionamento.

4.8. PERSPECTIVA

Você já deve ter ouvido aquela história sobre os dois vendedores de sapatos que foram a uma cidade onde ninguém usava sapatos. Um deles volta dizendo: "Não tem como vendermos nada lá, porque ninguém usa sapatos." Já o outro volta animado dizendo: "Faremos muitas vendas lá, porque ninguém usa sapatos e todo mundo vai querer comprar!"

São duas visões sobre a mesma realidade. Cada um tem uma forma de enxergar o mesmo cenário. Cada um vê a situação — a mesma situação — sob diferentes perspectivas.

Cada um constrói para si mesmo, de maneira inconsciente, uma história contando o que acabou de ver. São essas histórias internas que variam de pessoa para pessoa que fazem com que tenhamos opiniões diferentes sobre um mesmo assunto.

Isso ocorre porque cada pessoa usa uma narrativa, cada um cria sua própria sequência de eventos, baseada em diferentes relações de causa e efeito. A história de cada um passa a ser sua explicação racional particular para o que se está vendo.

- Eles não usam sapato porque não gostam.
- Eles não usam sapatos porque não sabem que sapatos existem.
- Eles não usam sapatos porque uma vez o rei na região tropeçou no próprio sapato, caiu e morreu. E dali em diante o uso de sapatos foi proibido.

E essas histórias também interferem diretamente no comportamento e nas ações dessas duas pessoas dali em diante. Enquanto uma riscará a cidade do seu mapa, a outra verá tudo o que tem no estoque e preparará o talão de pedidos.

Além de variar de uma pessoa para outra, as perspectivas também podem mudar com o passar do tempo ou dependendo da situação. Uma pessoa pode achar uma coisa hoje e outra amanhã. Pode ver de uma maneira quando está sozinha e mudar de opinião quando estiver acompanhada.

O importante a se notar é que as pessoas vêm as coisas de ângulos diferentes e, por isso, podem enxergar coisas totalmente diferentes. Onde uma pessoa vê uma dificuldade, outra enxerga uma oportunidade. Onde uma vê aborrecimento, outra pode encarar como diversão.

Nesses conflitos de visões, duas pessoas podem precisar conversar ou discutir a mesma coisa, cada uma com uma abordagem própria. Às vezes os dois estão certos, e às vezes os dois estão errados. Como um casal que briga por um problema do qual um acha que a culpa é do outro.

O ponto central aqui é que muitas das nossas decisões são baseadas nessas perspectivas através das quais enxergamos as coisas. No caso dos vendedores de sapatos, a mesma situação originou duas perspectivas diferentes, de acordo com a história que cada um escolheu para contar para si mesmo.

A ideia começa a ficar interessante quando percebemos que é possível controlar o tipo de história que escolhemos contar — e, por extensão, os impactos dessa história, tanto nos outros quanto em nós mesmos.

Porque, quando o vendedor voltar para a sua empresa, ele contará que foi a uma cidade em que ninguém usa sapatos e essa cidade representa a maior oportunidade de vendas do ano — ou é pura perda de tempo. O modo como ele apresenta a sua visão dos fatos interfere na percepção dos outros.

Então, se ele tem o controle sobre a história que será contada, tem controle sobre o impacto que a notícia causará. E cada notícia pode conter um número praticamente ilimitado de histórias.

Vamos ver um exemplo prático disso, de como diferentes perspectivas interferiram nos resultados de um dos experimentos clássicos da Economia Comportamental (TVERSKY e KAHNEMAN, 1986).

Imagine que uma epidemia mortal está prestes a nos atingir e as estimativas do governo dizem que pelo menos seiscentas pessoas morrerão. Existem dois programas para tentar combater a doença:

- Se o programa A for adotado, duzentas pessoas serão salvas.
- Se o programa B for adotado, há 1/3 de chances de seiscentas pessoas serem salvas.

Pense um pouco. Qual das duas você preferiria?

Nessa situação, a grande maioria das pessoas escolhe a primeira opção (cerca de 70%). Agora vejamos outras duas opções:

- Se o programa C for adotado, quatrocentas pessoas morrerão.
- Se o programa D for adotado, há 2/3 de chances de seiscentas pessoas morrerem.

Qual você escolheria agora?

Dessa vez as preferências se invertem, e a grande maioria escolhe a segunda alternativa (cerca de 80%). E é aí que os resultados não fazem sentido.

Porque, se olharmos com atenção, as opções A e B são rigorosamente iguais, em termos de desfechos esperados — e aí não faz sentido haver uma preferência tão grande por A. Mas as opções C e D também são iguais. Na verdade, todas as quatro opções são iguais. Então por que há diferenças nas preferências e por que elas se invertem?

A explicação de Tversky e Kahneman, autores do estudo, é que o uso de termos positivos (salvar) e negativos (morrer) interfere nas nossas preferências. Isto é, o tipo de história que se conta, a perspectiva através da qual se olha para o problema, direciona a escolha da resposta.

Além disso, quando falamos em salvar (desfecho positivo), as pessoas preferem certeza (duzentas pessoas salvas), em vez de incerteza (1/3 de chances). Mas quando se fala de morte (desfecho negativo) as pessoas aceitam arriscar.

Na iminência de um ganho certo, a aversão à perda nos leva a preferir a segurança. Mas quando a certeza é de prejuízo, aceitamos correr um risco para diminuir a perda — embora o resultado final esperado seja o mesmo, estatisticamente falando.

Vamos ver outro exemplo de como isso funciona: imagine que você trabalhe no RH de uma empresa e acabou de receber uma pesquisa sobre a satisfação dos funcionários no ambiente de trabalho. Você está na dúvida sobre como apresentar os resultados na intranet. Suas opções são:

- 20% dos funcionários estão insatisfeitos com seus empregos; ou
- 80% dos funcionários estão satisfeitos com seus empregos.

Tecnicamente, as duas frases são equivalentes e transmitem a mesma informação básica. Mas aparentemente elas contam histórias diferentes. Que tipo de reação cada uma provoca? Qual o impacto de cada uma delas? Em que contextos cada uma delas seria preferível à outra?

A segunda opção certamente pode provocar uma reação mais positiva do que a primeira. Falar em satisfação é sempre melhor do que falar em insatisfação.

O mesmo acontece com uma cirurgia em que as chances de sobrevivência são de 90%. O paciente deveria se sentir animado com esse prognóstico.

Mas se o médico diz que a taxa de mortalidade é de 10%, aí o paciente já não tem tanta certeza assim.

É possível tirar algumas conclusões sobre esses exemplos:

- Quando uma história está sendo contada para você, alguém escolheu uma perspectiva específica, mesmo que inconscientemente — e essa escolha dá cores muito particulares a essa história. E escolhas aparentemente insignificantes e inofensivas podem ter impacto significativo, embora invisível. Considere um estudo em que os participantes assistiam um vídeo de dois carros colidindo um com o outro (LOFTUS, 1974). Quando pediam que estimassem a velocidade com que os carros se *encontraram*, a média ficava em 51,1 km por hora. Mas, questionados a qual velocidade os carros se *espatifaram*, outros participantes estimaram em 65,1 km/h, em média. Da mesma forma, quando se compara a violência nas cidades a um animal descontrolado, as pessoas preferem soluções que tranquem o animal em uma jaula (cadeias). Mas quando se diz que a violência é uma doença, a preferência se volta para medidas de prevenção, como educação e empregos (CIALDINI, 2016).
- Quando você ouvir o lado bom, tente imaginar o impacto do lado ruim também. Se 70% da população paga suas contas em dia, quer dizer que 30% não paga. Será que não é uma taxa de inadimplência muito alta?
- Quando você vai negociar alguma coisa com alguém, pode apresentar os fatos contando histórias diferentes — e cada uma causa um impacto diferente. Se você puder controlar a história, pode controlar o impacto também.
- A escolha de uma perspectiva em vez de outra pode revelar as intenções da pessoa. Se um jornal só dá notícias sobre economia pelo lado positivo, pode ter um viés governista. Se um médico fala em taxa de mortalidade, pode preferir que o paciente opte por um tratamento mais conservador — e que o paciente se empenhe.

4.9. VIÉS/EXCESSO DE CONFIANÇA

Se você perguntar aos seus amigos se eles acham que dirigem acima ou abaixo da média, o que você acha que eles responderão? O que você responderá?

Uma pesquisa mostrou que nada menos do que 93% dos norte-americanos acham que dirigem acima da média. O que é um pouco estranho, se você considerar que não pode ter mais de 50% acima da média.

Outro estudo mostrou que estudantes que estimavam suas próprias margens de erro em apenas 1%, na verdade, erravam 27 vezes mais (HEATH, Chip e HEATH, 2013). Uma análise de mais de 10 mil previsões de mais de mil instituições financeiras feitas ao longo de vários anos mostrou que os acertos, dentro de um intervalo de confiança de 80%, não passam de 33% (BAZERMAN, 2012). E médicos que se consideravam absolutamente certos em seus diagnósticos estavam errados em 40% das vezes.

Será que, nesses casos, são pessoas extremamente incompetentes e devemos nos preocupar com os futuros profissionais, com nossas finanças e nossa saúde?

A resposta é sim — e não.

O problema é que são duas coisas diferentes: uma é o quanto a pessoa tem de habilidades, e outra, completamente diferente, é o quanto ela acha que tem de habilidades. Quando ela exagera a segunda estimativa — o quanto ela acha que tem —, se torna vítima do excesso de confiança.

Esses estudos mostram uma coisa que o nosso histórico pessoal também deveria mostrar: deveríamos ser mais honestos ao avaliar os nossos erros e, de fato, analisá-los, o que a grande maioria não faz.

A origem desse problema pode ser identificada em quatro comportamentos básicos:

1. Explicações do passado: quando alguma coisa acontece — por mais imprevisível que ela fosse *antes* de acontecer —, olhamos para trás e nos damos conta de como tudo foi óbvio, como estava na cara que aquilo aconteceria. Embora só façamos isso *depois* do ocorrido, ficamos com a nítida impressão de que somos ótimos em fazer previsões e, consequentemente, em fazer planos e controlar os acontecimentos.

2. Evidências favoráveis: sempre damos mais valor às evidências que confirmam o que já pensamos do que às que dizem o contrário. Adoramos ouvir nossas próprias ideias e opiniões pelas bocas dos outros e nos fingimos de surdos quando alguém que discorda está falando. Isso reforça ainda mais a ideia de que estamos sempre certos. E quanto mais você se fecha nesse mundo, menores são suas chances de descobrir que está errado antes de agir.

3. Memória seletiva: quando pensamos em nossas realizações anteriores, ficamos muito mais inclinados a nos lembrar dos momentos gloriosos do que de passagens desastrosas. Isso reforça a ideia de que acertamos muito mais do que erramos e aumenta ainda mais a nossa confiança de que acertaremos novamente.

4. Ser confiante é bonito: especialmente nas culturas ocidentais, pessoas confiantes são vistas como mais competentes — e não só por elas próprias! Tendemos a avaliar o excesso de confiança como positivo e quase obrigatório em certas profissões, o que acaba encorajando esse tipo de comportamento.

É claro que um pouco de confiança faz bem, porque dá a coragem necessária para enfrentar as dificuldades e encarar grandes desafios — como uma negociação mais disputada ou uma tomada de decisão mais sensível.

Mas, quando em excesso, a confiança pode se transformar em armadilha, porque ela faz a gente superestimar nossas habilidades e subestimar as dos nossos rivais. Uma pesquisa feita no MBA de Stanford mostrou, por exemplo, que 68% dos alunos das aulas de negociação previram que seus resultados nas simulações estariam entre os melhores 25% da turma (MALHOTRA, 2007).

Esse descompasso é bem ilustrativo a respeito das três dimensões básicas em que o excesso de confiança costuma aparecer:

- Precisão: é a tendência a ter certeza de nossas convicções, o que nos faz negligenciar as informações e opiniões em contrário. Isso nos leva a estabelecer objetivos muito estreitos, sem margens para erros, desvios ou imprevistos.
- Autoestima: é a tendência a pensar que somos melhores, mais inteligentes, mais rápidos, mais capazes, mais atraentes e populares do que realmente somos e, por isso, exageramos o quanto podemos realizar individualmente. É como no basquete você prever que fará dez cestas em dez arremessos.
- Ranking: é a tendência a achar que nossas habilidades são muito acima da média. É como no basquete você prever que fará mais cestas do que todo mundo (ROSENZWEIG, 2014).

Comece a reparar ao seu redor quem são as pessoas que mais demonstram confiança. Mas faça a seguinte pergunta: elas demonstram confiança em seus feitos antes ou depois?

Porque é comum aparecer gente na mídia esbanjando confiança e fazendo previsões maravilhosas. Mas frequentemente essas previsões estão erradas, e ninguém vai atrás dessas pessoas depois que elas ganharam todo o destaque.

Você já viu alguma reportagem no dia 31 de dezembro cobrando os autores das previsões furadas para o ano que está acabando? Nunca, né? Mas aposto que já viu um monte de reportagens no dia 1º de janeiro fazendo previsões sensacionalistas para o ano que está começando.

É que a fama e o salário dessas pessoas não dependem de elas estarem certas. Dependem de elas parecerem confiantes.

O fato é que frequentemente nós estamos errados, mas raramente estamos em dúvida. Ou seja: erramos, mas com absoluta convicção de que acertaremos. E isso faz com que não prestemos atenção em conselhos, que tratemos com desconfiança os que não concordam conosco e nos apressemos em agir baseados exclusivamente em nossas opiniões.

Existem, no entanto, algumas maneiras de nos protegermos do excesso de confiança:

- Escute os outros: se existe uma situação em que somos ótimos em detectar o excesso de confiança é quando olhamos para os outros. Então você precisa ter pessoas de confiança próximas que possam lhe dizer quando você está errado, ou mesmo quando *pode ser* que você esteja errado. Mas para isso, é preciso que você as deixe à vontade e em segurança para contrariá-lo. Você não pode atirar no mensageiro.
- Pense em múltiplos cenários: a maioria das situações que enfrentamos sofre influência de vários fatores. Se você só pensar em um cenário em que tudo acontece conforme imaginado, sua chance de acertar é muito pequena. Pense em mais de uma combinação de resultados e no impacto que cada um deles pode ter nos seus planos. E se o cliente não aceitar o seu preço? E se o cliente não pagar? E se o cliente quebrar? Não precisa entrar em paranoia tentando prever tudo o que pode acontecer — até porque você não conseguirá. Mas tente ver ao menos um melhor cenário, um pior cenário, um cenário neutro e mais um aleatório, já que avaliar alternativas pares evita a tendência a escolher a do meio.
- Veja o histórico: uma vez conversei com um empresário que estava abrindo uma loja em um setor diferente do seu. Sua previsão de vendas

era de R$150 mil por mês. Conversando com funcionários do principal concorrente, ele descobriu que a meta mensal de vendas deles era de R$120 mil, mas que nunca haviam batido. Ora, como ele espera vender R$150 mil por mês — no primeiro mês — sendo que nunca ninguém fez isso? É claro que o fato de que nunca ninguém ter conseguido não quer dizer que seja impossível — e os pioneiros estão aí para provar isso. Mas é no mínimo improvável, e você deve pensar no risco que está correndo pensando assim.

- Faça uma autópsia prévia: imagine que você está um ano à frente e seus planos foram por água abaixo, deu tudo errado (KLEIN, 2017). Tente olhar para trás e imaginar por que isso aconteceu. Se você puder antecipar a *causa mortis*, poderá evitar o óbito.

Esse último conselho pode parecer um pouco negativo, pessimista. Mas em algumas situações é preferível pensar no pior, para poder se preparar para o melhor. Deixe o otimismo para a fase de execução. Enquanto estiver se preparando, é melhor ser um pouco pessimista.

4.10. VIÉS DE CONFIRMAÇÃO

Assim que eu me mudei do Rio de Janeiro para São Paulo, comecei a perceber que decisão acertada eu tinha tomado na minha vida.

São Paulo é uma cidade maravilhosa, com diversas opções para tudo o que você quiser fazer. Tem uma vida cultural que não para e infinitas oportunidades profissionais. O trânsito não me aborrecia, porque eu morava perto do trabalho. E a violência parecia muito mais localizada do que no Rio, além de ter um custo de vida bem menor, principalmente por causa do valor dos imóveis.

Ao mesmo tempo, os atrativos do Rio não pareciam mais tão atraentes assim, agora à distância. A impressão, depois da troca, era a de que o trânsito lá era bem mais caótico, o calor era insuportável e a desorganização, a malandragem e o improviso eram intoleráveis.

Coisas que nunca me aborreceram antes. É claro que nada disso havia mudado de verdade. A transformação só aconteceu na minha percepção, na minha forma de enxergar as cidades. Especialmente porque agora eu tinha trocado uma pela outra.

E assim, como que por mágica, uma passou a ser vista sob uma ótica mais positiva do que a outra. E, sem que eu percebesse na hora, a minha decisão de mudar de cidade mudou completamente a minha avaliação.

Eu virei um refém da decisão que eu mesmo tomei e, por isso, precisava me justificar sempre que encontrasse uma contradição. Cada vez que eu me deparasse com qualquer coisa que sugerisse que eu pudesse estar errado, eu dava um jeito de ver a situação de outro ângulo, de contar uma nova história para explicar o fato, para poder continuar achando que minha decisão havia sido ótima.

O viés de confirmação, como esse fenômeno é chamado, leva a pessoa a acreditar ainda mais em tudo o que confirme sua escolha como a melhor possível, ao mesmo tempo em que as evidências em contrário são menosprezadas, ou até mesmo negadas.

Quando avaliamos alternativas diferentes, é comum nos apegarmos a uma delas logo no início, ou já começar tendo uma favorita. Daí em diante, buscamos mais e mais evidências de que a nossa escolha é a melhor, de que tomamos a decisão correta. E, ao mesmo tempo, ignoramos tudo o que disser o contrário.

E esse é um dos grandes agravantes do viés de confirmação, porque, como aparentemente fazemos uma pesquisa rigorosa para verificar a nossa ideia — e ela é realmente verificada, ainda que de forma enviesada —, ela parece ter passado por um teste de fogo, de uma investigação criteriosa. Parece que estamos colhendo evidências, quando, na verdade, estamos falsificando provas. E assim a ideia se torna realmente muito confiável.

Além disso, quanto mais importante for a decisão ou quanto mais duradouros os seus efeitos — como quando eu mudei de cidade —, mais nos apegamos à nossa escolha. Admitir um erro quando as consequências são menores é mais fácil do que quando as perdas são mais sofridas. Para nós, é muito mais fácil, por exemplo, admitir que compramos uma camisa feia do que um carro ruim.

Você pode tentar se prevenir do viés de confirmação usando as dicas a seguir:

- Quando avaliar propostas de diferentes fornecedores, pode ser que dentre eles exista algum com o qual você já faça negócios, ou que seja o preferido pelo mercado. Deixe este por último, para que ele não influencie a análise dos demais.

- Comece as comparações pelos pontos negativos de cada proposta. Se você não conseguir encontrar pontos negativos, não procurou direito.
- Em vez de procurar evidências que confirmem a sua teoria, procure as que a refutem — e dê a devida atenção a elas.
- Tente enxergar através do erro. Não pense que um horóscopo é exato porque acertou uma vez e você esqueceu das 99 em que ele errou.

É claro que todo mundo sempre gosta de estar certo, mas é impossível estarmos certos o tempo todo. Aliás, as pesquisas mostram que, quanto mais confiantes as pessoas são, maiores as chances de elas estarem erradas. Exatamente porque elas encontram informações favoráveis logo de cara — já que, coincidentemente, são essas informações que estão no lugar onde elas procuram — e aí encerram a pesquisa.

E esse, infelizmente, é um problema que se retroalimenta. Quanto mais você achar que está certo, mais continuará achando que está certo. Esse ciclo não acabará enquanto você não conseguir enxergar que há coisas que você nem sabe que não sabe.

Um alerta final: sozinho, esse problema é grave. Em grupo, ele é gravíssimo. A maioria dos grupos tende a buscar unidade e coesão em torno de uma ideia. Dependendo das dinâmicas desse grupo, ele chegará rapidamente a um consenso, sem debater os méritos do problema, no que os estudiosos costumam chamar de *groupthink*.

Quando você precisar tomar decisões em grupo, acenda a luz de alerta se chegarem a uma conclusão muito rápido sobre um assunto polêmico. Provavelmente vocês estão deixando de fora discussões imprescindíveis em nome da cordialidade, da camaradagem, da hierarquia — ou da preguiça mesmo. Fique atento!

4.11. VIÉS DO OTIMISMO

Em julho de 1997, o novo prédio do Parlamento Escocês começou a ser construído em Edinburgh, a um custo estimado de 40 milhões de libras. Sete anos depois, quando ficou pronto, a obra consumiu 431 milhões de libras esterlinas.

Em 2005, um estudo de alcance mundial mostrou que 90% dos projetos de ferrovia erram as previsões de passageiros para mais — normalmente preveem um movimento duas vezes maior.

Uma pesquisa realizada em 2002 descobriu que, quando vão reformar suas cozinhas, os norte-americanos estimam um gasto médio de US$18 mil. Mas quando terminam a obra, o custo real passa de US$38 mil.

É claro que alguns desses erros são propositais — especialmente em se tratando do setor público — para que a obra seja aprovada primeiro e depois se consiga a liberação de mais verbas para que ela seja finalizada.

Mas os exemplos mostram que nossa habilidade em prever os acontecimentos é bastante limitada. Frequentemente usamos cenários otimistas demais, perfeitos demais, e a realidade acaba sendo implacável. E o que é pior: raramente aprendemos como os nossos erros.

Esse fenômeno — o viés do otimismo — diz que temos tendência a superestimar a probabilidade de os acontecimentos futuros serem positivos e, ao mesmo tempo, subestimar os eventos negativos.

Por um lado, ele nos protege de enxergar as dores e dificuldades que o futuro sempre traz e nos poupa de achar que nossas opções são limitadas (SHAROT, 2012). Além disso, reduz o estresse e a ansiedade e até melhora nossa saúde física e mental e aumenta a nossa motivação para agir e ser produtivo. Por fim, as ilusões positivas também protegem a nossa autoestima e nos ajudam a não desistir quando encontramos desafios muito duros.

Mas ao mesmo tempo que nos protege da realidade nua e crua, o viés do otimismo nos impede de ver as armadilhas e nos faz deixar a cautela de lado e tomar decisões arriscadas demais, ou que não trarão exatamente o resultado que esperamos.

Quando tomamos decisões, inclusive sobre nossas estratégias de negociação, um otimismo irreal pode nos levar a recusar a melhor proposta de emprego que vamos receber, rejeitar uma oferta pela nossa casa que não será superada e insistir em termos contratuais que jamais serão aceitos pela outra parte.

Negociadores otimistas demais tendem a entrar em negociações com apenas uma estratégia para chegar a um acordo ou resolver um conflito. Eles acham que seu plano funcionará e não se preocupam em pensar em contingências.

Existem alguns fatores que contribuem para o viés do otimismo:

- Excesso de confiança: quando você confia demais em suas habilidades e acha que consegue realizar tudo com perfeição, sua arrogância faz com que você exagere no otimismo.
- Viés de confirmação: se você só busca informações que confirmem o que você está pensando — ou que garantam que o seu plano dará certo —, dificilmente enxergará falhas em seus planos.
- Pensamento mágico: aquela velha crença impulsionada pela autoajuda de que tudo dá certo no final — e seu maravilhoso corolário que garante que, se ainda não deu certo, é porque não chegou no final. Ora, o cemitério está cheio de gente que ainda está esperando tudo dar certo.

Um professor meu costumava dizer que o quadro negro aceita tudo o que você escrever. Eu vou além e digo que o Excel e o PowerPoint também aceitam. Se você disser que abrirá uma empresa e venderá US$1 milhão no primeiro ano, o Excel ajudará a fazer a conta e o PowerPoint deixará isso bem bonito na tela.

Mas fazer planos, projetar vendas e prever receitas é uma coisa. Realizar isso tudo é outra.

Quantas vezes uma empresa do seu setor fez algo parecido com o que você está planejando? Quantas vezes a sua empresa fez algo assim? Quantas vezes você fez algo assim? Se você não consegue se lembrar de exemplos ao menos parecidos com o que está na sua previsão, então você tem um problema.

Então, quando estiver se preparando para uma negociação, ou quando precisar tomar uma decisão importante, não deixe de se perguntar se aquilo que você está pensando ou planejando não é ambicioso demais.

4.12. VIÉS DE DISPONIBILIDADE

Dê uma olhada na lista a seguir, contendo causas de mortes frequentes, e tente colocar em ordem, da mais prevalente — isto é, da que mais causa mortes no mundo — para a menos prevalente — a que menos causa mortes.

- Guerras ou conflitos civis.
- Deficiências nutricionais, incluindo fome.
- Câncer de traqueia, brônquios e pulmão.
- Doenças pulmonares obstrutivas crônicas, incluindo enfisema.
- Infecções respiratórias, incluindo pneumonia.

Se você mora no planeta Terra, provavelmente você errou — e errou feio. Assim como eu.

Segundo a Organização Mundial de Saúde, a incidência da ocorrência de óbitos dessa lista está em ordem inversa, ou seja, a que mais mata é a última. Infecções respiratórias matam quase vinte vezes mais do que guerras e conflitos armados.

Uma das principais razões para essa confusão é o quanto cada um desses eventos aparece na mídia. Ou o quanto acontecimentos dessa natureza são fáceis de serem lembrados. Porque, quanto mais eles aparecem na mídia, mais nos lembramos deles — e se conseguimos nos lembrar deles com facilidade, é porque eles devem ser mais frequentes, certo? Errado.

As chances de algo aparecer na mídia — e permanecer na mídia — dependem de esse algo ser dramático, peculiar, chocante, bizarro, escandaloso, grotesco, curioso. E isso aparece na mídia exatamente porque atrai a atenção das pessoas, porque dá audiência, porque vende. E quanto mais atrai a atenção, quanto mais dá audiência e vende, mais aparece, mais tem destaque.

É por isso que você acha que guerras matam muito mais do que pneumonia. Porque as guerras não saem dos jornais, das redes sociais, das discussões do boteco. Mas ninguém perde tempo falando sobre as últimas pessoas que morreram de pneumonia.

Quando alguém morre picado por uma aranha, a notícia fica na nossa memória e milhões de pessoas passam a ter pavor de aranhas. Mas você tem seis vezes mais chances de morrer atropelado por uma bicicleta — e ninguém tem pavor de bicicleta.

Quando alguém morre atingindo por um raio, a notícia fica semanas circulando — se tiver um vídeo então... Mas as chances de morrer caindo da cama são quatro vezes maiores. E as chances de tropeçar, cair e morrer são vinte vezes maiores. Mas você não vê uma notícia de alguém que caiu na rua e morreu.

Por quê? Porque isso não choca ninguém, não vende jornal nem revista, não gera clique.

Mas as outras notícias, as bizarras, essas ficam martelando na nossa cabeça sempre que nos lembramos de ter lido a respeito em algum lugar. Essa facilidade com que conseguimos nos lembrar das coisas interfere no nosso julgamento sobre a real frequências desses acontecimentos. Normalmente associamos o mais facilmente lembrado com o mais frequente.

Outro experimento criativo de Tversky e Kahneman (KAHNEMAN, 2011) mostrou essa tendência de uma forma um pouco menos macabra. Os pesquisadores liam para os participantes uma lista com nomes de pessoas famosas, com a seguinte diferença:

- Em uma lista, os homens eram mais famosos do que as mulheres, mas havia mais mulheres do que homens na lista.
- Na outra, as mulheres eram mais famosas, mas tinha mais homens do que mulheres.

Quando os pesquisadores perguntavam em quais listas havia mais homens ou mulheres, os voluntários erravam as respostas, porque, como tinham reconhecido mais homens do que mulheres em uma lista, achavam que eles eram mais numerosos — e vice-versa.

Esse efeito memória também pode ser provocado artificialmente.

Um estudo que avaliava o grau de assertividade das pessoas pedia a um grupo que escrevessem seis exemplos recentes de situações em que foram assertivas e depois estimassem em uma escala o quanto se achavam assertivos (BAZERMAN, 2012). A tarefa do outro grupo era parecida, mas em vez de seis exemplos, os participantes deveriam listar o dobro, doze, e depois fazer a autoavaliação.

Mas os participantes do segundo caso tiveram mais dificuldades do que os do primeiro em se lembrar dos exemplos e, por isso, se deram notas menores nas avaliações. Logo, a quantidade de exemplos dos quais pedem para você lembrar interfere na avaliação geral de uma determinada condição.

O viés de disponibilidade, apesar de ser um dos mais comuns e onipresentes, também é um dos mais simples de serem combatidos, desde que você esteja atento às suas origens. Normalmente basta você consultar uma base de dados confiável, que possa confirmar ou não se suas estimativas estão corretas, ou se os números que você tem fazem sentido em relação ao fenômeno observado.

4.13. ESCALADA IRRACIONAL

Normalmente eu faço pequenos experimentos em sala de aula para mostrar como o nosso comportamento é imprevisível. E exatamente por sermos imprevisíveis, às vezes o experimento dá errado e eu perco um pouco a ilustração do conceito que estou tratando.

Mas um experimento não falha nunca: o leilão da nota de R$50. Funciona assim: eu coloco uma nota de R$50 para ser leiloada entre os alunos. Qualquer um pode dar um lance, sempre aumentando de R$2 em R$2, e o lance mais alto leva a nota.

Teoricamente, o leilão deveria parar em R$48, no máximo em R$50, se alguém fizer muita questão de ganhar. Só que tem uma pegadinha: o lance mais alto leva a nota, mas o segundo lance mais alto também tem que pagar, mas não leva.

Então alguém dá um lance inicial, e outras pessoas vão entrando aos poucos na jogada. Quando os valores passam de R$30, normalmente só duas pessoas estão na disputa — que agora é tensa. O leiloeiro — eu, no caso — já está tranquilo, porque a soma do primeiro e do segundo já passou dos R$50, e dali adiante, tudo é lucro.

Mas o jogo começa a ficar insano quando os lances superam os R$50. E normalmente eles superam: eu já precisei interromper uma disputa que passava de R$300 pra que a aula pudesse continuar. Ninguém reclamou.

O problema é que depois dos R$48, a pessoa não está mais brigando para ter algum lucro. Ela está brigando por outros motivos:

- Cegueira competitiva: especialmente em cenários onde há uma disputa direta com um concorrente específico e uma pressão de tempo, a pessoa para de fazer análises de custo/benefício. Ela agora só tem um objetivo: ganhar. E o que é pior: isso é feito sob um holofote, com todo mundo prestando atenção.
- Justificar a estratégia: além de querer ganhar, você precisa justificar suas decisões. Você precisa mostrar para a plateia que suas escolhas e comportamentos anteriores foram acertados. E, aparentemente, você só consegue isso se vencer. Mas, nesse cenário, vencer e ganhar dinheiro são duas coisas bem diferentes.
- A falácia dos custos irrecuperáveis: em um leilão — e especialmente nesse em que o segundo lugar também paga —, o lance feito não volta atrás. É um dinheiro que você já investiu, não tem recuperação. Então, quando está lá na frente fazendo lances de R$60, R$70, a pessoa se sente pressionada por reduzir o prejuízo, que a essa altura é irrecuperável. É quando você acha que já investiu muito para parar agora — e aí investe um pouco mais.

São três armadilhas nas quais é muito fácil cair. E como as situações que enfrentamos são bem mais delicadas que um leilão de R$50, é preciso saber como se defender. Aqui vão três sugestões:

- Estratégia de saída: antes de começar a sua negociação, tenha uma estratégia de saída pronta. É importante decidir, antecipadamente, em que ponto você assumirá suas perdas e parará de dar lances, de negociar ou de brigar, caso a situação fuja de controle. Você precisa ter parâmetros concretos para identificar o momento em que uma situação fugirá do controle. E, de preferência, conseguir se ajustar se a situação mudar.
- Advogado do Diabo: como é frequente perdermos a objetividade em situações muito competitivas, precisamos ter alguém que nos ajude a manter os pés no chão. Idealmente, essa pessoa deve ser de sua confiança; não ter participado da elaboração da estratégia inicial; e não deve ter interesse direto no resultado final para que seus conselhos não entrem em conflito com seus interesses.
- Antecipe a escalada: quando você perceber que a situação pode ganhar escala ou tomar dimensões além do previsto, proteja-se antecipadamente. Por exemplo, evite entrar em uma disputa com a obrigação de ganhar a qualquer custo. Não faça promessas, e nem assuma responsabilidades. Da mesma forma, se você prever que uma disputa pode se tornar pessoal, peça para outra pessoa ir no seu lugar.

A escalada irracional muitas vezes pega a gente de surpresa, e a gente só se dá conta quando está lá na frente, atolado até o pescoço. Então preste atenção às características que eu listei no início: ambientes muito competitivos e com pressão de tempo; necessidade de ganhar para provar que estava certo; dinheiro bom atrás de dinheiro perdido. Se elas estiverem presente em uma situação, tome cuidado!

Esta não é uma lista exaustiva nem definitiva dos vieses cognitivos e das inúmeras formas que nosso cérebro pode nos enganar. Minha seleção foi baseada em critérios pessoais e subjetivos, citando os que vejo com mais frequência ou considero mais importantes.

Como você pode ver, é uma lista com um viés enorme!

Mas há muitos outros por aí, com descrições de arrepiar. Procure conhecê-los bem, aprenda a identificá-los e evitá-los. Como são muitos, dificilmente será possível passar por todos ou se lembrar de todos. Então, neste caso, o conselho mais útil que posso dar, e que é o que eu uso, é: eles existem, não se esqueça.

5

TÁTICAS

Quando se fala sobre negociação, uma das maiores expectativas envolve o que acontece no momento em que as partes se encontram para dar contornos finais ao acordo. Espera-se que tudo seja conversado e definido naquilo que se convencionou chamar de mesa de negociação — que não é necessariamente uma mesa, mas o ambiente em si.

Para muitos, essa é a hora da verdade, em que tudo se define, em que as cartas são dadas e o jogo se resolve. É ali que as pessoas acham que tudo acontece, tudo se resolve. A esta altura do livro, eu espero, honestamente, que você, leitor ou leitora, não pense mais assim.[1]

De qualquer modo, muita gente ainda tem essa visão romântica do processo de negociação, em que tudo é resolvido na base do blefe, do truque e da artimanha. Muita gente ainda procura cursos de negociação atrás das técnicas infalíveis, das fórmulas secretas e do modelo perfeito. Até porque, infelizmente, ainda há quem prometa tal coisa e quem acredite.[2]

---

[1] Caso contrário, sugiro reler os Capítulos 1 e 2.

[2] Se você é dos que acreditam nisso, então me responda: o que acontece quando duas pessoas que fizeram o curso infalível de negociação se encontram em lados opostos?

Negociar não é uma ciência exata. Não há fórmulas mágicas, nem truques infalíveis. É uma ciência com ótimas técnicas, muitas ideias interessantes e algum nível de previsibilidade. Mas nada garantido. Se alguém diz o contrário, que há formas de ganhar sempre, pode desconfiar.

Na minha visão — e essa é uma convicção particular —, o resultado de uma negociação é construído pelo que se faz fora da mesa, antes de as conversas propriamente ditas começarem. É no mapeamento da situação, na coleta de informações e na elaboração de boas alternativas que se cria um bom resultado.

Na fase da barganha, nós executamos o que foi planejado anteriormente. Minha estimativa é a de que 20% do resultado é criado na hora, e os outros 80% dependem de como você se preparou.

Foi por isso que Gérson me procurou: ele trouxe uma situação de negociação já toda desenhada, na expectativa de que eu usasse meus truques e poderes para fechar um acordo nos moldes que ele queria. E é até provável que ele tenha se frustrado quando comecei a questionar suas ideias, suas propostas e, principalmente, suas razões.

Até porque, por mais que nos preparemos bem para uma negociação, é impossível saber tudo o que pode acontecer, antecipar todos os imprevistos, enxergar de antemão os problemas. Muitos detalhes surgirão ou mudarão em cima da hora. E precisarão ser decididos na hora também.

Então você precisa ter um arsenal de táticas que sejam capazes de fazer sua estratégia dar certo. Algumas delas são meros detalhes lógicos, outras são um pouco mais elaboradas. Há também aquelas meio duvidosas em relação a padrões éticos — mas que você precisa conhecer para não ser pego de surpresa.

De qualquer modo, pense nas táticas como ferramentas de ajustes, e não como linha de produção. Elas darão forma final ao acordo que você quer fechar, mas dificilmente é possível construir algo bom, partindo do zero, usando apenas táticas.

5.1. DIVIDIR A DIFERENÇA

Imagine que você está vendendo um carro e quer R$30 mil por ele. Uma pessoa se interessou, mas só aceita pagar R$28 mil. Quando há uma diferença assim, um buraco entre o que um aceita pagar e o que o outro quer receber, dizemos que é uma zona negativa de acordo — algo bem comum em uma negociação. Capítulo 1, lembra?

Normalmente, quando um impasse assim aparece, é comum um dos lados propor dividir a diferença, ou dividir o prejuízo. Isto é, cada um cede um pouco até chegar em um número intermediário. Tem até gente que diz: "Nem para mim, nem para você."

Nesse caso específico, a diferença entre R$28 mil e R$30 mil é de R$2 mil, e se cada um ceder metade — ou seja, R$1 mil —, o acordo pode ser fechado em R$29 mil, que é exatamente o meio termo.

Só que essa solução tão corriqueira, preferida por nove entre dez negociadores amadores, esconde uma armadilha da qual pouca gente se dá conta: quando alguém se oferece para dividir a diferença, o que ela está querendo dizer, de verdade, é que ela aceita abrir mão da sua metade.

Nessa venda fictícia do carro, se a outra pessoa se propõe a dividir a diferença, ela está sinalizando que aceita pagar R$29 mil, se você quiser. Ela saiu do patamar de R$28 mil e, ainda que implicitamente, aumentou sua oferta.

Você pode até aceitar, se quiser, mas não é obrigado, porque agora a negociação passou a ser entre os R$30 mil que você quer e os R$29 mil que a outra parte já disse que aceita. E você pode simplesmente retomar a negociação desse ponto, lembrando-se de ancorar o novo valor oferecido de R$29 mil.

— Então, você já chegou a R$29 mil. Agora, para R$ 30 mil falta menos ainda!

A outra pessoa pode até argumentar que só oferece os R$29 mil se você também aceitar reduzir sua posição. Mas o ponto é que agora você já sabe que você pode ter esse valor, e essa é uma informação importantíssima.

A verdade é que muita gente acaba adotando essa solução de dividir a diferença quando está cansado e não aguenta mais negociar, ou quando está com preguiça até de começar. É por isso que em algumas versões do jogo do ultimato[3] eu proíbo as pessoas de dividirem a nota de R$100 em R$50 para cada um. Eu forço os participantes a se arriscarem, a buscar algo melhor.

---

3 Veja na parte sobre senso de justiça no capítulo anterior (item 4.1).

Dividir a diferença, portanto, pode ser um ótimo negócio — desde que a outra parte ofereça!

5.2. DESVALORIZAÇÃO POR DEPRECIAÇÃO

Se você realmente já esteve nessa situação de querer vender um carro — ou alguma outra coisa — para alguém, é possível que tenha visto o potencial comprador procurar arranhões quase imperceptíveis, amassados invisíveis e barulhos inexistentes. Tudo só para desvalorizar o seu carro, para baixar o preço.

É claro que ninguém gosta de ouvir os outros falando mal do seu carro. Até porque, por trás de um carro malconservado sempre há um dono relapso e descuidado. Falar mal do carro é falar mal do dono dele.

E o que vale para o carro vale para empresa e, por extensão, para os produtos que ela vende. Logo, quando alguém fala mal dos produtos da sua empresa, é natural que você leve para o lado pessoal também.

Ocorre que, na transação envolvendo o carro, provavelmente as duas partes nunca mais se verão. Já em outras negociações, ao contrário, desenvolver relacionamentos é tão importante, que, às vezes, as pessoas dependem deles e concentram todos os seus esforços na sua construção. Nesses casos, quando alguém começa a desqualificar um produto, só para conseguir um desconto, não só está prejudicando o relacionamento, como também reduzindo as chances de conseguir bons acordos no futuro.

Assim, cuidado com essa tática de ficar procurando defeitos só para fazer o preço cair. Em vez de um desconto, é mais provável que você consiga a má vontade do vendedor.

Se houver algum defeito que imediatamente salte aos olhos — como um farol quebrado —, é claro que as duas partes já sabem disso e ninguém precisa fazer um escândalo.

O mesmo vale para os produtos da concorrência. Não é o seu trabalho ficar apontando os defeitos dos outros, só para valorizar o que você tem. Não é possível que a única qualidade do seu produto é não ter os problemas dos concorrentes!

Muita gente vê atitudes assim como antipáticas e até antiéticas. Mesmo que você faça uma simples transação com uma pessoa — coisa que é difícil garantir com certeza —, cuide para que a honestidade e a cordialidade prevaleçam, principalmente se você estiver em uma posição de poder.

Na maioria das vezes, as pessoas estão mais inclinadas a fechar negócios com quem elas percebem que as tratam bem, e, além disso, elas costumam avaliar esses negócios como mais justos e satisfatórios.

Por outro lado, quando alguém fica desvalorizando ou criticando algo seu, especialmente se aquilo tem alguma importância e valor para você[4] — e normalmente tem —, você automaticamente cria antipatia por essa pessoa. E mais: se a pessoa acha o seu carro tão ruim, o que ela ainda está fazendo ali?

Se uma pessoa faz comentários negativos sobre algo que você está vendendo e logo depois faz uma oferta, independentemente de o valor ser justo ou não, você achará que a pessoa está querendo levar vantagem sobre você. As críticas depreciativas criam um clima pesado, negativo, e isso se reflete nas interações.

Agora veja pelo outro lado: se a pessoa começa a fazer elogios ao seu carro, se diz que ele está bem cuidado — talvez precise de uma boa lavagem, Ok, mas no geral está bom —, você se sentirá mais à vontade e é até provável que baixe a guarda. Em situações assim, se a pessoa fizer uma oferta abaixo do que você esperava, pode até ser que você ache que ela está certa e você errado.

Por isso, lembre-se de que depreciar produtos ou ofertas dos outros provavelmente não trará nenhum benefício imediato em uma negociação. Você não ganha nada fechando portas à toa.

5.3. O TRUQUE DO VENDEDOR DE CARROS

Uma das primeiras coisas que devemos prestar atenção ao iniciarmos uma negociação é quem é a pessoa que *realmente* toma a decisão final do outro lado. Quem dá a palavra final e assina o contrato? Se isso não estiver claro na nossa cabeça e se não tomarmos alguns cuidados para estabelecermos a questão de autoridade logo de cara, podemos cair em um truque bem desagradável.

---

4 Mas cuidado: não é porque você é apegado àquilo que é seu que as pessoas são obrigadas a pagar um preço maior. Muitas vezes damos mais valor às coisas pelo simples fato de elas serem nossas – o que na Economia Comportamental é chamado de efeito posse, ou *endowment effect*.

Ele tem esse nome porque é muito comum em concessionárias de veículos e funciona mais ou menos assim: você entra na loja, se interessa por um determinado modelo e começa a negociar com o vendedor. Fazem os ajustes de valores, acessórios, e quando parece que está tudo acertado, o vendedor diz que "agora precisa confirmar tudo com o gerente".

O que para você já tinha o contorno de um acordo final e definitivo era apenas uma encenação para extrair de você informações importantes sobre suas necessidades, preferências e, principalmente, seu valor de reserva.

E agora que você já deu todas essas informações, ainda precisará passar por uma nova rodada de negociações com outra pessoa, em um nível hierárquico superior.

Na maioria das vezes, esse é um truque do tipo "se colar, colou", e obviamente você pode pegar todas as suas informações, ir embora e entrar em outra concessionária virando a esquina.

Mas em algumas situações, isso não será possível. Você pode não ter muitas opções de fornecedores ou mesmo de compradores, ou pode ser uma negociação entre empresas que você não pode se dar ao luxo de abandonar.

E não adiantará muito, também, a desculpa de que você não sabia, ou de que você foi enganado — porque, na verdade, você não foi, a menos que a pessoa tenha dito que era ela quem tomava a decisão final.

Se ela não tiver dito isso, foi você quem assumiu como verdade — e isso, infelizmente, é problema seu. Ela não é obrigada a dizer que não toma a decisão final se você sair abrindo todas as suas informações.

Então, na próxima vez que você pensar em abrir informações importantes, ou começar a fazer concessões, tenha a certeza de que está falando com quem decide e que depois não precisará passar por outra rodada de negociação.

Se você descobrir, mais tarde, que ainda haverá outra rodada de negociações, tem até o direito de ficar contrariado, mas será tarde demais.

5.4. AMBIENTES NEGATIVOS

Diz a lenda que, num passado não muito remoto, uma grande rede varejista multinacional usava táticas de guerrilha em seus departamentos de compras. As salas de negociação eram verdadeiros ambientes de tortura, onde cada detalhe era cuidadosamente pensado para deixar o vendedor o mais desconfortável possível.

O ar-condicionado deixava a sala gelada, a cadeira do vendedor era mais baixa e tinha os pés desnivelados para ele ficar balançando, não tinha água nem café, nem qualquer outro tipo de amenidade ou gentileza, e o tom do diálogo era sempre impositivo e quase grosseiro.

Mesmo nos dias de hoje, ainda tem gente que acredita que ameaçar e intimidar os outros pode ser vantajoso em uma negociação. Só que os estudos mais recentes em Psicologia mostram exatamente o contrário: quanto mais confortável e relaxada a pessoa estiver, mais ela tende a concordar com você, mais ela se compromete com os acordos e mais ela brigará para atender a seus pedidos.

Quanto melhor o ambiente, melhor o clima para as conversas, melhor para o relacionamento.

Outro aspecto importante que não custa ressaltar é que a assinatura de um acordo não é garantia absoluta de que ele será honrado. Não adianta você forçar, apressar ou manipular alguém para assinar um acordo em que ele ou ela não tem interesse ou não tem condições de cumprir depois. Em vez de uma vitória, o máximo que você conseguirá será um transtorno.

E não adianta se esconder na desculpa de que não é seu trabalho saber se a pessoa pode cumprir ou não, ou de que ela já é grandinha para tomar suas próprias decisões. É sua responsabilidade, sim. Em negociação, um problema da outra pessoa logo se transforma em um problema seu.

5.5. EXIGÊNCIAS DE ÚLTIMA HORA

Uma vez eu estava vendendo o meu carro e fechei negócio com uma agência de automóveis que ficava no caminho para o meu trabalho. Aceitei me desfazer dele por R$19.500. Tudo combinado, o dono da loja se sentou comigo para fazer o cheque.[5]

Enquanto datava e assinava, ele disse: "Rodolfo, só posso pagar R$19 mil pelo seu carro".

---

5 Um cheque era um pedaço de papel que, em condições normais, valia o mesmo que dinheiro ou que um DOC ou TED.

Uma mudança de última hora desse jeito pega qualquer um de surpresa, e muita gente, mesmo contrariada, acaba aceitando. Esse é o plano, inclusive.

Naquela situação específica, eu me levantei e com toda a calma do mundo disse que aquilo não era o que a gente havia combinado. Que daquele jeito não tinha negócio.

Na mesma hora, ele voltou atrás e preencheu o cheque com o valor que foi negociado: R$19.500. É claro que ele estava decidido a pagar esse valor, mas ainda tentou dar uma última mordida.

Imagine, agora, outro tipo de situação, em que após uma negociação bem longa, você fecha uma venda para um cliente novo, num valor que os dois acharam justo. Depois de tudo combinado, o cliente pede mais trinta dias de prazo para o pagamento. Você não vê problemas e aceita algo que pode te custar uns 2% ou 3% em desconto de duplicata. Mas, beleza, você também deixa passar.

Aí ele pede uma pequena modificação no produto, que gera um custo adicional para a sua empresa. Você cede de novo. Depois ele diz que o frete fica por sua conta. E assim por diante...

É muito comum acontecer de, depois de um acordo ser fechado, uma parte começar a fazer novas exigências. Especialmente em negociações muito longas, detalhadas ou difíceis, a outra parte fica com medo de ver seus esforços indo por água abaixo e acaba cedendo nessas novas solicitações.

Pode até ser que sejam concessões que não interfiram muito na essência do que já foi tratado, mas em algumas situações essas novas exigências podem desequilibrar completamente o que já tinha sido combinado.

Ou, ainda, depois que você aceita uma primeira exigência pequena, outras maiores vão aparecendo, uma em cima da outra, aumentando cada vez mais a diferença entre o acerto original e o monstro cheio de remendos em que isso vai se transformando.

O que precisamos lembrar nessas horas é de que a outra parte também investiu nessa negociação, assim como você. Ela também gastou o tempo dela. E ela também precisa de você — do contrário, essa negociação nem teria começado, em primeiro lugar.

De qualquer maneira, pode até ser que seja realmente um detalhe, algo que não tinha sido discutido antes, que foi esquecido, ou que não ficou bem claro durante as conversas anteriores. Se for assim, é provável que as exigências de última hora parem por aí.

Mas mesmo que você aceite essa nova condição, deixe bem claro que aquilo que a outra parte está pedindo não faz parte do acordo original. Faça com que ela entenda e concorde que isso é uma concessão, que você está abrindo mão de algo que tem custo para você — por menor que seja.

Se novas solicitações forem feitas, no entanto, especialmente em assuntos que vocês já trataram anteriormente, a melhor saída é perguntar educadamente se o acordo que vocês acabaram de fazer ainda está valendo ou se essa nova solicitação significa que vocês terão de começar tudo de novo.

Se você não se sentir seguro para questionar isso, provavelmente é porque não tem boas opções para o caso de o acordo fracassar e acabou entrando na negociação em uma posição de inferioridade. Ou está deixando a aversão à perda tomar conta de você — o que pode ser igualmente perigoso.

Mas se você tiver feito o seu dever de casa corretamente e for firme logo na primeira vez, se protege não só nessa ocasião, mas também nas próximas. Porque, se você ceder a qualquer apelo, essa será a tônica toda vez que você precisar negociar novamente com essa pessoa ou empresa de novo no futuro.

5.6. ONDE NEGOCIAR?

Muita gente nunca se perguntou onde é melhor negociar. Vendedores normalmente vão aos clientes, e compradores normalmente recebem os vendedores. Então, ao menos para esses, parte do problema está resolvido. Ou não?

Mesmo que sua rotina seja uma dessas, visitar ou ser visitado, um pouco de variação sempre faz bem. Seja você indo aos seus fornecedores ou recebendo seus clientes na sua empresa, uma mudança de ares ajuda a ver coisas sob uma outra perspectiva e perceber detalhes dos quais você não se dá conta no seu dia a dia.

Quando vemos de perto uma empresa da qual só ouvimos falar, temos a chance de conferir alguns detalhes. Se você visita o maior fornecedor do seu segmento e a sede é descuidada, falta manutenção, ou se as pessoas parecem não se importar muito com a imagem da empresa, alguma coisa pode estar errada.

Ou ao contrário, você vê luxo e ostentação em uma sede num prédio caríssimo, mas o comprador chora por qualquer centavo, tem algum desencontro nas mensagens.

Mas hoje em dia, muita empresa aderiu a modelos de *home office* ou escritórios compartilhados — e isso também pode ter uma série de significados: é uma empresa moderna, é uma organização enxuta, é uma companhia que confia nos seus funcionários ou, ainda, quer ter a agilidade e a flexibilidade que esses formatos oferecem.

Às vezes as pessoas se sentem vigiadas dentro da própria empresa e preferem estar em outro lugar.[6] Ou quando uma negociação tem um componente emocional muito forte, as partes podem preferir ambientes neutros.

O importante na escolha de um lugar onde negociar é prestar atenção em alguns detalhes:

- Pense no conforto físico das pessoas: o lugar deve ser adequado, para que outras distrações não atrapalhem. Isso significa ter lugar para todo mundo se sentar sem precisar ficar se esbarrando. Também é recomendado ter água, banheiro, tomadas para notebooks, papel e caneta quando necessário e, se for o caso, equipamentos multimídia. O ideal é perguntar e planejar tudo com antecedência.

- Pense no conforto emocional das pessoas: há alguma razão para alguém não se sentir bem no lugar escolhido? Existe algum passado escondido que possa causar constrangimentos? Todas as pessoas podem dizer o que pensam com segurança no lugar em que estão, ou parece que estão sendo vigiadas?

Não é raro vermos pessoas mudarem completamente de comportamento dependendo do ambiente em que estejam. E lembre-se: todo detalhe conta. Um café que a outra pessoa elogiou uma vez, um biscoito que você sabe que ela gosta. Pequenas gentilezas costumam fazer maravilhas pelo seu acordo.

5.7. MINUTO DE SILÊNCIO

Uma vez presenciei, por acaso, uma negociação em uma loja de materiais de construção que foi mais ou menos assim:

---

[6] É bom lembrar, no entanto, que em alguns setores ou empresas, "sentir-se vigiado" faz parte do jogo. Por questões de *compliance*, funcionários são proibidos de negociar fora das dependências da empresa — e não há nenhum problema nisso.

— Sr. Alberto, o seu orçamento total ficou em R$43.694,50.[7]

— Nossa, mas isso está muito acima do que eu tinha programado!

— Este valor pode ser dividido em até seis vezes sem juros no cartão de crédito.

— Ainda assim, está muito caro!

Silêncio.

— Olha, eu já coloquei o desconto para este valor, que é de 5%.

— Sim, mas continua muito caro para mim.

Silêncio prolongado.

— Se o senhor preferir pagar à vista consigo mais 2% de desconto.

Silêncio ainda mais prolongado.

— Olha, consigo fazer os 7% no pagamento parcelado.

Silêncio irritante.

— Dou 10% para o senhor fechar agora. É tudo o que eu posso fazer.

Sem dizer uma palavra, o Sr. Alberto conseguiu 5% extra de desconto, pouco mais de R$2 mil. E o mais incrível é que a conversa não terminou ali. O sr. Alberto não fechou a compra e ficou de decidir e voltar outro dia.

Infelizmente eu não soube o desfecho da negociação, mas sou capaz de apostar que o sr. Alberto ainda conseguiu mais alguma coisa nessa transação, até porque ele ainda deve ter ficado mais alguns dias em silêncio, para desespero da vendedora.

O que ele sabia muito bem — e usou isso várias vezes — é que muita gente fica desconfortável depois de períodos prolongados de silêncio em uma conversa. E isso pode ser decisivo em uma negociação.

A primeira coisa que você deve fazer é provocar o silêncio produtivo em situações específicas. Claro, porque não basta só ficar calado, tem que ter o *timing* certo.

Existem duas ótimas situações para fazer isso.

ROTULAR: quando você põe um rótulo em uma situação ou comportamento, isto é, quando você dá a sua visão sobre o que está acontecendo

---

[7] Nomes e valores fictícios.

no momento, você dá a chance para a pessoa confirmar ou não o que você acabou de dizer. Exemplos:

- Pelo que eu entendi, você esperava outro valor na proposta.
- Parece-me que o prazo de entrega é importante aqui.
- Pelo que estou entendendo, você está de mãos amarradas aqui.

Depois que você solta um desses rótulos e fica em silêncio, a pessoa entra no modo de confirmação, isto é, seguindo a máxima de "quem cala consente", ela se sentirá na obrigação de contestar o que você acabou de dizer, ou isso ficará como verdade.

No primeiro caso, sua leitura foi a de que a outra pessoa deve ter reagido mal a uma proposta e você rotulou essa impressão. Enquanto você está em silêncio, a outra pessoa está pensando se nega ou confirma a sua afirmação. Em qualquer das situações, é bem provável que ela justifique sua posição — seja negativa ou positiva.

No segundo caso, a outra pessoa parece ter reclamado de algum atraso, ou vocês estão negociando os prazos e garantias de entrega. No momento em que você rotular e ficar em silêncio, a outra parte provavelmente explicará o porquê de o prazo de entrega ser tão importante para ela. E como vimos no item 1.2, Capítulo 1, sobre interesses e posições, às vezes é mais importante saber por que alguém quer alguma coisa do que saber que coisa a pessoa quer.

E, finalmente, no último caso, a afirmação feita diz respeito à alçada de poder da pessoa do outro lado dentro do processo decisório que a negociação envolve. São as típicas situações em que seu interlocutor diz que uma concessão não depende da vontade dele. Ao rotular esse momento específico, você dá a chance de a pessoa explicar melhor o funcionamento da empresa.

DINÂMICA: existe uma dinâmica implícita nos diálogos, em que um fala de cada vez (embora muita gente ainda ache que todo mundo tem que falar ao mesmo tempo). Então, quando um termina de falar, fica subentendido que é a vez do outro.

Mas se você inesperadamente ficar em silêncio depois de o outro falar, ou se sua resposta não trouxer nenhuma informação nova, isso começará a gerar ansiedade na outra pessoa. E por que só na outra parte? Porque você sabe o que está fazendo, ela não.

Em situações assim, as pessoas começam a ficar ansiosas e procuram qualquer coisa para preencher o silêncio — e frequentemente dizem o que não devem.

É o momento em que as pessoas começam a negociar consigo mesmas, que foi exatamente o que a vendedora fez com o sr. Alberto: ela dava um preço ou condição de pagamento, e antes mesmo da contraoferta da outra parte, ela já fazia novas concessões.

Via de regra, as pessoas não estão acostumadas a ficar em silêncio durante uma conversa. Nesse tipo de interação, parece haver uma regra tácita de alternância na vez de falar, e se isso não é respeitado, nós ficamos com a sensação de que estamos fazendo alguma coisa errada, e, por isso, nos apressamos em corrigir os silêncios aparentemente fora de hora.

5.8. BATENDO EM RETIRADA

Ronin (United Artists, 1998) é um dos meus filmes de ação favoritos. Tem cenas memoráveis de perseguição nas ruas apertadas de Paris e Nice, dirigidas pelo mestre John Frankenheimer. Mas o ponto alto do filme são os diálogos, quase sempre tensos, entre atores do quilate de Robert de Niro, Jean Reno e Sean Bean.

Numa das primeiras cenas, antes de entrar em um bar onde marcou uma reunião, o personagem de De Niro procura a porta dos fundos, destranca a fechadura e esconde sua arma atrás de uns engradados de bebidas.

Depois que ele entra no local, tem a reunião e sai pela porta que preparou previamente. Uma das pessoas repara que a fechadura estava destrancada e faz uma cara de espanto. É aí que ele revela: "Eu nunca entro em um lugar sem saber como vou sair."

Isso serve também como dica para negociadores: jamais entre em uma negociação sem saber como sair dela — nem que seja no meio, mesmo que ela esteja incompleta.

Pode haver várias razões para você sair no meio de uma negociação, entre elas:

- Você se sentir desrespeitado ou ofendido. Pode ser com alguma coisa que foi dita sobre a negociação, como uma proposta de preço indecente ou uma ameaça, ou algo que não tem nada a ver com a coisa negociada, como uma piada racista ou de mau gosto, por exemplo. A retirada demonstra que você não tolera aquele tipo de comportamento.

- Você está abalado. Fatores externos à negociação podem ter consequências ruins em momentos em que a gente precisa estar focado e concentrado. Se alguma coisa o está incomodando, mesmo que não tenha a ver com a negociação, peça para continuar em outro momento.
- As informações não estão batendo. Pode ser que as informações de um lado e de outro não estejam batendo, e você — ou vocês — precise checar tudo novamente. Se os números do seu relatório financeiro não conversam com os da outra pessoa, o melhor é conferir tudo nos bastidores antes de retomar as conversas.
- A outra parte não fez o dever de casa. Se as pessoas do lado de lá toda hora interrompem a reunião para fazer uma ligação, para checar com o pessoal de logística ou finanças ou para conversar em particular, é sinal de que não se prepararam adequadamente para a reunião e estão desperdiçando o seu tempo.
- Ambiente físico. Você pode não estar se sentindo confortável com o lugar onde a reunião está sendo realizada. Se estiver muito frio ou muito quente, se o local é barulhento, se alguma coisa atrapalhar a sua atenção e prejudicar o seu foco e não puder ser resolvida, sugira um novo locar para fazer a reunião.

A questão da retirada é evitar piorar uma situação que já começou a ficar ruim. Quando sentimos que estamos perdendo o controle das nossas emoções — e isso pode acontecer com qualquer um —, o ideal é interromper a conversa no ponto em que está e retomá-la em outro momento.

O importante é entender que isso não é sinal de desrespeito e nem de desinteresse. Simplesmente o contexto não favorece. E muitas vezes, uma retirada calma é melhor do que uma continuação descontrolada.

5.9. PERIGOS E VANTAGENS DO NÃO

Em *A Negociação* (Warner, 1998), Samuel L. Jackson faz o papel de um negociador de reféns que, de repente, vê o jogo virar e acaba ele próprio se transformando em um sequestrador.

Conhecendo as regras do jogo, ele trava um diálogo por telefone com outro policial menos experiente, obrigado a atuar como negociador, em uma cena que é um dos momentos críticos do filme.

Sempre que um pedido seu é negado, ele imediatamente diz que não se deve dizer "não" a um sequestrador, porque isso cria um ambiente negativo entre os dois lados e pode levar uma situação de não cooperação — o que tende a ser muito perigoso.

Jackson chega a tripudiar do colega, fazendo uma série de pedidos descabidos e perguntas constrangedoras, só para ver como ele reage.

Negociações com reféns normalmente são muito carregadas emocionalmente, e qualquer variação de humor pode ser desastrosa. Mas o nosso dia a dia, fora das telas, não costuma ser tão dramático assim, e as regras do jogo são um pouco diferentes.

Embora muita gente realmente não goste de dizer não — porque isso denota intransigência ou mesmo má vontade —, há boas razões para termos mais simpatia pelo termo.

William Ury sugere, por exemplo, que toda a negociação deve passar pela fase da negação, isto é, devemos sempre dizer não à primeira proposta do outro lado. Ele chama isso de não positivo.

Mas como isso funciona? Esse primeiro não deve ser dito de uma maneira respeitosa e não definitiva. Ou seja, você deve deixar as portas do diálogo abertas, explicando o porquê de não aceitar a oferta. Desse jeito você reafirma a sua posição e reforça seus argumentos.

O passo seguinte é construir a ponte entre o não e o sim, ou seja, mostrar como seria o acordo ideal para você, ou o que precisaria mudar para transformar um não em um sim, de modo a fechar o acordo.

No entanto, para você fazer isso sem correr o risco de criar um impasse, seu não deve estar bem fundamentado, com razões sólidas e objetivas. É recomendável, também, que você já tenha pensado nos próximos passos, ou seja, o que a outra pessoa precisaria mudar na proposta para que vocês possam seguir adiante sem muitos contratempos.

Se o seu planejamento estiver bem elaborado, você saberá exatamente a distância entre o que a outra parte oferece e seu valor de reserva ou valor mais provável e, assim, terá uma boa ideia da concessão que deverá pedir.

Outra vantagem do não é que ele estabelece limites, deixando claro para a outra parte até onde você está disposto a ir.

Muitas vezes, ficamos sobrecarregados no trabalho porque não sabemos ou não gostamos de dizer não para os outros. Acumulamos mais e mais trabalho, simplesmente porque não estabelecemos nossos limites.

Quando negamos um pedido de um colega ou mesmo a um chefe, deixamos claro que temos critérios de escolha para o que aceitamos e que o atual pedido não se encaixa nesses critérios. Essa é, também, uma boa maneira de valorizar ainda mais o seu trabalho e o seu tempo. Em negociação funciona do mesmo jeito.

Para entender isso ainda melhor, vejamos como funciona o sim. Para Chris Voss[8] — ele, sim, foi um negociador de reféns de verdade do FBI —, um sim "frequentemente é uma resposta vazia que esconde objeções profundas. Fazer muita pressão por um sim não deixa um negociador mais perto de uma vitória; apenas aborrece o outro lado".

Segundo Voss, há três tipos de sim: o dissimulado, o conformado e o compromisso.

- O *dissimulado* é quando a outra pessoa quer dizer não, mas sente que com o sim ela ou se livra da pessoa mais rápido, nem que seja momentaneamente, ou mantém a conversa por mais tempo para conseguir informações
- O *conformado* é apenas uma resposta automática, normalmente inocente, para uma pergunta que não deixa muitas opções, mas é apenas uma afirmação e não demonstra nenhuma intenção real de fechar um acordo.
- O *compromisso* é a confirmação real que levará à ação, à assinatura do contrato — e é esse que você quer. Só esse.

Ele explica, ainda, que encontraremos os três tipos de sim pela frente e que, geralmente, todos soam iguais, e nós é que precisamos aprender a diferenciá-los.

Eu, por exemplo, já tive muito sim que não significou nada. Muita gente concordando com o que era dito e pouca gente assinando o acordo final. E eu demorei muito para perceber essa diferença, para me dar conta de que aquela reunião de venda maravilhosa, em que o cliente concordava com tudo o que eu dizia, jamais se transformaria em dinheiro.

---

8 *Op. cit.*

A maioria das pessoas não faz isso por mal. Elas simplesmente não gostam de dizer não e preferem dizer sim. Às vezes é você que pressiona demais e quer insistir até o final porque acredita naquelas baboseiras de autoajuda que os cursos de vendas repetem o tempo todo: que você nunca deve perder uma venda e que deve insistir até o final.

Às vezes isso até está certo. Mas às vezes te levará a insistir em um caso perdido, que só consumirá o seu tempo e trará falsas esperanças. É preciso aprender a ouvir não, assim como tem que aprender a ouvir um sim.

Voss chega a dizer que o não é o começo da negociação, não o fim, porque, ao eliminar o que a pessoa não quer, você entende o que ela quer — bem em linha com o que diz Ury.

Quando você ouvir um não, procure tentar entender se ele não se encaixa em um desses dignificados:

- *Eu não estou pronto para concordar.* Pode ser que a pessoa precise apenas de mais um tempo para se decidir. Principalmente em negociações mais delicadas, com prazos ou valores maiores, ninguém gosta de se apressar se não for absolutamente necessário. E normalmente não é.
- *Você está me deixando desconfortável.* Pode ser que você esteja pressionando demais a pessoa a aceitar um acordo com o qual ela ainda não se sente à vontade. Pode ser a pressão ou algum item ainda não resolvido. Faça perguntas direcionadas para entender melhor o tipo de situação com a qual vocês estão lidando.
- *Eu não estou entendendo.* Muita gente não gosta de dizer que não entendeu uma cláusula, um detalhe do produto ou uma explicação. Deixe a pessoa à vontade para tirar dúvidas e coloque-se à disposição para repetir quantas vezes forem necessárias. Se preciso, mude os exemplos, os termos e adapte-se à linguagem ou cultura da outra pessoa.
- *Eu acho que não posso pagar.* Esse é outro ponto que muita gente tem vergonha de dizer. Não confunda a outra pessoa não ter dinheiro com o seu produto ser caro. Jamais se desculpe por isso. Tente não deixar a pessoa desconfortável ou constrangida, mas explique a relação entre qualidade e preço.
- *Eu preciso de mais informações.* O processo de comunicação que ocorre durante uma negociação pode ter falhas, e a pessoa pode não ter entendido completamente o que você disse. Ou então você não abordou um

aspecto que ela considera importante. Faça mais sondagens para entender se alguma dúvida ainda persiste. Investigue o entendimento sobre características e uso do produto, além de detalhes de venda, pagamento e garantias.

- *Eu gostaria de conversar com outra pessoa.* Muito importante! Pode ser que a pessoa não esteja se sentindo confortável em conversar com você. Se for o caso, não leve para o pessoal. Deixe a pessoa à vontade para se expressar abertamente.
- *Eu quero outra coisa.* Ponto. Ela quer uma bicicleta e você está vendendo chocolate meio amargo. Vocês são incompatíveis. Se você tiver tempo sobrando — quase todo mundo tem —, busque outros pontos em comum. Se você conseguir estabelecer uma relação de confiança com essa pessoa — especialmente não vendendo nada para ela e parando de insistir no momento certo —, talvez até ela te indique um amigo ou parente ou queira comprar de você no futuro, quando suas necessidades forem outras.

Lembre-se de que em muitas negociações nós atuamos como um facilitador, um intermediário, alguém que está guiando a outra parte por um processo que ela pode não conhecer — ou pode ser o contrário e você é essa pessoa que está sendo auxiliada.

O importante, aqui, é lembrar que são duas partes tomando decisões em conjunto, e não uma parte tomando as decisões e imponto sua vontade à outra.

5.10. QUESTÕES ÉTICAS

Nem todas as táticas usadas em uma negociação são consideradas éticas e aceitas por todo mundo. Algumas das situações vistas aqui podem causar mal-estar para uns, mas ser absolutamente normais para outros.

Uma atitude pode ser considerada aceitável para muita gente e intolerável em uma cultura ou ambiente diferente. Isso acontece, por um lado, porque os padrões éticos variam de pessoa para pessoa e, por outro, porque cada um estabelece diferentes limites para o que é ou não tolerável.

Há algumas regras básicas e mais fundamentais com as quais todos nós concordamos, mas acima delas pairam muitas zonas cinzentas. Muita gente considera perfeitamente normal pagar um jantar para um cliente, mesmo que seja no restaurante mais caro da cidade. Muita gente discorda. Outras pessoas acham normal a distribuição de brindes caros no final do ano. Outras acham que não é.

Algumas empresas estabelecem um limite para os presentes que seus funcionários podem receber. Em algumas, é de US$50, ao passo que em outras é de US$ 100. Em outras, ainda, isso é terminantemente proibido. Em que momento, ou a partir de que valor, exatamente, deixa de ser uma demonstração de amizade e passa a ser suborno?

Para Dan Ariely, professor da Universidade de Duke, por exemplo, esse limite é zero. A partir do zero, qualquer valor passa a interferir nas decisões tomadas pela outra pessoa, até porque muitas de nossas decisões — especialmente as de compras — acontecem em áreas do nosso cérebro sobre as quais não temos total controle e, por isso, não temos como determinar se estamos sendo influenciados ou não. Óbvio que negaremos sempre. Mas é impossível saber com certeza.

Estudos mostraram, por exemplo, que as retificações em relatórios financeiros oficiais de empresas aumentaram drasticamente na medida em que as receitas das firmas de auditoria passaram a ser muito maiores em serviços de consultoria do que de auditoria propriamente dita (BAZERMAN, 2004).

Retificações são indícios de que alguma coisa no balanço ou demonstração de resultado não foi feito direito. Mas ninguém quer que um probleminha no patinho feio da auditoria, cujas receitas são modestas, atrapalhe as receitas exorbitantes da verdadeira galinha dos ovos de ouro que é a consultoria. Mesmo quando os serviços são prestados para a mesma empresa.

Quando você estiver em dúvida sobre um determinado comportamento ou atitude — se ele é ético ou não —, faça essas três perguntas que Robert Cialdini propõe em seu workshop *Principles of Persuasion*:

- *A informação que você está usando é verdadeira? É honesta?* Se você não tem certeza sobre a veracidade dos fatos que está apresentando, então verifique novamente. Se você não puder checar, não use.
- *A decisão que você quer que a outra parte tome é natural nesse tipo de situação, isto é, ela está genuinamente disponível?* Quando você diz para uma pessoa que aquele é o último produto da loja, mas não diz que o seu estoque, lá atrás, está abarrotado, você está induzindo-a ao erro. Não é uma decisão natural, porque aquele não é o último.

- *É uma decisão inteligente, sábia? Ela também beneficia a outra parte?* Hoje em dia, as lojas vendem garantia estendida para eletrodomésticos que, se comparada ao preço do produto, é caríssima. Funciona praticamente como um seguro. Você pagar quase 10% do valor do produto por uma cobertura extra de um ano só faz sentido se um em cada dez produtos estragarem nesse prazo. Será que essa é a taxa de confiabilidade desses produtos?

Se você não conseguir tirar suas dúvidas com essas três perguntas, tem mais uma que não costuma falhar: se você fizer o que você está em dúvida se faz ou não e amanhã isso sair na primeira página do jornal, tudo bem? A repercussão do que você fez pode te prejudicar de algum jeito? Você ficaria constrangido na frente dos seus colegas, da sua família, dos seus filhos?

Se você ainda estiver em dúvida, então não faça. Porque em muitas situações, em muitas profissões, a sua credibilidade é a única coisa que você tem. É o seu principal instrumento de trabalho, e sem ela você não é ninguém.

6

ESTRUTURANDO
o *Diálogo*

Muito do que vimos até este ponto diz respeito à preparação e ao planejamento da negociação. São conceitos e elementos que ajudarão a buscar o que precisamos, que nos mostrarão o caminho e servirão de roteiro para chegarmos aos nossos objetivos.

Mas ter o mapa e saber o trajeto é bem diferente de caminhar de verdade. Você pode achar que conhece tudo sobre uma região e mesmo assim se perder nela. Uma rua fechada, um desvio de rota, uma mão invertida, e você já não sabe mais onde está. Muita gente se perde seguindo rigorosamente as instruções do seu GPS.

Nesse capítulo abordarei alguns detalhes sobre essa navegação — sobre como se movimentar, se orientar, ir e voltar em um diálogo.

Como é possível criar um clima favorável para uma boa conversa ou sobre como se comportar em conversas nem tão boas assim.

Sobre como deixar o ambiente mais agradável e relaxado e também sobre como desarmar situações tensas, carregadas.

Como avançar em oportunidades inesperadas, como se defender de armadilhas e imprevistos ou como ganhar tempo para pensar mais ou se preparar melhor.

Porque muitas negociações podem desmoronar nesse momento. Uma palavra interpretada de maneira errada, um gesto fora de hora, um mal-entendido, e vai tudo por água abaixo. Todo o planejamento, toda a preparação.

É nessa fase que surgem as diferenças de percepções, os sentimentos de frustração e a raiva. As dificuldades na comunicação podem ser reconhecidas e tratadas — ou podem ser negadas e abafadas.

Às vezes é algo pequeno, simples e sem intenção, mas que, se não for identificado e tratado na hora, pode crescer e se transformar em um monstro que atrapalhará ou mesmo inviabilizará um acordo mais adiante.

Bons diálogos podem fechar ou destruir boas negociações. E a distância entre um e outro é bem menor do que imaginamos.

Esse era, sem dúvida, um dos principais obstáculos enfrentados por Gérson: ele não conseguia manter uma conversa produtiva com seus sócios. Na verdade, era difícil até começar uma reunião, já que qualquer tentativa de diálogo logo se transformava em uma batalha.

Embora toda a preparação fosse necessária — e é sempre melhor você estar preparado, e não precisar usar isso, do que achar que não será necessário e precisar de uma preparação que não foi feita —, o histórico de encontros conturbados mostrava que dificilmente ela seria usada, de fato.

A prioridade era, então, encontrar uma forma de, logo de saída, desarmar os ânimos e conseguir criar um ambiente em que as conversas pudessem transcorrer de forma civilizada para, desta forma, avançar nas tratativas.

Mas como isso poderia ser feito, considerando que o outro lado sempre opunha resistência? Considerando que eles sempre pareciam vir com as emoções à flor da pele, como fazer para reduzir a carga emocional ou, quem sabe, usá-la em nosso favor?

6.1. ENTENDENDO A COMUNICAÇÃO

Comunicação é algo que parece fazer parte da nossa vida desde que começamos a entender o mundo. Na verdade, até um pouco antes, porque interagimos com os outros muito antes de percebermos o que acontece ao nosso redor.

Mas isso não torna menos complexa a tarefa de definir o que é comunicação. Ao contrário, parece que, quanto mais onipresente o elemento, mais o desafio nos exige.

Em situações assim, recorrer a modelos tradicionais ajuda muito a entender os conceitos básicos, tal como vimos no Capítulo 4. E um dos modelos mais úteis nesta área é o da Teoria da Informação — ou Teoria Matemática da Comunicação —, que foi elaborada pelo matemático norte-americano Claude Shannon, em 1948.

Além de uma parte puramente matemática, que obviamente não nos interessa, a Teoria da Informação identifica os principais elementos envolvidos na comunicação.

Imagine que sua empresa lançou um produto novo e você precisa apresentá-lo para seus clientes. Esse novo produto é a fonte de informação, ou seja, é o *fato novo* que gerou a necessidade de você se comunicar com alguém (o cliente), de você enviar uma mensagem.

Então, ao iniciar um processo de troca de informação, você é o emissor, isso é, quem emitirá uma mensagem para uma pessoa que receberá essa mesma mensagem do outro lado: o receptor.

O emissor, por sua vez, escolhe um meio através do qual ele enviará essa mensagem. É possível, neste caso, escolher entre enviar um e-mail, fazer uma ligação ou mesmo uma visita ao cliente, para conversar diretamente com ele.

Aqui abrimos um parêntese para diferenciar mensagens implícitas e explícitas. As explícitas são aquelas que você diz abertamente com todas as letras e que dependem menos da interpretação da outra pessoa.

Já as implícitas são as mensagens que não são ditas diretamente, mas são sugeridas. Pode ser através de metáforas, analogias, insinuações ou mesmo através de sinais não verbais, como quando uma pessoa sempre conversa com você de braços cruzados ou olhando o relógio o tempo todo.

Assim, a simples escolha do meio para transmitir a mensagem já tem um significado oculto.[1] Uma mensagem de e-mail é distante, impessoal, e talvez o conteúdo não tenha tanta importância — ou talvez a pessoa que

---

[1] Foi nesse contexto que o filósofo canadense Marshall McLuhan cunhou sua célebre frase "O meio é a mensagem", para explicar que, muitas vezes, a simples escolha do meio de comunicação já tem seu próprio significado.

esteja recebendo não tenha tanta importância. Pense, por exemplo, em uma empresa que faz uma demissão em massa por telegrama. Independentemente do conteúdo do telegrama — que já é bem desagradável —, como será que a pessoa se sente sendo tratada desse jeito?

O telefone é algo intermediário, já que possibilita um mínimo de interação com a outra parte. É uma comunicação síncrona, em que as duas partes podem se falar ao mesmo tempo — ao contrário de uma comunicação assíncrona (como o e-mail ou mensagem de texto ou de áudio), em que uma pessoa fala de cada vez.

E no outro extremo está a visita pessoal, em que você investe muito mais do seu tempo e dinheiro para fazer o conteúdo chegar ao outro lado. É uma interação mais rica, em que vários outros elementos estão presentes, como fatores ambientais e a comunicação não verbal.

Depois que você escolheu o meio, é preciso codificar a mensagem de acordo com aquele meio.[2] Por e-mail você pode enviar uma foto do produto ou acrescentar descrições mais técnicas, enviar links e referências. Além disso, frequentemente usamos uma linguagem mais formal quando escrevemos do que quando falamos pessoalmente ou por telefone.

Se a empresa faz um anúncio em uma revista do seu segmento ou setor, que será lido por um público mais especializado, uma linguagem mais técnica pode ser empregada, com os jargões e expressões típicas, que certamente fazem parte do repertório do receptor.

No caso de uma publicação mais popular e mais abrangente, contudo, a linguagem deve se adequar e usar termos mais comuns, para que todos entendam, independentemente da riqueza do vocabulário.

Linguagem confusa ou inadequada, termos ambíguos ou com duplo sentido, problemas na transmissão da mensagem e outros elementos que atrapalhem a correta interpretação pelo receptor são classificados como ruídos.[3]

---

2 Esta ordem (primeiro escolhe-se o meio e depois codifica-se a mensagem) é puramente didática, pois em comunicação o tipo de mensagem e sua codificação dependem do meio, e vice-versa.

3 Alguns autores acrescentam, ainda, outros elementos para enriquecer o modelo, e é possível que o leitor encontre variações na bibliografia do assunto, como o feedback: uma comunicação em sentido contrário — do receptor para o emissor — confirmando o entendimento, o recebimento da mensagem ou, simplesmente, o funcionamento do canal.

Repare que esse modelo identifica os elementos de uma comunicação de maneira estática e, principalmente, sem fazer juízo de valor. Não se analisa, aqui, a correção, pertinência nem a intenção do conteúdo.

Na prática, o funcionamento disso tende a ser caótico, isto é, temos pouco ou nenhum controle sobre os elementos envolvidos. Quando você emite uma mensagem para alguém, não tem nenhum controle sobre a forma como ela será interpretada pelo receptor, que sentido ele dará ao que você disse — se é que ele ouvirá o que você disse, na hora que você disse, do jeito que você disse.

6.2. A MALDIÇÃO DO CONHECIMENTO

Algumas brincadeiras em grupo ou jogos de tabuleiros desafiam um participante a passar uma mensagem — uma palavra, um título de filme ou nome de música — aos demais usando gestos, mímicas ou mesmo assovios e sussurros.

É provável que você já tenha se divertido assistindo alguém tentar, ou mesmo sofrido a angústia de ninguém adivinhar o que você está fazendo ou que mensagem tenta passar. E quanto mais fácil e óbvia a palavra ou texto, maior a ansiedade!

Até que o seu tempo se esgota, você revela a palavra, e todos ficam frustrados, vendo como era fácil e, ainda assim, foram incapazes de assimilar as dicas e decifrar a mensagem.

Esse é um típico caso de maldição do conhecimento, que é o que acontece quando um emissor acha que só porque ele sabe o que está fazendo, os outros não terão nenhuma dificuldade em entender da mesma forma. Ele imagina, portanto, que o receptor tem todo o conhecimento, toda a bagagem necessária para entender o que está sendo dito. Mas o que acontece é um desencontro em que um não entende o outro — e o outro não entende como é que o um não entendeu.

Para contextualizar melhor, vejamos um estudo feito por Elizabeth Newton, uma psicóloga da Universidade de Stanford (The Curse of Knowledge, 2006).

Ela separou seus voluntários em dois grupos: emissores e receptores. Deu, então, tarefas específicas a cada um deles: os emissores deveriam pensar em uma música qualquer, de preferência bem simples e conhecida — tipo "Parabéns para você" ou "Garota de Ipanema" —, e apenas batendo palmas precisavam fazer com que os receptores descobrissem qual era a música.

Antes disso, no entanto, a pesquisadora perguntou aos participantes quantos deles acertariam a música do outro — e eu refaço a pergunta a você, leitor: qual você acha que seria um número razoável? Que porcentagem dos alunos você acredita que acertaram? Pense um pouco e faça a sua estimativa.

Se o seu número ficou perto de 50%, então você se aproximou da previsão do estudo: os participantes estimaram que metade das pessoas acertaria a música. Mas eles passaram longe, muito longe do resultado verdadeiro: a taxa de acerto foi de cerca de 2,5%. Um resultado bem modesto, dada a confiança mostrada anteriormente.

Ocorre que bater palmas emite um som monocórdico, um igual ao outro, cuja única utilidade é marcar um ritmo. E, na maioria das vezes, só o ritmo não permite adivinhar a música com segurança. Sem a melodia, é praticamente impossível.

E o mais difícil desse exercício, o mais intrigante, é que a música, e sua melodia, está tocando na cabeça do emissor, que não entende como é que o receptor não consegue adivinhar algo tão fácil.

Mas a música está tocando em uma cabeça apenas. A outra só ouve palmas fora de sincronia. A música é o conhecimento que o emissor tem e o receptor não. O que é muito óbvio para um não é para o outro.

O que Elizabeth Newton demonstrou com esse simples, porém ilustrativo experimento usando músicas é exatamente o mesmo que acontece com ideias, conceitos e os detalhes de um projeto ou de uma estratégia que estão bem sedimentados na sua cabeça, mas do qual a outra pessoa nunca ouviu falar.

Se um detalhe de uma proposta comercial está claro como água para você — até porque você vem pensando nisso há algum tempo — ele pode ser totalmente nebuloso para quem está ouvindo pela primeira vez, ainda que seja tão simples quanto uma música do Roupa Nova.

O que é preciso ficar claro é que cada um tem uma formação diferente, desde familiar até acadêmica e profissional. Por isso, o grau de entendimento de cada um a respeito de assuntos específicos pode variar drasticamente.

Se para você a diferença entre frete CIF e FOB está perfeitamente clara, pode não estar para a pessoa com quem você conversa. A grande dificuldade está em reconhecer esse desnível, que não tem nada a ver com ignorância, falta de conhecimento ou despreparo.

E como se isso não bastasse, frequentemente a parte que não entende não quer admitir o desencontro, ou fica com receio ou vergonha de perguntar, e, assim, a conversa vira um papo de loucos, desnecessariamente.

De qualquer modo, o importante é jamais menosprezar a possibilidade de a maldição do conhecimento assombrar seus diálogos e atrapalhar até a comunicação mais trivial. Evite cair na armadilha de achar que todos estão entendendo o que você está dizendo exatamente da maneira como você gostaria.

Assim como o bêbado que fica incapacitado de perceber o quanto está incapacitado, nós também temos dificuldades de perceber que estamos sob os efeitos da maldição do conhecimento. Especialmente quando não for um jogo.

6.3. FORMA E CONTEÚDO

Outra maneira de se analisar uma comunicação é separando-a em forma e conteúdo. De uma maneira bem resumida, conteúdo é *o que* se diz, e forma é *como* se diz. A combinação desses dois elementos é que determina o que a outra parte realmente entende em uma troca de mensagens.

Uma das demonstrações mais dramáticas dessa dinâmica interação pode ser percebida em um estudo descrito pelo psicólogo canadense Lee Ross e seu colega norte-americano Richard Nisbett (ROSS, 2011).

Uma universidade norte-americana desejava fazer uma campanha para angariar donativos para as comunidades carentes da região, e, a partir disso, os pesquisadores resolveram estudar o impacto de uma mensagem bem escrita.[4]

Primeiro, eles perguntaram aos estudantes quem eles consideravam, dentro da própria instituição, os alunos mais inclinados a contribuir — que

---

4 O estudo original foi conduzido por Dale W. Griffin e o próprio Lee Ross em 1988, junto à Universidade de Stanford, mas não chegou a ser publicado.

chamaremos de bondosos —, bem como os menos inclinados — que chamaremos de egoístas. Essa pesquisa gerou duas listas: uma com os mais bondosos e outra com os mais egoístas.

Depois, os pesquisadores escreveram duas cartas diferentes para pedir as doações: uma era bem específica, pedindo doação de feijão enlatado, que era para ser levado em um lugar específico, indicado em um mapa que ia junto com a carta, que também tinha um calendário com os dias da campanha em destaque.

Já a outra carta era mais abstrata e pedia que se levasse comida até um posto de coleta na praça central do *campus*, a partir de uma data qualquer. Tudo muito vago, sem entrar em detalhes.

Temos, portanto, um mesmo conteúdo, ou seja, as duas cartas pediam, em essência, exatamente a mesma coisa: doação de comida. Mas a forma diferia de maneira notável: uma era específica, com instruções detalhadas, precisas, ao passo que a outra, abstrata, trazia informações soltas, sem muitos detalhes.

Dentro dos seus grupos, os alunos foram divididos, então, de forma aleatória, para que metade dos bondosos recebesse a carta específica, e a outra metade recebesse a abstrata. O mesmo aconteceu com os egoístas: metade ficou com a carta específica, e a outra metade, com a abstrata.

Então os pesquisadores recolheram as doações e contabilizaram quanto cada grupo havia contribuído, de acordo com o tipo de carta recebida.

Pois bem, de todos os alunos que receberam a carta abstrata, só 8% dos bondosos doaram e nenhum egoísta doou. Já entre os que receberam a carta específica, 42% dos bondosos doaram, contra 25% dos egoístas.

		Tipo de carta	
		Abstrata	Específica
Tipo de personalidade	Bondosos	8%	42%
	Egoístas	0%	25%

À primeira vista, o resultado parece bem lógico, com os bondosos doando mais do que os egoístas, independentemente do tipo de carta, e o texto específico sendo mais efetivo do que o abstrato, independentemente da personalidade de quem recebia. Mas ao olharmos os quadrantes separadamente, notamos que os egoístas que receberam a carta específica doaram mais do que o triplo dos bondosos que receberam a carta abstrata.

Isso significa que a forma como se elabora uma mensagem pode ter muito mais impacto do que a aparente disposição das pessoas. Se duas pessoas, uma bondosa e outra egoísta, forem colocadas na mesma situação, a bondosa tende a ser mais caridosa ou mais generosa do que a egoísta. Essa diferença fica clara analisando-se os resultados para o mesmo tipo de carta.

Mas em situações diferentes — isto é, recebendo tipos de cartas diferentes —, as egoístas podem ser mais generosas do que as bondosas, dependendo das instruções que recebam.

Uma das lições que podemos tirar desse estudo é que, às vezes, achamos que alguém não quer ajudar, não quer colaborar ou contribuir, quando, na verdade, a pessoa pode simplesmente não ter entendido o que lhe foi pedido.

Em algumas situações, temos a sensação de que o comportamento do outro está relacionado única e exclusivamente com a sua própria disposição, sua vontade, suas intenções e seus valores, ou seja, que ele está escolhendo, deliberadamente, agir daquela maneira.

A verdade, contudo, é que frequentemente fatores ambientais interferem muito mais nas decisões do que fatores pessoais. Às vezes, as atitudes estão mais relacionadas à situação do que à disposição.

Nós temos uma forte tendência a sempre atribuir às próprias pessoas as causas de seus comportamentos — o que, como vimos, nem sempre é verdade. Em Psicologia, costuma-se chamar esse equívoco de erro fundamental de atribuição.

6.4. EMPATIA

Quando entendemos, de fato, o que a outra parte está realmente buscando em uma negociação — seus interesses; lembra, lá do Capítulo 1? —, fica mais fácil tentar se colocar na sua pele e compreender a razão desta ou daquela exigência. É o que chamamos de empatia.

Ao criarmos empatia com o outro lado, é possível entender melhor suas atitudes, seus medos, suas exigências, necessidades e concessões. No geral, conseguimos enxergar melhor as origens e razões dos comportamentos da outra parte.

Ao longo do livro, discutimos em diferentes passagens a importância de prestar atenção aos comportamentos e emoções, porque nem só de ações racionais vivem as pessoas. Há diferentes outros fatores interferindo simultaneamente nas tomadas de decisões, e é preciso estar atento ao maior número possível.

E não só isso: ao exercitarmos nossa empatia, passamos a ser vistos de uma forma mais positiva. Ao nos colocarmos no lugar do outro, fazemos com que ele se sinta mais confortável, ao perceber que suas emoções também estão sendo levadas em consideração. Isso contribui para a construção da confiança de lado a lado (MAISTER, 2000).

Mas um grande obstáculo à criação de empatia com o outro lado é que muitas vezes não concordamos com o que eles pensam ou fazem — e isso é um erro grave. Um dos desafios mais importantes ao lidarmos com pessoas é conseguir separá-las dos seus problemas, ou seja, não levar as coisas para o lado pessoal.

Já vimos aqui, mais de uma vez, que entender não é o mesmo que concordar. Não é preciso concordar com o que a outra pessoa pede, com as exigências que faz ou com as táticas e truques que emprega, mas é preciso entender.

Se ela te pede um desconto agressivo, você tem que entender que esse é o papel que se espera dela, que está no seu *job description* conseguir um *saving* agressivo naquela compra.

Se ela exige que você pague o frete, você tem que entender que isso talvez seja uma política da empresa e que simplesmente deixar de entender isso não vai te levar a lugar nenhum.

E até se ela tentar te passar a perna, você também tem que entender. Talvez ela não tenha mais nenhum recurso e esteja desesperada para fechar o negócio. Entender que ela é despreparada e que essa foi a forma como ela aprendeu a trabalhar, ou que é assim que as pessoas na empresa ou no país dela agem.

Mesmo que você não concorde, precisa entender. Porque a partir do momento em que você entende, começa a enxergar as alternativas às outras formas de atender às necessidades dela e que talvez não lhe agridem tanto, não lhe façam tanto mal ou que estejam mais alinhadas com a sua forma de pensar. Ou pode perceber, inclusive, que não há alternativas — e isso também lhe permite tomar uma decisão de alguma forma.

Muita gente confunde a empatia com sentir a mesma coisa que a outra pessoa está sentindo. Eu discordo um pouco dessa definição, já que para alinhar os sentimentos você precisa alinhar também o seu sistema de crenças e valores — e isso não só é impossível, como considero também desaconselhável.

Você não precisa sentir o que o outro sente para ter empatia. Você precisa entender o que o outro sente e, especialmente, por que o outro se sente dessa forma. É uma visão um pouco mais racional desse conceito.

O importante de exercitar sua empatia é encontrar uma forma de avaliar as necessidades e intenções da outra pessoa sem fazer julgamentos de valor. Sem determinar de antemão se ela está certa ou errada. Até porque você pode errar feio nisso — e esse é exatamente próximo tema.

6.5. O BENEFÍCIO DA DÚVIDA

Quando analisamos o modelo de Teoria da Informação de Shannon, visto no início deste capítulo, uma das coisas que salta aos olhos é que muito do que acontece durante o processo, e que interfere diretamente no entendimento da mensagem, está fora do nosso controle.

Frequentemente, por exemplo, não temos controle sobre os ruídos, sobre como a pessoa reage a cada meio específico, sobre o repertório que pode ajudar ou atrapalhar na decodificação da mensagem. Tudo isso impacta no efeito que uma simples frase, uma observação despretensiosa ou uma proposta comercial mais ou menos elaborada tem sobre nós ou sobre os outros.

E ainda tem a maldição do conhecimento e as diferentes formas que se pode dar a um mesmo conteúdo.

Em comunicação, há muitas maneiras diferentes de uma mensagem ser mal interpretada, muitas interferências, muitas pequenas variações que podem pôr tudo a perder, sem que ninguém tenha intenção ou culpa, necessariamente.

Então, precisamos ser mais compreensivos com esses erros. Precisamos entender que enganos desse tipo são naturais, inerentes à comunicação humana e à complexidade do mundo atual.

Por isso, um dos conselhos que eu sempre dou quando falo de comunicação é: não tenha pressa em fazer julgamentos sobre as pessoas. Evite achar, logo de cara, que alguém está mal-intencionado, que não é confiável, que está tentando passar-lhe para trás, que não entende do que está falando, que tem motivações ocultas ou qualquer outra intenção negativa.

Repare que o que estou propondo é bem diferente de ser ingênuo e aceitar tudo de todos. Entendo apenas que às vezes vale a pena retardar um pouco o julgamento e dar o benefício da dúvida à outra parte.

Reflita por um instante e tente se lembrar se alguma vez em que você já foi mal interpretado ou se já cometeram algum tipo de injustiça contra você.

É bem provável que sim, correto? E mais de uma vez até, não é?

Do mesmo modo, é muito provável também que você já tenha cometido injustiças com os outros, exatamente por um mal-entendido, alguma coisa que não ficou clara logo de início e que você só veio a entender mais tarde — quando, possivelmente, sentiu-se envergonhado.

Dar o benefício da dúvida não evita completamente, mas reduz as chances de cometermos injustiças e até mesmo escalarmos conflitos desnecessariamente.

Quando lidamos com e-mails, contratos ou outras formas de comunicação escrita, pode até ser mais fácil identificar e corrigir enganos. Mas como muitas vezes a conversa é quase toda falada, em vez de escrita, é fundamental ter certeza de que todos estão na mesma página.

Uma das melhores maneiras de checar isso é perguntar à outra pessoa o que ela entendeu do que está sendo dito. Peça a ela para repetir com suas próprias palavras o que você acabou de dizer. E se não estiver correto, explique novamente até que tudo esteja perfeitamente claro.

Mas evite dizer que foi a pessoa que não entendeu. Use formas mais suaves, trazendo para você a responsabilidade, tipo: "Eu não expliquei direito" ou "Acho que eu não fui claro".

Outra dica importante para desfazer mal-entendidos é não se concentrar nas intenções dos outros e, sim, nos efeitos. Se por algum motivo você se sentir ofendido durante uma conversa, não diga à outra pessoa que ela o ofendeu. Em vez disso, diga que você se sentiu ofendido.

São duas abordagens bem diferentes, porque quando você diz que alguém o ofendeu, isso fica aberto a discussões. A pessoa pode dizer que não teve intenção, que não quis dizer aquilo ou que foi mal interpretada. Vocês podem passar o resto do dia discutindo isso sem chegar a uma conclusão, porque a outra parte sempre poderá argumentar sobre o que foi dito ou não.

Mas a única coisa sobre a qual ela não pode argumentar é como você está se sentindo — porque isso é uma coisa que só você pode saber. Se você diz que se sentiu ofendido, isso não está aberto a discussão. Por isso, prefira sempre basear a discussão no efeito que a mensagem teve (você se sentiu ofendido), e não na intenção da outra pessoa (ela quis ofender ou não).

HISTÓRIAS

Acontece que aqui há também o outro lado da moeda. O fato de se sentir ofendido ou não depende de você — e só de você. Não depende, necessariamente, da outra pessoa.

Entre a nossa percepção do que a pessoa fez e o nosso sentimento em relação a esse acontecimento, em uma fração de segundo, criamos uma história em cima da qual a nossa emoção se baseia. É quando adicionamos um significado, uma razão, um motivo ao comportamento da outra pessoa. E raramente nos damos conta disso.

Enquanto interpretamos as ações, fazemos julgamentos de valor. "Por que ele fez isso? Foi por bem ou por mal? Foi intencional ou sem querer?", e, a partir daí, a partir dessa história, que criamos imediatamente após o ato, é que nossas emoções começam a se manifestar.

E isso significa que, como somos nós que criamos e contamos essas histórias na nossa cabeça, nós também temos o poder de controlar como os acontecimentos interferem em nossas emoções e, daí, originam nossas reações. Porque são nossas histórias, as histórias que criamos, que dão o tom das nossas emoções. Mas depois que criamos e contamos a história, já não temos mais controle sobre os seus efeitos.

Se você se enfurece a cada vez que alguém lhe dá uma fechada ou não te dá passagem no trânsito, é algo que você está criando. Suas emoções não fazem parte do acontecimento. Você não tem controle sobre o que o outro faz, mas tem controle sobre como você reage. Você pode dizer para você mesmo que ele deve ter alguma razão para estar assim (um filho doente ou um amigo precisando de ajuda) ou pode pensar que o mundo está contra você.

Só que o mundo não está contra você. Ele nem sabe que você existe.

Agora mesmo, você está criando uma história sobre isso que eu estou falando. Pode pensar que eu estou viajando, que isso é papo de autoajuda e eu saí da linha, ou pode estar vendo a solução para metade dos seus problemas. Mas tudo começa com uma história.

Preste uma atenção especial às três histórias típicas que são muito comuns em situações emocionalmente carregadas (PATTERSON, 2011):

- Histórias de vítimas: "A culpa não é minha." Em situações assim, a pessoa se distancia do centro das ações e ignora seu próprio papel, suas atitudes no desenrolar dos eventos. É uma fuga da responsabilidade.
- Histórias de vilões: "A culpa é toda sua." É o inverso da anterior, quando você atribui uma intenção maliciosa às ações da outra pessoa, como se ela quisesse deliberadamente causar-lhe algum mal.
- Histórias de pobres coitados: "Não posso fazer nada." Muito comum quando a pessoa escolhe uma linha de ação e diz que não tem alternativa, normalmente por falta de poder de decisão.

Esses exemplos mostram narrativas clássicas, que são criadas apenas para justificar nossas ações, e não para resolver os problemas de verdade. Repare que, na maioria das vezes, as histórias são apresentadas como justificativas para nós mesmos, porque, lá no fundo, sabemos que estamos errados e que não deveríamos ter feito o que fizemos.

Ainda assim, criamos essas histórias para nos enganarmos. E quem é a pessoa que você consegue enganar com mais facilidade? É você mesmo, porque você quer ser enganado.

Mas como é possível quebrar esse ciclo? Simplesmente sendo honesto consigo mesmo e contando o resto da história que propositadamente deixou de lado na primeira vez.

Pense no caso da empresa ferroviária europeia, especializada em transporte de passageiros e que vivia tendo problemas com atrasos. Depois de várias tentativas para melhorar a pontualidade — incluindo desde mudanças em sistemas a treinamentos motivacionais — a empresa estabeleceu critérios de performance e punições para os setores que falhassem (MORIEUX, 2014).

E foi aí que as histórias típicas começaram. Quando um setor falhava, o principal objetivo dos demais era não ser apontado como culpado. Eles diziam que nada podiam fazer e que os outros eram culpados. Mas essa não era a história completa, porque eles *podiam*, sim, fazer alguma coisa. A questão era que eles *escolhiam* não fazer.

A companhia decidiu, então, em vez de punir a divisão que tinha apresentado um problema — uma vez que normalmente eram imprevistos ou eventos fora do controle —, punir as demais divisões, as que não tiveram o problema, mas permitiram que o incidente se transformasse, de fato, em um atraso. Porque estas *escolheram* não fazer nada e foram omissas no momento em que mais se precisou delas.

DESCULPAS

Se você dirige, já deve ter feito alguma barbeiragem no trânsito. Ok, várias. Uma fechada, uma mudança de pista sem dar seta ou uma freada brusca sem necessidade. Se você já fez isso, deve ter deixado outro motorista bem irritado, e um xingou as oito últimas gerações da família do outro.

Mas você já viu como fica uma pessoa irritada depois que você, sinceramente, pede desculpas? A pessoa fica extremamente sem graça, não é? Arrependida e sem graça.

O fato é que, em dadas circunstâncias, um pedido de desculpas opera verdadeiros milagres. Mas para ter o efeito desejado, você tem que deixar claro o quanto sente pelo problema ou pela dor que você causou — ou não impediu —, mesmo sem intenção.

E para que isso seja sincero — porque não adianta só *parecer* sincero, tem que *ser* sincero —, você deve mostrar uma mudança de comportamento efetiva. É preciso deixar de lado o seu orgulho, o seu ego, a sua vontade de estar sempre certo, e admitir que errou, que isso trouxe consequências e você sente muito.

Pois ainda que você realmente não tenha tido intenção de causar mal a outra pessoa, o mal foi causado do mesmo jeito. Mesmo sem intenção, houve uma consequência, e é nisso que o seu pedido de desculpas deve se apoiar.

Quando alguém confundir suas intenções, suas motivações, você pode tentar retomar a conversa através de uma técnica chamada contraste (PATTERSON, 2011), que funciona em duas etapas:

- Primeiro deixe claro que você *não* está fazendo o que a pessoa acha que você está fazendo ("A última coisa que eu quero é que você pense que eu não valorizo o seu trabalho" ou "Jamais passaria pela minha cabeça minar sua credibilidade junto à equipe").

- Depois você confirma suas verdadeiras intenções, os reais propósitos por trás de suas ações que foram mal interpretadas ("Ao contrário, eu acho que seu trabalho tem sido valioso e quero muito que tudo dê certo" ou "É muito importante que todos aqui confiem na sua competência e nas suas habilidades de liderança").

6.6. SEGURANÇA

Milhares de anos de evolução nos levaram a identificar potenciais ameaças à nossa segurança — bem como a saber como agir de acordo, para tentar nos preservar. Foi isso que nos trouxe até aqui e provavelmente é isso que ainda nos levará muito adiante.

Mas isso deixou, também, algumas heranças genéticas e comportamentais bem complicadas. Quando nossos ancestrais eram atacados por tigres-dente-de-sabre ou mamutes, nos tempos das cavernas, uma injeção de adrenalina e um sistema de defesa e reação mais aguçados eram imprescindíveis para dar a eles alguma chance de escapar.

Nos dias atuais, no entanto, essa mesma injeção de adrenalina que recebemos quando nossa segurança é colocada em risco — em situações bem diferentes daquelas do passado — algumas vezes atrapalha mais do que ajuda.

Quando percebemos que o prazo de entrega de um relatório pode ficar ameaçado por uma nova solicitação de outra área, bater no peito e esbravejar pelos corredores não é a reação mais indicada, mas é para ela que o nosso corpo se prepara.

Durante uma negociação, nossa segurança pode ser ameaçada — ou parecer estar ameaçada — várias vezes. Ainda que não seja uma ameaça física (espero!), nosso instinto de preservação costuma funcionar da mesma maneira.

Algumas negociações, por exemplo, põem em xeque nossa credibilidade, nosso status, nossa evolução profissional ou mesmo nossa principal fonte de renda e sobrevivência. Tudo isso mexe conosco de uma forma que ativa os reflexos e põe nossas defesas de prontidão.

É por isso que quando sentimos, de alguma maneira, que nossa segurança está ameaçada ou comprometida, o primeiro impulso é entrar na defensiva. E até conseguirmos retomar o controle de nossas emoções, muitas coisas podem acontecer — algumas irreversíveis, inclusive.

Isso é especialmente importante quando precisamos de calma e cabeça fria para seguir adiante em um diálogo importante, durante um processo mais complexo. E essa é, não por acaso, uma das mais importantes habilidades de um bom negociador: conseguir manter um diálogo produtivo em meio a uma situação tensa, em que sua segurança parece estar em jogo.

O grande pulo do gato, quando abordamos este tema, é perceber quando isso acontece, não só conosco, mas com o outro lado também. Porque, quando analisamos o comportamento das outras pessoas — especialmente os inesperados, os imprevisíveis, fora de padrão ou que não combinam com a pessoa —, é possível enxergar, no mais das vezes, um momento em que ela se sentiu acuada, ameaçada ou colocada contra a parede.

Quando alguém tem uma atitude intempestiva, pode procurar, porque você encontrará uma razão para a pessoa sentir que sua segurança foi posta em risco. Isso é demonstrado, normalmente, através de duas reações típicas: silêncio ou violência (PATTERSON, 2011).

O silêncio é revelado, normalmente, quando a pessoa age:

- Dissimulando: é quando alguém disfarça a verdadeira intenção de suas palavras através de sarcasmo ou cinismo.
- Evitando: neste caso, a pessoa simplesmente muda de assunto, fugindo de temas sensíveis.
- Saindo: a mais drástica de todas, ocorre quando a pessoa simplesmente vai embora.

Já a violência pode ser notada quando alguém tenta convencer, controlar ou forçar suas ideias ou pontos de vista, de forma mais contundente, através de:

- Controle: quando alguém tenta impor suas ideias, seja forçando seus argumentos ou dominando a conversa.
- Rótulos: envolve atrelar as ideias ou as pessoas por trás delas a estereótipos negativos para minar sua credibilidade ou desmerecer seus méritos.

- Ataques: bem, é exatamente o que o nome sugere; quando a pessoa parte para a ignorância pura e simples.

Então, se durante um diálogo, uma negociação, você sentir que as pessoas estão reticentes, que elas estão fechadas e relutam em compartilhar informações ou conversar abertamente, são grandes as chances de elas não se sentirem seguras e, por isso, ficarem com medo de se expor ainda mais. Uma situação dessas pode dificultar ou mesmo impossibilitar o fluxo de um dos principais elementos da negociação: a informação.

Muito do que as pessoas fazem está relacionado com a forma como lidam com o medo. Por consequência, a forma como conseguem dominar o estresse gerado por esse sentimento é determinante no sucesso das nossas interações com o mundo (BERNS, 2005).

Às vezes a conversa começa com a melhor das intenções, com todos inclinados a contribuir de fato e resolver problemas, mas basta um se sentir ameaçado para o tom da conversa mudar — mesmo que inconscientemente — e toda a boa vontade ir por água abaixo. Tente entender que elementos podem ser responsáveis por uma eventual sensação de desconforto.

No capítulo anterior, vimos que quando rotulamos eventos e atitudes, tudo fica mais claro. Pode ser alguma coisa que alguém disse ou um tipo de comportamento, uma pessoa em quem as outras não confiam, um ambiente hostil ou tudo isso junto, mas as pessoas não querem admitir e se abrir exatamente por não se sentirem seguras.

Em casos extremos, será preciso interromper a reunião e conversar com a pessoa ou as pessoas em outra situação. Mas há boas alternativas para tentar recuperar uma conversa que tenha começado a azedar.

Tente acalmar os ânimos e relembrar esses dois elementos:

Objetivo comum. Às vezes o objetivo comum, a razão de as pessoas estarem negociando em primeiro lugar, é esquecido, e as conversas tomam rumos improdutivos. Se você conseguir relembrar os objetivos, interesses e valores das pessoas envolvidas, provavelmente conseguirá retomar a conversa também. Foque na parte positiva que cada um poderá levar consigo quando tudo acabar.

É muito fácil uma conversa sair dos trilhos quando as pessoas se concentram em suas diferenças. Mas é igualmente fácil recuperar o fio da meada quando elas voltam a pensar em suas semelhanças, no que têm em comum e, principalmente, no que querem em comum.

Respeito mútuo. Um objetivo em comum é o que faz duas pessoas entrarem em uma conversa, mas o que faz com que elas permaneçam é o respeito. Como dizem os autores de *Crucial Conversations*, "Respeito é como o ar. Enquanto está ali, ninguém nota, mas quando falta, é a única coisa em que as pessoas conseguem pensar".

Eles sugerem, ainda, um passo a passo para você criar condições melhores para ter um diálogo saudável e produtivo:

- Conte os fatos: comece a construção do diálogo explicando da forma mais isenta possível como você presenciou os fatos ou os eventos que estão sendo discutidos. Evite julgamentos de valor ou comentários sobre intenções dessa ou daquela parte ou como você se sentiu. Fale só o que você viu, os fatos.
- Apresente sua história: depois dos fatos, ofereça suas conclusões sobre eles. Explique como você acha que os fatos se relacionam e por que sua história merece ser ouvida. Ao fazer isso — e durante todo o processo —, preste atenção se não tem alguém sentindo sua segurança ameaçada.
- Peça contribuições: depois da sua versão, veja se alguém enxerga a situação de maneira diferente, ou tem uma outra história que explique os mesmos fatos. Mas não ouça só por ouvir ou por educação. Mostre interesse e empatia e, principalmente, que está aberto a novas opiniões, porque, afinal, esse é o objetivo de um diálogo.
- Experimente uma versão: ao apresentar uma nova versão, agora já com os *inputs* da outra parte, evite dizer que essa é a nova verdade. É apenas a sua versão, sua visão revista dos fatos, sua nova versão da história. Evite ter certeza. Prefira sugerir.
- Convide para o diálogo: novamente abra a conversa para outras opiniões, mesmo que contrárias. Tenha certeza de que as pessoas se sentem seguras para contribuir, ou você sairá do diálogo com uma falsa sensação de consenso. Às vezes as pessoas se sentem inseguras em contribuir, especialmente se você tiver em uma posição de autoridade. Você pode incentivá-las citando algumas visões contrárias às suas e pedindo para alguém continuar.

É importante lembrar que, se você quer que as pessoas contribuam com ideias, sugestões e até mesmo críticas, elas precisam se sentir seguras em primeiro lugar. Ninguém vai querer expressar livremente o que pensa se houver a possibilidade de virar alvo de perseguição, de piadas ou de retaliações.

Quando o ambiente é inseguro se as pessoas são sistematicamente punidas só por abrirem a boca ou por dizerem o que pensam, não espere diálogos honestos. A comunicação sempre passará por filtros antes de chegar até onde precisa chegar, e aí ela pode não ter mais nenhuma utilidade (BAZERMAN, 2004).

6.7. AMEAÇAS E ULTIMATOS

É comum em negociações mais complexas ou mais tensas, em que uma parte tenta se impor à outra através da força, que haja alguma vantagem momentânea ou desequilíbrio presente na situação. Em outras palavras, ameaças ou ultimatos.

Uma ameaça, de acordo com a Teoria dos Jogos, é quando uma pessoa diz à outra que ela sofrerá uma punição caso faça algo não desejado, ou caso não faça algo desejado. Já um ultimato é uma exigência final, frequentemente acompanhada de um prazo. São os chamados movimentos estratégicos, que estabelecem regras de respostas específicas, de acordo com as ações do outro lado (DIXIT, 2008).

Ambas as situações costumam gerar tensões nas negociações, já que são tentativas de resolver impasses na base da pressão — normalmente de uma parte mais forte sobre uma mais fraca.

Basicamente, há duas formas diferentes de lidar com isso.

CONFIRMAR

Muitas vezes, ameaças e ultimatos são disfarçados, implícitos. É como o vendedor que sugere que, se você não fechar o pedido naquela hora, talvez ele não consiga segurar o seu desconto. Dificilmente ele dirá abertamente que, se você não fechar, ele tirará o desconto de verdade — até porque isso pega mal. Então as pessoas costumam ser mais sutis e deixar tudo subentendido, sem se comprometer.

É por isso que muitas vezes você pode eliminar uma ameaça simplesmente apontando para ela ou, neste caso, perguntando "Você está me ameaçando?"

ou dizendo "Olha, eu não sei se é essa a sua intenção, mas isso está me parecendo uma ameaça".

Algumas pessoas fazem ameaças veladas, não explícitas, exatamente para poderem negar depois e continuar a negociação como se nada tivesse acontecido. Se for esse o caso, quando você trouxer o assunto à tona, elas normalmente negam.

Muita gente não se sente confortável em ser desmascarada, em ameaçar as pessoas de uma maneira tão evidente. E assim, elas recuam e até pedem desculpas ou dizem que foi um mal-entendido.

IGNORAR

A outra forma de lidar com essas situações é exatamente o oposto: em vez de expor, você simplesmente ignora. Isso tem, inclusive, uma explicação bastante lógica.

Boa parte das ameaças não são reais, são apenas artifícios do tipo "se colar, colou". A pessoa joga no ar, deixa implícito, e se você sentir a pressão e ceder, ótimo, se não, vida que segue. Por isso, na maioria das vezes, a ameaça não é explícita, às claras.

Então, se você simplesmente ignorar a ameaça ou o ultimato, a pessoa não insistirá no assunto, não dirá com todas as letras aquilo que você está fingindo que não está entendendo. E normalmente o assunto fica para trás.

Bob Kennedy fez isso brilhantemente durante a Crise dos Mísseis com Cuba, em outubro de 1962 (KENNEDY, 1999). No dia 26, Khrushchev enviou uma carta à JFK relatando suas preocupações em relação às consequências de uma eventual guerra nuclear entre as superpotências. A mensagem foi vista como uma indicação de que os soviéticos desejavam um acordo pacífico para encerrar a crise.

Menos de doze horas depois, no entanto, outra carta foi enviada, desta vez num tom diferente, mais agressivo e incisivo, levando, inclusive, à suspeita de que havia ocorrido um golpe de Estado na União Soviética e um novo governo havia sido instaurado.

Bob sugeriu, então, que a linha de comunicação do governo norte-americano seguisse a primeira carta, ignorando as ameaças veladas da segunda. E se você lê este livro hoje, na tranquilidade do seu lar, muito provavelmente é porque essa estratégia funcionou.

A grande diferença entre ignorar e confirmar é que, se a pessoa confirmar a ameaça, depois ela se sentirá pressionada a cumprir a ameaça ou o ultimato que ela mesma fez, para não prejudicar sua própria credibilidade.

Quando alguém tenta impor uma condição na forma de ameaça ou ultimato, automaticamente diminui suas opções para um acordo, limitando sua flexibilidade.

Mesmo que o resultado final (de seguir com a ameaça) seja ruim para ela também, a alternativa de não executar o que foi prometido passaria a imagem de fraco ou sem palavra e deixaria a pessoa mal na foto.[5]

É como no caso do vendedor ameaçando tirar o desconto. Se você achar que ele está blefando e tentar expor a ameaça, ele pode se sentir obrigado a tirar o desconto só para manter sua palavra.

Quando você expõe, quando você destaca uma ameaça, você deixa a pessoa sem saída depois. Você tira dela a escolha de dizer que aquilo não era uma ameaça ou que tudo não passou de um mal-entendido.

Minha sugestão, então, é que se tente sempre ignorar a ameaça ou o ultimato o máximo possível. Provavelmente, se você não tocar no assunto, ele morre normalmente, por falta de atenção. Mas se ele persistir, aí você pode passar para a outra opção, de confirmar a ameaça.

6.8. A BARGANHA/PECHINCHA

Depois de todo o planejamento feito, das trocas de e-mails, das reuniões iniciais, inevitavelmente chega o momento em que você precisa sentar-se para conversar com a outra parte, seja no sentido literal ou figurado.

Muitos negociadores, até os mais experientes, acreditam que é aqui que o jogo se resolve de verdade. Que é o momento decisivo, a hora da verdade em que acontecem os diálogos decisivos. Cada um coloca suas necessidades e expectativas, abre concessões e espera que o outro faça o mesmo em busca do tão esperado acordo.

Mas você já deve ter percebido que o livro está chegando ao fim e não há muito mais espaço para discutir esse assunto. Não que ele não seja importante, muito pelo contrário! De nada adiantaria fazer um planejamento

---

[5] Ver Capítulo 4, item 4.2.

minucioso, detalhado, com informações relevantes e difíceis de conseguir, para chegar no final e por tudo a perder.

Esta fase é importante, sim, e ainda há dicas valiosas pela frente. Mas a parte mais importante do trabalho eu espero que você já tenha feito a esta altura. Porque, se você chegar à reunião com a outra parte sem ter feito o mapeamento correto da situação, sem uma boa lista de alternativas, sem se atentar para as questões relativas a poder ou aos aspectos táticos e psicológicos, nenhuma habilidade excepcional de comunicação te salvará.

O ideal é que você chegue para a prova com a matéria em dia e o dever de casa todo feito. Neste caso, não há por que temer o resultado de cem batalhas (TZU, 2002).

Então, como se comportar nesse momento tão importante da barganha, a troca iterativa, o toma-lá-dá-cá que começa depois que cada parte fez sua oferta inicial, sem parecer um homem das cavernas fazendo escambo com a tribo vizinha?

Porque não adianta nada você fazer todo o seu dever de casa e depois entrar com a mão mole na hora decisiva e ceder mais do que deveria. Uma postura diametralmente oposta pode não servir também, como ir firme demais e prejudicar o relacionamento ou, pior, inviabilizar um acordo que poderia ser conseguido se você fosse um pouco mais flexível.

Pensando nisso, separei algumas dicas finais para você ter em mente antes de ir se encontrar com a outra parte para conversar pessoalmente.

Planejamento: se você fez seu dever de casa com atenção, não precisa se desesperar nesta fase. Seu planejamento deve servir, inclusive, para trazer-lhe tranquilidade. Lembre-se de que a negociação é um processo cíclico e que você pode voltar às fases iniciais se for preciso, mesmo que esteja numa fase mais adiantada.

Ainda assim, com MAPAN e Valor de Reserva bem definidos, concentre-se no valor que a outra parte tem a oferecer, pois possivelmente você ainda consegue melhorar seus objetivos. Seus números servem como referência, não como verdades absolutas. Muita gente fica presa demais a eles e aceita a primeira oferta que aparece simplesmente porque a conta fecha, e se esquece de quanto valor está levando para a mesa. Evite esse tipo de atalho e procure ir um pouco além. Se você se planejou corretamente, terá tempo suficiente para isso.

Diálogo: dê seu próprio ritmo à dinâmica do diálogo. Lembre-se de que quem controla os temas e abordagens é quem faz as perguntas. Use-as para levar a conversa para onde seus interesses estiverem. E faça do silêncio um aliado, introduzindo-o sempre que quiser forçar o outro lado a dizer algo. Isso é especialmente valioso logo após uma concessão.

Acostume-se com o silêncio e faça dele um aliado. Muita gente fica desconfortável com períodos prolongados de silêncio e, por isso, acaba falando o que não deve. Um momento especialmente perigoso é depois que você faz sua oferta e a outra parte está pensando nela. Muita gente acaba ficando nervosa se o outro lado parece pensar demais.

Concessões: você buscou alternativas exatamente para conseguir ser mais maleável durante as conversas. Use seus patamares e suas concessões — sempre decrescentes; lembre-se do modelo de Ackerman, no tópico 1.2.5 — como uma base para o diálogo e equilibre suas concessões com as do outro lado.

Dê destaque ao que você está cedendo, mesmo que pareça algo trivial. Não espere que os outros valorizem as concessões que você faz se nem você não dá a elas o devido destaque. Sempre que você fizer uma concessão, deixe isso claro, mostre que o que você está oferecendo ou entregando tem um custo para você. Assim fica mais difícil para a outra parte ignorar depois ou dizer que não entendeu ou percebeu.

Se for preciso, deixe claro o que você espera como retribuição ou coloque algum tipo de condição, evitando ceder terreno de graça. Cuide, porém, para que as condições não pareçam imposições a ponto de prejudicar o relacionamento. Seja suave e sutil.

Compromissos: embora o objetivo final de uma negociação seja a obtenção de algum tipo de compromisso, nem sempre isso é possível logo de cara. Em muitas situações, especialmente as mais complexas, são vários passos e diversas reuniões para conseguir um pequeno avanço.

Exceto para o Gérson, que não conseguiu avançar quase nada mesmo depois de inúmeras tentativas. As reuniões eram agendadas, tinham pautas positivas e temas urgentes para serem tratados. Todas elas, no entanto, terminavam da mesma forma: discussões acaloradas, ânimos exaltados e a necessidade de interferência externa para que nada pior acontecesse.

E nada acontecia, de fato. Pelo menos nada relacionado a uma solução. Porque, enquanto nada era resolvido nesse âmbito, outras questões relacionadas à empresa continuavam sem atenção e, com isso, muitos problemas se agravavam.

Será que essa história terá um desfecho positivo?

7

FECHAMENTO

Você fez todo o seu trabalho direito. Mapeou corretamente a situação, encontrou ótimas alternativas para levar para a mesa, endereçou corretamente as questões relativas a poder, usou a psicologia a seu favor, desviou das táticas infames e conduziu habilmente o diálogo.

Aí, na hora do fechamento, da cereja no bolo, deu uma vacilada e pôs tudo a perder. Dias, semanas ou mesmo meses de trabalho por água abaixo no último momento. Não há nada mais frustrante do que isso.

Ainda assim, é uma situação típica que frequentemente pode ser revertida e, principalmente, evitada. Neste capítulo veremos como caprichar no fechamento e, especialmente, como se preparar para chegar no final com tudo pronto e engatilhado.

Ou, se não for assim, se não der certo mesmo, que, pelo menos, você chegue com a sensação de que fez tudo o que estava a seu alcance, consiga fazer uma boa análise sobre o que aconteceu e registre alguns aprendizados.

7.1. QUANDO PENSAR NISSO?

Em uma negociação, em que momento você pensa no fechamento?

Essa é uma pergunta crucial, cuja resposta nem sempre é óbvia. Não que as pessoas errem o momento de fazer o fechamento em si. O que elas erram é o momento de pensar no fechamento. Acham que só se deve pensar nisso bem lá na frente, quando a negociação está mais avançada, mais adiantada.

O ideal, no entanto, é que desde o início da negociação você já comece a pensar em como ela terminará — ou em como você quer que ela termine. Quando você mapeia a situação e estabelece alguns limites e patamares que o orientarão pelo caminho, já deve ter algumas referências para guiá-lo durante o processo.

Normalmente cometemos dois erros básicos nesta fase:

1. Fechar um acordo que não deveríamos fechar; ou
2. Não fechar um acordo que deveríamos fechar.

No primeiro caso, é possível que exista um planejamento razoável estabelecendo ao menos o Valor de Reserva. Ou seja, você se deu ao trabalho de determinar o que era aceitável para fechar o negócio, mas na hora preferiu ignorar o limite e ir um pouco além.

Das duas, uma: ou você não fez o planejamento direito (caso contrário, o valor do acordo seria no mínimo igual ao Valor de Reserva), ou simplesmente decidiu ignorá-lo. Ora, então para que fazer o planejamento, afinal de contas, se você não pretende segui-lo?

Já no segundo caso, as condições para o fechamento do acordo surgiram, passaram na sua frente, mas por alguma razão você não percebeu e as deixou ir embora. Muito provavelmente você não percebeu a oportunidade porque não tinha aquele número na cabeça e, por isso, não notou que estava em uma Zona Positiva de Acordo.

Definir os limites e patamares é essencial para ter um balizador, um guia para apontar em que direção as conversas estão indo e a que velocidade. São esses indicadores que dirão quando avançar, quando recuar e quando bater o martelo.

7.2. UM OU VÁRIOS?

Quando você faz uma venda mais complexa ou uma compra de valores mais elevados de várias entregas, ou baseada em acordos de longo prazo, você resolve tudo de uma vez só em uma única visita?

É bem provável que não. Há negociações que começam e terminam em questão de minutos, outras levam semanas, e algumas se estendem por meses ou até anos. Em casos assim, quantos fechamentos você faz?

Tudo dependerá de como você consegue estruturar a negociação, do ritmo que você ou a outra parte conseguem dar às conversas, às tratativas.

Em algumas situações você precisará dividir seu objetivo macro em diversos micro-objetivos. Para fechar um grande negócio com um cliente novo, você pode primeiro precisar convencê-lo a conversar por telefone e depois, quem sabe, te receber pessoalmente. E daí até fechar o acordo, muitas outras etapas ainda podem acontecer.

Do início ao fim de uma negociação existe um caminho que em vendas costumamos chamar de jornada do cliente, na qual ele passa por diferentes estágios de conhecimento e aceitação de um determinado bem ou serviço até chegar nas fases em que começa a efetivamente comprar e consumir alguma coisa.

Em cada passagem de um estágio para outro está envolvido um fechamento — atingir um micro-objetivo — em direção ao conjunto do macro-objetivo.

Assim, se você está ao telefone e precisa convencer a outra parte a te receber no escritório, esse deve ser o objetivo e o fechamento da ligação. Não adianta você ligar já querendo fechar o acordo e assinar o contrato. Pode acontecer, mas é a exceção, não a regra.

Quando ele lhe receber, você deve ter em mente algum tipo de experimentação, de ambientação. Você deve ter um próximo passo planejado, e seu fechamento seguinte deve ser nesse sentido: outro pequeno avanço — e assim por diante.

Depois da experimentação, quem sabe seja a hora de conversar sobre preço — e isso pode ser outro fechamento. Seu micro-objetivo da conversa seguinte pode ser fazer com que ele te peça uma proposta.

Passo a passo, uma coisa de cada vez.

Vendendo um imóvel, por exemplo, não adianta você ligar para o cliente e querer que ele já faça um DOC em troca da escritura. Você precisa levá-lo ao imóvel. Ele vai querer levar a família depois. Tem que falar sobre financiamento, taxas e toda a burocracia envolvida.

São várias etapas, e provavelmente você precisará de um fechamento específico para cada, sempre aumentando o nível de comprometimento entre vocês até, quem sabe, fechar o negócio.

Então, no seu planejamento, tente entender o nível de complexidade com o qual você está lidando. Se for alto, divida o objetivo maior em objetivos menores e ataque um de cada vez. Há aqui, inclusive, um fator motivacional importante: se forem cinco etapas até fechar o acordo e você encarar como uma só, então terá quatro derrotas antes de conseguir. Mas se você dividir em partes menores, vai construindo uma vitória atrás da outra — e isso é muito mais animador!

7.3. FECHAR X REALIZAR

Um dos maiores problemas em negociação — e que pega desprevenido até quem já tem muita experiência — é pensar que ela termina quando você fecha o acordo, quando assina um contrato. É achar que sua obrigação acabou.

Mesmo que você tenha um contrato, um instrumento legal draconiano que force o cumprimento do que foi combinado, isso não garante que tudo dará certo. Em algumas situações, se o parceiro quebrar, você vai junto. E aí não há contrato que resolva.

De nada adianta seu fornecedor ser obrigado a pagar uma multa pesada por não entregar sua matéria-prima se o resultado disso for a sua fábrica parar e você deixar seu cliente na mão. Nenhuma empresa sobrevive de multas. Empresas sobrevivem de vendas, que, por sua vez, são baseadas em reputação, principalmente. E reputação não pode ser comprada, especialmente com dinheiro de multa.

Por isso, não basta buscarmos sempre só o que é mais vantajoso para nós, sem levar em consideração a capacidade da outra parte em honrar o que foi combinado. É preciso, também, zelar pela saúde do ecossistema em que nossa empresa está inserida. Não dá para ser predatório o tempo todo impunemente.

Empresas que espremem seus fornecedores até a última gota comprometem sua sobrevivência no longo prazo, porque eles acabam quebrando. E o que você faz quando todos os seus fornecedores quebram? De quem você compra?

Ou, ainda, os fornecedores punem essa empresa no primeiro soluço que o mercado der. Por exemplo: se faltar matéria-prima no mercado e você só puder atender um cliente, você atende o que lhe trata bem ou o que espreme suas margens e abusa do seu poder econômico para levar vantagem?

O mesmo raciocínio vale para o seu lado: por mais que você confie na sua própria capacidade — e até mesmo em que possa superá-la —, aceitar um acordo que ultrapassa suas competências cobrará um preço cedo ou tarde.

Se você ainda não está convencido disso, sugiro olhar novamente o Capítulo 4, especificamente a parte sobre o viés do otimismo.

E não se esqueça, também, da parte sobre a balança de poder em uma negociação, no Capítulo 3.

7.4. CONTORNAR OBJEÇÕES

Alguma vez você já passou por uma situação, em uma loja, em que o vendedor tentava lhe vender alguma coisa a qualquer custo, por mais que você tentasse se esquivar?

— Achei caro.

— Ah, mas nós parcelamos.

— É que eu não tenho como carregar agora.

— Não tem problema, eu mando entregar na sua casa.

— É que não é bem essa cor que eu queria.

— Posso encomendar na cor que você quiser e mandar entregar na sua casa.

— ...

Certamente você se identificou com esse diálogo. Isso acontece, principalmente, por alguma dificuldade inexplicável que temos em simplesmente dizer não.

— Não, obrigado. Não quero comprar.

Acredite, isso resolve a maioria dos problemas e evita aborrecimentos posteriores de forma muito rápida e eficiente. Mas por algum mistério do universo, muitos de nós nos sentimos inibidos nesse momento e, pior, nos submetemos a uma constrangedora tentativa de fugir do lugar e nos livrar daquela perseguição surreal.

Parte disso acontece porque muitos vendedores são treinados para contornar todo e qualquer tipo de objeção que o possível cliente venha a ter. Pior: antes disso, eles são treinados para acreditar que todo e qualquer tipo de objeção é contornável. O que, sabemos, não é verdade.

Algumas vendas nós não fecharemos. Ponto. Mesmo que aquela conversa de autoajuda diga que nada é impossível, isso não vale, de verdade, em negociação. Sua experiência confirma isso, certamente.

Além disso, muito do que se define como contorno de objeções resulta, na verdade, de um processo de vendas malfeito. Se você só fica sabendo no final da venda que o seu cliente não tem dinheiro, ou que o valor está fora da expectativa dele, então provavelmente sua sondagem foi ruim. Se você não tem o produto na cor que ele queria, então você não perguntou isso quando deveria.

Você pulou etapas. Chegou ao final e agora quer consertar, buscando as informações que deveria ter desde o início. Por isso, na maioria das vezes, contornar objeções é um remendo, uma gambiarra para algo que começou mal e terminará com aquele diálogo surreal do início deste tópico.

Outro ponto muito interessante apontado por Neil Rackham (RACKHAM, 2009) é que não são os clientes que levantam objeções; são os próprios vendedores, na maioria das vezes.

Isso ocorre, segundo ele, porque, na ânsia de valorizar e demonstrar o quanto o produto é magnífico e maravilhoso, o vendedor acaba falando muito sobre características e pouco sobre benefícios e, principalmente, como eles realmente agregam valor ao cliente.

E é exatamente nesse momento que o cliente começa a ficar cético. É quando ele pergunta o preço (e acha caro), pergunta os prazos (e acha demorado) e, assim, em vez de ver o lado positivo que o vendedor quer destacar, ele vê suas expectativas se desfazendo.

Contornar objeções, ao contrário do que dizem os gurus de vendas, não é uma arte. Quase sempre é uma demonstração de falta de preparo adequado.

Então, antes de ir afoito tentando encurralar a outra parte, quer dizer, contornar objeções, procure se certificar de que os interesses estão alinhados, de fato, e aquela negociação ou venda realmente faz sentido naquele momento.

Entenda que você não fechará todos os acordos que começar e que, muitas vezes, tentar contornar objeções significa dispender um grande esforço à toa e criar uma situação ruim com o outro.

7.5. ANSIEDADE PRÉ-ACORDO

Algumas vezes as negociações podem se arrastar por semanas, meses e até mesmo durante anos. É muito comum em situações assim que você deseje encerrar logo as conversas e chegar a um formato final para o acordo.

Mas esse tipo de ansiedade costuma prejudicar o nosso julgamento em relação àquilo que avaliamos. A velha máxima de que é melhor um pássaro na mão do que dois voando costuma deixar muitos pássaros soltos por aí — ou mesmo nas mãos de quem está do outro lado.

Para evitar tomar decisões precipitadas, sob a pressão que a ansiedade costuma provocar, é sempre bom se lembrar de dois aspectos: em primeiro lugar, como vimos no Capítulo 3, um importante elemento ao se mapear a situação é o fator tempo. Determinadas situações apresentam, de fato, esse tipo de contingência, e os prazos são reais. Outras, no entanto, não requerem pressa para a solução.

Pouca gente efetivamente tem pressa em comprar um carro novo. O que temos é ansiedade. E aí acabamos pagando um preço alto demais, ou ficando com uma cor que não era a primeira opção. E essas são decisões com as quais teremos que conviver toda vez que virarmos a chave do carro caro e de cor esquisita.

Em segundo lugar, a ansiedade pré-acordo é algo que se manifesta em ambos os lados. Assim como você pode estar ansioso em comprar um carro novo, o vendedor também está ansioso em bater sua meta. Cabe à parte que perceber a precipitação chamar a atenção para o fato. Quando você se der conta de que o carro que você quer não fugirá, avise ao vendedor que o cliente dele também não evaporará.

Muitas vezes, algo que parece bom demais na hora acaba se revelando uma furada depois. Você terá um carro do qual se ressentirá, e o vendedor terá um cliente insatisfeito e que não voltará e não o recomendará para seus amigos.

Vimos no Capítulo 4 que perder algo gera uma dor muito maior do que ganhar esse mesmo algo, e esse fenômeno — chamado de aversão à perda — muitas vezes atrapalha o nosso raciocínio e nos leva a decisões das quais nos arrependemos mais tarde.

E como acontece com a maioria dos vieses cognitivos, a mera percepção de que ele está ativo na nossa mente já nos ajuda a evitar suas consequências.

Então, lembre-se disso toda vez que a hora da verdade estiver chegando: será que é o momento certo? Não tenha medo de se perguntar isso, ou mesmo aos outros ao seu redor. Precaução é diferente de medo ou indecisão.

7.6. DOCUMENTANDO O ACORDO

Um grande erro que se comete em negociação e um dos que trazem mais consequências no longo prazo é esperar chegar ao final para tratar da formalização do acordo.

Às vezes, cada um entende uma coisa diferente enquanto negociam, e isso aumenta as chances de gerar confusões no futuro, mesmo que ambos tenham agido de boa-fé. Papeis e responsabilidades podem não ter sido definidos ou distribuídos claramente, e, com frequência, escrever uma minuta de contrato ou carta de intenções no início do processo serve para evitar ou desfazer esses equívocos.

Muita gente ainda acha que pedir para colocar no papel aquilo que foi decidido ou está sendo discutido no momento é rude, deselegante ou representa desconfiança. No imaginário popular, isso sugere que um pensa que o outro não cumprirá sua parte.

Ocorre, porém, que durante as tratativas iniciais, é comum as partes se sentirem tomadas por uma sensação de euforia e otimismo. Nesse clima, elas minimizam uma ambiguidade aqui e uma falta de clareza ali, deixando passar potenciais fontes de conflitos futuros.

Quando essa falta de alinhamento não é corrigida a tempo — leia-se: na versão final do contrato —, a fase da implementação precisará lidar com os conflitos de objetivos e interesses de um acordo que já nasceu fadado ao fracasso.

É por isso que eu costumo dizer que contratos são instrumentos de guerra escritos em tempos de paz. Deve-se aproveitar o clima positivo dos inícios de relacionamentos para definir o que fazer quando os ânimos já não estiverem numa sintonia tão boa.

O mesmo vale para relacionamentos já existentes, com amigos ou parentes: contratos servem exatamente para preservá-los. Quando direitos e obrigações estão claros e ambas as partes concordaram com isso assinando um instrumento legal, muitos dos motivos que poderiam causar desentendimentos e discussões podem ser resolvidos através da letra fria do documento.

A menos que o contrato contenha cláusulas viciadas, práticas abusivas ou permita interpretações mal-intencionadas, a lógica deverá prevalecer sobre os eventuais ressentimentos.

Não se deixe levar pela visão simplista (e um tanto ingênua) de que tudo está sendo entendido corretamente por todos e que eventuais ambiguidades e mal-entendidos serão resolvidos naturalmente, na base do bom senso.

Além disso, lembre-se de que muitas vezes as negociações são feitas por uma equipe e implementadas por outra. E mesmo que sejam as mesmas equipes, as pessoas podem mudar e levar qualquer acordo ou entendimento tácito embora, gerando rupturas e possíveis confusões.

Qualquer que seja o cenário ou situação, evite deixar as formalidades para depois e resolva problemas futuros antes mesmo de eles surgirem, através de instrumentos e documentos aceitos e corroborados por todos os envolvidos.

7.7. O ACORDO PÓS-ACORDO

Imagine que você trabalhe na área de compras de uma empresa e tenha passado semanas negociando com um fornecedor um contrato de suprimento de matéria-prima para uma de suas linhas de produção mais importantes.

Era um compra muito estratégica para a companhia e, por isso, foram várias rodadas de discussões, diversas reuniões, dezenas de esboços de acordos, centenas de e-mails. Várias áreas da sua empresa e da deles precisaram ser consultadas, e você teve um trabalho enorme para coordenar tudo isso.

Mas depois de todo esse esforço, vocês finalmente chegaram a um entendimento e o contrato final foi assinado na reunião desta tarde. A tinta ainda está secando no papel na sua frente. Você tem a sensação de dever cumprido e agora pode descansar.

Aí, no dia seguinte, logo pela manhã, o negociador da outra empresa liga para você e pede para marcar uma reunião. Era só o que faltava, você pensa. Depois de todo esse trabalho, ele vai dar para trás. Você passa a manhã toda tenso, até que se encontra com ele no lugar combinado. A conversa começa mais ou menos assim:

— Olha, acho que temos um bom acordo aqui, mas eu queria ver se não tem nada que possa ser melhorado.

Você não se aguenta e responde:

— Eu não posso acreditar que depois de assinarmos o contrato vocês vão dar para trás.

Mas não é nada disso. Enquanto você se acalma, o outro negociador vai explicando o que ele pretende: o contrato assinado está valendo, claro. Essa nova reunião é realmente para ver se eles não deixaram passar nenhuma maneira de melhorar ainda mais o acordo, se não há mais oportunidades de criar valor para ambos os lados. Se não dá para fazer um acordo pós-acordo (MALHOTRA, 2007).

A beleza dessa ideia está justamente no fato de já existir um contrato assinado, e isso ajuda nas conversas de duas maneiras.

Diminui a ansiedade: com um acordo já garantido, as duas partes não têm mais a pressão de ter que se entender. É uma conversa mais descompromissada, porque, se não der certo, já existe um acordo válido.

Não há mais necessidade de segredos: provavelmente todas as informações importantes já foram abertas e, como o acordo já está garantido, não há mais necessidade de esconder nada. As duas partes podem ser totalmente francas, sem precisar guardar cartas na manga.

É uma ideia atraente, promissora e que pode ajudar a explorar alternativas que as partes não conseguiram enxergar antes. Pense nisso!

Mas se você for propor a reunião para a outra pessoa, não se esqueça de deixar muito claro que o acordo que vocês já têm continua valendo, independentemente do que aconteça na nova conversa.

PALAVRAS
Finais

Os temas envolvidos em uma negociação são muito amplos e complexos, e dificilmente alguém consegue dominar todos eles com excelência. Quando queremos melhorar a nosso desempenho em algo, o ideal é cuidar dos extremos. Tente identificar qual a sua maior deficiência em um assunto e concentre-se em resolvê-la. Não se preocupe em se tornar um *expert* nessa área, apenas trate de não passar vergonha nela. Isso já será suficiente.

E dedique-se também ao outro extremo, ou seja, àquilo em que você já é bom. Nisso, sim, seu objetivo deverá ser tornar-se um *expert*, uma referência.

Mas como identificar esses extremos?

Duas dicas: você pode perguntar a alguém em quem confie, alguém que o conheça o suficiente a ponto de poder lhe oferecer julgamento confiável. Ouça o que essa pessoa tem a dizer, mesmo que você não concorde. Não esqueça de que dificilmente conseguimos ter uma visão imparcial a respeito de nós mesmos, e, por isso, pode ser que as opiniões dos outros sejam diferentes das nossas. Não se incomode com isso e aceite as sugestões.

Uma outra boa forma de identificar suas forças e fraquezas é pensar nos temas de que mais gosta e nos de que menos gosta. Normalmente, os de que mais gostamos são aqueles com os quais temos mais facilidades, e, de forma similar, os de que menos gostamos são aqueles em que temos mais dificuldades.

Mas o que eu espero, realmente, é que com este livro você tenha tomado gosto pelo tema. Que tenha visto o quão interessante pode ser estudar negociação e as diversas áreas que a compõe. Que busque mais referências sobre Economia Comportamental, mais livros sobre persuasão e artigos sobre Teoria dos Jogos. E que, assim, possa se especializar cada vez mais nessa intrincada arte de realizar trocas ainda mais valiosas e construtivas.

Epílogo

Aquele parecia mais um dia como tantos outros: alguns minutos de reunião de board da empresa, seguidos por muitos minutos de brigas, discussões e ofensas.

Mas só parecia. Gérson trazia alguns trunfos diferentes naquele dia. Alguns estavam na sua cabeça, como as diferentes alternativas para uma negociação que vinha se arrastando há tempos e parecia não ter fim.

O outro trunfo, em que ele depositava suas maiores esperanças, ia em uma caixinha pequena, pouco maior do que um sabonete, dentro de um embrulho caprichado de papel pardo. A chave para destravar o impasse que já durava tempo demais.

Ninguém na sala entendeu quando Gérson colocou o objeto na frente de Flávio e, com um olhar sério, mas afetuoso, disse:

— É para você.

Curioso e desconfiado, Flávio desembrulhou o pequeno pacote para encontrar uma caixinha de papelão, num azul-escuro um tanto desbotado e com as laterais já gastas pelo tempo. Antes de abrir, ele olhou novamente para Gérson. Por alguns segundos, eles se encararam, desta vez sem sinal da animosidade que teimava em a todo momento contaminar o ambiente.

Enquanto puxava a tampa da caixa, Flávio foi baixando os olhos, até ver o que Gérson havia levado. De uma só vez, sua mente voltou meio século no tempo.

— Flávio, vem ver o que o pai trouxe!

Quando entrou na casa do primo, ele viu uma porção de caixinhas espalhadas pelo chão e vários modelos de carrinhos de ferro, nas mais diversas cores, de diferentes fabricantes. Nascia ali, naquelas crianças, uma paixão que os dois alimentariam pela vida inteira.

Para qualquer parente que viajasse eles pediam para trazer um. Se não ganhavam de presente, eles faziam de tudo para juntar dinheiro para comprar os que conseguiam encontrar nas lojas da região. Quando não tinham dinheiro, eles trocavam com os amigos, ou mesmo vendiam aqueles com os quais não brincavam mais.

Esse foi o primeiro negócio da vida dos dois. A primeira vez que trabalharam juntos no comércio. Aos 7 anos de idade, vendendo juntos seus vários carrinhos enfileirados em cima de uma caixa de papelão na porta da loja da família.

Pelas mãos dos dois passaram miniaturas dos carros mais bacanas que andavam pelas ruas do mundo naquela época. Eles tinham réplicas de modelos italianos, alemães e norte-americanos. Mas o de que o Flávio mais gostava, que nunca deixou que vendessem, era a Kombi azul-claro. Tinha algo de mágico naquele caixotinho de metal com rodinhas de plástico preto.

Ele era louco por aquele carrinho quando criança. Um dia, sem saber, eles brincaram com a Kombi azul-claro pela última vez, e ela foi para uma caixa. Essa caixa mudou de endereço algumas vezes nas últimas décadas, carregada como a gente carrega algo de que pode nunca mais precisar, mas sabe que está ali.

Um dia, também sem saber, Gérson e Flávio tiveram sua última conversa amistosa. Dentro e, principalmente, fora da empresa, nos lugares em que, antes de sócios, eram primos, eram amigos.

E agora ali, na sua frente, estava talvez o maior símbolo dos melhores momentos que passaram juntos. Esse filme passou pela cabeça de Flávio em segundos: dos carrinhos às brigas na empresa, da caixa de papelão com os brinquedos enfileirados para vender à raiva na mesa de reunião e, outra vez, à Kombi azul-claro sobre a mesa.

Flávio caiu num choro de soluçar.

○ ○ ○

Enquanto pensava junto com Gérson em que poderia servir como quebra-gelo em uma reunião, o que poderia ajudar a acalmar preventivamente os ânimos de todos, eu me lembrei de uma passagem de um livro de Robert Cialdini, o maior especialista do mundo em persuasão, em que ele descreve uma situação de negociação muito parecida, muito tensa. Nela, um negociador deu um presente ao outro antes do início da reunião, e o gesto contribuiu para criar um ambiente de respeito, propício a conversas e acordos (CIALDINI, 1993).

Lembrei, em seguida, de uma palestra na qual o mesmo Cialdini disse que esses presentes têm ainda mais impacto quando são personalizados, significativos e inesperados.

Imediatamente a história dos carrinhos me veio à cabeça. Ela me foi contada muito por acaso pelo Gérson, da mesma maneira que apareceu neste livro. Mas por alguma razão ficou guardada na minha memória. Pedi que ele me contasse novamente. E daí surgiu a ideia.

— Procure um carrinho parecido com os que vocês tinham naquela época — sugeri.

— Eu tenho um guardado. Um dos que a gente brincava — ele respondeu.

— Perfeito! Embrulhe para presente e dê para ele antes de a reunião começar.

Personalizado, significativo e inesperado.

Pelo restante da reunião, depois que Flávio se recompôs, eles começaram a conversar de forma construtiva, como não faziam há meses, talvez anos. Conseguiram expor suas ideias, suas vontades, desejos e necessidades. Seus medos, restrições e preocupações. Suas raivas, suas frustrações e suas mágoas. E, sobretudo, a alegria de um reencontro improvável.

Enquanto este livro era finalizado, Gérson e Flávio discutiam como implementar um modelo de gestão profissional que atendesse não só às expectativas dos dois, mas de todos os membros da família.

○ ○ ○

Imagino que algum leitor poderá chegar ao fim desta história com uma dose de frustração. Depois de acompanhar tudo desde o início, o desfecho soa como algo simplório, até.

Mas vamos recapitular: o foco da disputa era, aparentemente, a divisão de uma empresa, por acaso familiar. Na minha visão, algo melhor poderia ser buscado. Mas essa é a minha visão. A do meu cliente é a de que deve prevalecer no final.

Conversando com ele — e principalmente fazendo um exaustivo exercício de busca de alternativas —, pudemos mudar um pouco a direção, adotando, inclusive, opções que nem sequer haviam sido consideradas.

E a solução? Bem, não devemos considerar se é grande ou pequena, se é simples ou complexa. O ato final — a Kombi azul-clara — é simples, de fato. Mas endereçava uma questão relativamente simples também: a falta de comunicação entre as partes. Talvez a busca por alternativas fosse realmente a parte mais complicada. Mas ela não serviria para nada se o primeiro obstáculo não fosse superado. E isso aconteceu de uma forma simples.

Nem todo jogo de futebol se decide com gol de bicicleta, como nem toda negociação se resolve com ações mirabolantes ou iniciativas hollywoodianas. Pode não ter o charme do James Bond nem a adrenalina do jogo de pôquer. Isso fica para as telas de cinema e para os cassinos.

O mundo real é muito mais preparação do que glamour. Muito mais estudo e análise do que blefes mirabolantes e *poker face*. Não é sobre blefes e cartadas. É sobre entender necessidades e desejos, incentivos e restrições. É mais sobre ceder do que pressionar. É muito mais sobre empatia e compaixão do que sobre poder e malandragem.

Ao discutir negociação com meus alunos, sempre chegamos à conclusão de que um mundo em que todos sabem negociar seria muito mais equilibrado e feliz do que um mundo em que só uma pessoa sabe negociar — mesmo que essa pessoa seja você.

Quando entende o que é, de fato, uma negociação, você se prepara para melhorar a vida das pessoas, para fazer a diferença. Nem que seja uma diferença aparentemente insignificante. Como uma Kombi azul-clara.

Bibliografia

ARIELY, Dan. *Predictably Irrational: The Hidden Forces that Shape Our Decisions.* 1a. ed. Nova York: Harper Collins, 2008.

BAZERMAN, Max H.; MOORE, Don A. *Judgment in Managerial Decision Making.* Nova York: Wiley, 2012.

_____; **WATKINS, Michael D.** *Predictable Surprises: The Disasters You Should Have Seen Coming and How to Prevent Them.* Boston: Harvard Business School Publishing Corporation, 2004.

BERNS, Gregory. *Iconoclast: A Neuroscientist Reveals How to Think Differently.* 1a. ed. Boston: Harvard Business School Publishing, 2005.

BOYD, Drew; GOLDENBERG, Jacob. *Inside the Box: A Proven System of Creativity for Breakthrough Results.* 1a. ed. Nova York: Simon & Schuster, 2013.

CABANE, Olivia Fox. *The Charisma Myth: How Anyone Can Master the Art and Science of Personal Magnetism.* 1a. ed. Nova York: Portfolio Penguin, 2012.

CIALDINI, Robert. *Influence: The Psychology of Persuasion.* Nova York: Quill, 1993.

_____. *Pre-Suasion: A Revolutionary Way to Influence and Persuade.* Nova York: Simon & Schuster, 2016.

DIXIT, Avinash K.; NALEBUFF, Barry J. *The Art of Strategy: A Game Theorist's Guide to Success in Business and Life.* 1a. ed. Nova York: W. W. Norton & Company, 2008.

DWECK, Carol S. *Mindset: The New Psychology of Success.* 1. ed. Nova York: Random House, 2006.

ERTEL, Danny; GORDON, Mark. *The Point of the Deal: How to Negotiate When Yes is Not Enough.* 1a. ed. Boston: Harvard Business School Press, 2007.

FISHER, Roger; URY, William. *Getting to Yes: Negotiating Agreement without Giving in.* 3a. ed. Nova York: Penguin Books, 2011.

GLADWELL, Malcolm. *Outliers: The Story of Success.* 1a. ed. Nova York: Little, Brown and Company, 2008.

GÜTH, Werner; SCHMITTBERGER, Rolf; SCHWARZE, Bernd. An Experimental Analysis of Ultimatum Bargaining. *Journal of Economic Behavior & Organization*, 4, vol. 3, dezembro de 1982, pp. 367–388.

HEATH, Chip; HEATH, Dan. *The Curse of Knowledge.* Boston: Harvard Business Review, 2006.

HEATH, Chip; HEATH, Dan. *Decisive: How to Make Better Choices in Life and Work.* 1a. ed. Nova York: Random House, 2013.

IYENGAR, Sheena S.; LEPPER, Mark R. When Choice is Demotivating: Can One Desire too much of a Good Thing? *Journal of Personality and Social Psychology*, Vol. 79, 2000, pp. 995–1.006.

JOHNSON, Eric J.; GOLDSTEIN, Daniel. Do Defaults Save Lives? *Science*, Vol. 302, vovembro de 2003, pp. 1.338–1.339.

KAHNEMAN, Daniel. *Thinking, Fast and Slow.* 1a. ed. Nova York: Farrar, Straus and Giroux, 2011.

KENNEDY, Robert F. *Thirteen Days: A Memoir of the Cuban Missile Crisis.* Londres: W. W. Norton, 1999.

KLEIN, Gary A. *Sources of Power: How People Make Decisions.* Cambridge: MIT Press, 2017.

KRAIGER, Kurt et al. *Creating, Implementing and Managing Effective Training and Development.* 1a. ed. São Francisco: Jossey-Bass, 2002.

LARCOM, Shaun; RAUCH, Ferdinand; WILLEMS, Tim. *The Benefits of Forced Experimentation: Striking Evidence from the London Underground Network.* Oxford: Department of Economics, Oxford University, 2015.

LOFTUS, Elizabeth F.; PALMER, John C. Reconstruction of Automobilie Destruction: An Example of the Interaction between Language and Memory. *Journal of Verbal Learning and Verba Behavior*, 13, 1974.

LOVALLO, Dan; SIBONY, Olivier. The Case for Behavioral Strategy. *McKinsey Quarterly*, março de 2010.

MAISTER, David H.; GREEN, Charles H.; GALFORD, Robert M. *The Trusted Advisor.* Nova York: Simon & Schuster, 2000.

MALHOTRA, Deepak; BAZERMAN, Max. *Negotiation Genius: How to Overcome Obstacles and Achieve Brilliant Results at the Bargaining Table and Beyond.* 1a. ed. Nova York: Random House, 2007.

_____. *Negotiating the Impossible: How to Break Deadlocks and Resolve Ugly Conflicts.* Oakland: Berret-Koehler Publishers, 2016.

MASON, Malia F. et al. Precise Offers Are Potent Anchors: Conciliatory Counteroffers and Attributions of Knowledge in Negotiations. *Journal of Experimental Social Psychology*, 4, Vol. 49, julho de 2013, pp. 759–763.

MORIEUX, Yves; TOLLMAN, Peter. *Six Simple Rules: How to Manage Complexity without Getting Complicated.* 1a. ed. Boston: Harvard Business School Publishing, 2014.

NORTHCRAFT, Gregory B.; NEALE, Margaret A. Experts, Amateurs, and Real Estate: An Anchoring-and-Adjustment Perspective on Property Pricing Decisions. *Organizational Behavior and Human Decision Proceses*, Vol. 39, 1987.

PATTERSON, Kerry et al. *Crucial Conversations: Tools for Talking when the Stakes Are High.* 2a. ed. Nova York: McGraw-Hill, 2011.

RACKHAM, Neil. *Alcançando a excelência em vendas: SPIN Selling. Construindo relacionamentos de alto valor para seus clientes.* São Paulo: M. Books do Brasil, 2009.

ROSENZWEIG, Phil. *Left Brain, Right Stuff: How Leaders Make Winning Decisions.* Nova York: Public Affairs, 2014.

ROSS, Lee; NISBETT, Richard E. *The Person and the Situation: Perspectives of Social Psychology.* Londres: Pinter & Martin, 2011.

SHAROT, Tali. *The Optimism Bias: A Tour of the Irrationally Positive brain.* Nova York: Random House, 2012.

SHELL, Richard G. *Negociar é preciso: estratégias de negociação para pessoas de bom senso.* 5a. ed. São Paulo: Negócio, 2001.

THALER, Richard H.; SUNSTEIN, Cass R. *Nudge: Improving Decisions about Health, Wealth and Happiness.* 1a. ed. New Haven: Yale University Press, 2008.

TVERSKY, Amos; KAHNEMAN, Daniel. Judgment Under Uncertainty: Heuristics and Biases. *Science*, Vol. 185, setembro de 1974, pp. 1.124–1.131.

_____; _____. Rational Choice and the Framing of Decisions. *Journal of Business*, 4, Vol. 59, 1986.

TZU, Sun. *A arte da guerra.* 6a. ed. São Paulo: Pensamento-Cultrix, 2002.

VOSS, Chris; RAZ, Tahl. *Never Split the Differente: Negotiating as if Your Life Depended on it.* 1a. ed. Nova York: Harper Collins, 2016.

WANSINK, Brian. *Mindless Eating: Why We Eat More than We Think.* Nova York: Bantam Books, 2006.

Apêndice 1
Checklist de Negociação

VOCÊ DEVE NEGOCIAR?

Antes de entrar de cabeça em uma negociação, faça a si mesmo estas perguntas, para ver se vale a pena:

- **Custo/benefício:** o que você pode vir a ganhar nessa negociação compensa o custo antecipado que você terá?

- **Alternativas:** você tem alternativas realmente boas, ou o melhor que você pode conseguir é como já está?

- **Mensagem:** negociar significa que você ainda não está satisfeito com o que tem em mãos. Será que vale a pena passar essa mensagem para o outro lado, independentemente da situação?

- **Relacionamento:** qualquer que seja o resultado dessa negociação, ele melhorará o relacionamento entre você e a outra parte?

Se você responder não a uma dessas perguntas, então pense novamente.

Se você responder não a duas ou mais dessas perguntas, talvez você realmente não deva negociar.

ELEMENTOS ENVOLVIDOS

PESSOAS	INSTITUIÇÕES
• Personalidade • Formação acadêmica • Momento profissional • É o principal ou um agente?	• Origem (nacional ou estrangeira) • Estrutura de capital • Hierarquia (formal e informal) • Porte da organização

INTERESSES

SEUS	DELES
Por que você (pessoa/empresa) precisa fechar esse acordo? O que você fará com a sua parte?	Por que eles (pessoa/empresa) precisam fechar esse acordo? O que eles farão com a parte deles?

POSIÇÕES

SUA MAPAN (Melhor Alternativa Para um Acordo Negociado)

Quais são suas alternativas para um acordo negociado? Qual o seu plano B? Identifique as melhores.

Faça uma lista das alternativas que você tem, caso não consiga chegar a um acordo.

OPÇÃO A (MAPAN):

OPÇÃO B:

OPÇÃO C:

Qual delas seria a melhor?

MAPAN DELES

Use as perguntas a seguir para ter uma noção melhor do momento que a outra parte atravessa.

A partir das suas respostas, você conseguirá avaliar o quão forte é a MAPAN deles.

---

1. Como está o setor/indústria deles?

2. Como eles estão posicionados?

3. Como este acordo específico se encaixa nesse cenário?

4. O que a outra parte fará se não fechar esse acordo?

Quais você acha que podem ser as principais alternativas da outra parte?

OPÇÃO A (MAPAN):

OPÇÃO B:

OPÇÃO C:

VALOR DE RESERVA

Qual o mínimo que você aceita receber ou o máximo que aceita pagar, antes de recorrer à sua MAPAN?

VOCÊ		DELES
	ZOPA	

VALOR MAIS PROVÁVEL

Em que valores são fechadas outras transações parecidas com essa? Qual o *benchmark*?

VALOR ESTENDIDO — OFERTA INICIAL

Até que ponto você acha que pode ir dentro do limite do razoável? Você conseguiria justificar um valor 10% ou 15% acima do Valor Mais Provável? (Como esta será sua oferta Inicial, use valores quebrados.)

O MODELO DE ACKERMAN

Se você está COMPRANDO:

1. Estabeleça o seu valor alvo ou o máximo que você aceita pagar.	Alvo (100%):
2. Faça sua primeira oferta a 65% desse valor alvo.	65% =
3 e 4. Calcule três concessões consecutivas com intervalos decrescentes (de 65% para 85%, depois 95% e, se necessário, 100%). Essa redução nos saltos entre os intervalos (na primeira concessão você dá mais 20%; na segunda, 10%; e na última, apenas 5%) é o que sinaliza que você está chegando ao seu limite. Só passe para o número seguinte depois que a outra parte fizer uma contraoferta.	85% =
	95% =
	100% =
5 e 6. Na última oferta, use números quebrados e adicione algum valor não monetário para sinalizar que o dinheiro acabou de fato.	Valor não monetário

Se você está VENDENDO:

1. Estabeleça o seu valor alvo ou o mínimo que você aceita receber (seu preço cheio com o desconto máximo)	Alvo (65%):
2. Posicione primeira oferta no preço cheio sem nenhum desconto.	100% =
3 e 4. Calcule três concessões consecutivas, com intervalos decrescentes de desconto (de 20% para 30%, depois 35%). Essa redução nos saltos entre os intervalos (na primeira concessão você dá mais 20%; na segunda, 10%; e na última, apenas 5%) é o que sinaliza que você está chegando ao seu limite. Só passe para o número seguinte depois que a outra parte fizer uma contraoferta.	80% =
	70% =
	65% =
5 e 6. Na última oferta, use números quebrados e adicione algum valor não monetário para sinalizar que o dinheiro acabou de fato.	Valor não monetário

CRITÉRIOS

Que tipo de CRITÉRIO é usado nesse tipo de acordo?

Que CRITÉRIOS são relevantes para você ou para a sua empresa?

Que CRITÉRIOS você acredita que a outra parte está usando para tomar decisões?

		OPÇÃO A		OPÇÃO B		OPÇÃO C	
Critério	Peso	Avaliação	Subtotal	Avaliação	Subtotal	Avaliação	Subtotal
1.							
2.							
3.							
4.							
5.							
6.							
7.							
8.							
	TOTAL						

Apêndice 2

RESUMO DAS INFORMAÇÕES

SEU LADO: faça um breve resumo das suas opções atuais considerando as informações do seu lado da negociação.

- **Objetivo principal:** o que você pretende conseguir com essa negociação? Pense tanto em termos de interesses quanto de posições.

- **Seus Recursos:** o que você tem para oferecer? Considere a definição mais ampla possível, com as maiores concessões que puder fazer, mesmo as mais absurdas.

- **Restrições:** existe alguma limitação com relação ao que você oferece?

    :: Restrição de quantidade (sua oferta tem limitação de entrega, ou a quantidade é virtualmente ilimitada?)

    :: Restrição de prazo (a velocidade da entrega pode atrapalhar uma negociação maior?)

    :: Restrição de forma/qualidade (há competidores que oferecem melhores condições do que as suas?)

A OUTRA PARTE: agora faça o mesmo exercício, mas considerando o outro lado.

- **Objetivo principal:** o que o outro lado pretende conseguir com essa negociação? Pense tanto em termos de interesses quanto de posições.

- **Recursos da outra parte:** o que a outra parte tem para oferecer em troca? Aplique também uma definição ampla e extremamente ambiciosa. (Ao pensar nos extremos de ambos os lados, fica mais fácil enxergar soluções intermediárias.)

- **Restrições:** existe alguma limitação com relação ao que a outra parte oferece?

    :: Restrição de quantidade (a oferta tem limitação de entrega ou a quantidade é virtualmente ilimitada?)

    :: Restrição de prazo (a velocidade da entrega pode atrapalhar uma negociação maior?)

    :: Restrição de forma/qualidade (há competidores que oferecem melhores condições do que a outra parte?)

O SEU LADO	O LADO DELES
OPÇÃO PRINCIPAL:	**OPÇÃO PRINCIPAL:**

2.1. A OPÇÃO QUE DESAPARECEU
O que você faria se a opção citada não estivesse mais disponível amanhã?

1.	1.
2.	2.

2.2. QUEM JÁ RESOLVEU ESSE PROBLEMA?
Como empresas parecidas resolvem problemas parecidos com o seu?
Busque casos de sucesso e melhores práticas (*benchmarking*).

3.	3.
4.	4.

2.3. REVISITANDO O PASSADO
Que soluções não funcionaram no passado, mas podem ser úteis hoje, considerando um novo cenário?

5.	5.
6.	6.

2.4. ANALOGIAS
Como cada parte se comporta em outras negociações no mercado? Como costumam fazer negócios?

7.	7.
8.	8.

ELEMENTOS DAS OFERTAS

Separar uma oferta em seus elementos mais básicos é o que permite criar novas combinações a partir daquilo que você já tem. Isso ajuda a entender também que impacto cada componente tem sobre a outra parte, possibilitando extrair mais valor dos seus recursos.

OFERTA VENDEDOR: _____

(Descreva o que está sendo vendido. Exemplo: "Garrafa de água mineral 500ml" ou "Serviço de motoboy".

Muitas vezes a gente enxerga apenas o produto ou serviço que está sendo oferecido como se fosse uma coisa só. Mas quase sempre ele pode ser dividido em vários elementos, que, por sua vez, podem ser recombinados para formar novas ofertas, cada uma com um apelo diferente do original.

Pense em como você pode separar/analisar os seguintes elementos:

1. **Integridade:** o produto é um bloco único ou pode ser dividido em partes? É a granel? Pode ser desmontado?
2. **Qualidade:** a empresa oferece diferentes níveis de qualidade para uma mesma linha de produtos? Esses produtos são intercambiáveis? É possível fazer upgrade depois de comprar uma versão básica?
3. **Quantidade:** existe escassez ou a disponibilidade é ilimitada? Há descontos (ou outro tipo de vantagem) por volume?
4. **Preço:** considere valores unitários e descontos por volume.
5. **Portfólio:** esse fornecedor vende mais de um produto? Os produtos são complementares? Oferecem descontos por volume? As margens de cada item são diferentes?
6. **Condições financeiras:** há descontos por pagamento antecipado? E multa por atraso? A análise de crédito é tranquila? Paga-se pela urgência? É uma venda única ou recorrente? Há outras opções de financiamento?
7. **Assistência técnica:** o produto demanda algum tipo de instalação ou manutenção especializada? Há peças de reposição/suprimentos disponíveis no mercado, ou o vendedor é o único fornecedor (patente)?
8. **Garantia:** existe um prazo e/ou condições explícitas de garantia? Qual a vida útil do produto, a taxa de obsolescência/depreciação? Custo de troca/reposição? Que prejuízo um produto defeituoso causa?
9. **Outros:**

OFERTA COMPRADOR: _____

(Descreva o que está sendo dado em troca. Exemplo: "R$0,50 por garrafa" ou "R$0,75 por km rodado".

Nem todo pagamento se faz com dinheiro e nem todo dinheiro é à vista. Cada situação pode exigir um formato de pagamento diferenciado, e entender os vários elementos que compõem um pagamento pode trazer opções interessantes.

Pense em como você pode separar/analisar os seguintes elementos:

1. **Integridade:** o pagamento é feito todo de uma vez ou parcelado? Paga-se pelo pacote total ou conforme vai recebendo ou consumindo? É pré-pago ou pós-pago? Por quê?

2. **Qualidade:** a reputação de crédito é boa perante o mercado? Os fornecedores sabem disso?

3. **Quantidade:** o comprador tem alta demanda desse produto? O volume pode ser mais interessante do que a margem?

4. **Preço:** é um cliente rentável ou briga muito por preço? Seu processo de compras é justo ou suspeito? Quanto custa atender esse cliente?

5. **Portfólio:** há outras possibilidades de negócio com esse cliente ou é apenas esse produto?

6. **Condições financeiras:** quais são os custos de oportunidade desse negócio?

7. **Assistência técnica:** a área financeira é bem estruturada? Você sabe a quem recorrer no caso de um atraso no pagamento?

8. **Garantia:** o cliente tem um bom histórico de crédito/pagamentos? Quais as garantias de pagamento? O que acontece em caso de calote?

9. **Outros:**

Nos itens de 2.5 a 2.6, você deverá trabalhar com os ELEMENTOS DAS OFERTAS que você identificou nas páginas 243 e 244. Em cada item, você manipulará esses elementos de acordo com as instruções.

O SEU LADO	O LADO DELES
2.5.1. SUBTRAÇÃO Que ELEMENTO(S) você pode retirar completamente da oferta? Vá experimentando retirar um ou mais aleatoriamente e veja o resultado final. Pense se essa nova configuração faz algum sentido. Pergunte-se se é útil, se tem algum valor, se apresenta alguma melhoria, se é vantajoso para um dos lados.	
9. 10.	9. 10.
2.5.2. DIVISÃO Será que os ELEMENTOS podem ser separados em duas ou mais ofertas diferentes? Será que de uma oferta você pode fazer duas? E essas duas ofertas são melhores do que uma só? E três ou quatro?	
11. 12.	11. 12.

2.5.3. MULTIPLICAÇÃO

É possível pegar um dos ELEMENTOS, multiplicá-lo e fazer pequenas modificações nesses clones? Uma caixa de lápis de cor com vários tons de azul é melhor do que uma apenas com as cores básicas? Vários pagamentos semanais fazem mais sentido do que um mensal?

13.	13.
14.	14.

2.5.4. UNIFICAÇÃO DE TAREFA

Será que um ELEMENTO pode substituir outro — realizando a mesma tarefa e eliminando o outro? Em um contrato de aluguel, um seguro fiança (que nada mais é do que uma taxa a mais) não substitui um fiador?

15.	15.
16.	16.

2.5.5. DEPENDÊNCIA DE ATRIBUTO

Como você pode fazer com que um ELEMENTO varie de acordo com outro? Uma regra que faça o preço variar de acordo com a pontualidade das entregas e qualidade dos produtos, por exemplo.

17.	17.
18.	18.

O SEU LADO	O LADO DELES
2.6. MUDANÇA DE FOCO Considere os benefícios ocultos e as assimetrias de valor.	
19.	19.
20.	20.

Se você conseguiu fazer todo o seu dever de casa aqui, tem mais **vinte alternativas para cada lado** da negociação. Se você combinar cada alternativa de um lado com uma alternativa diferente do outro, terá ainda mais combinações possíveis!

Exageros à parte, o importante aqui é que você veja que é possível encontrar mais opções do que a gente imaginava no início — e eu tenho certeza de que, antes de começar, você achava que só havia duas ou três possibilidades, não é?

O mais bacana disso é que, quanto mais você praticar essas técnicas, mais você treinará a sua intuição para fazer isso automaticamente. Isso acabará se tornando um hábito, e em pouco tempo você já começará suas negociações pensando em como fazer diferente.

E acredite: esse é um dos maiores saltos de qualidade que um negociador pode dar. De acordos simples e básicos, para negócios verdadeiramente valiosos.

Apêndice 3

MELHORIAS

Como você poderia melhorar sua MAPAN? Considere:

1. Haveria acordos melhores com fornecedores/parceiros/clientes?

2. Seria possível remover ou alterar alguma restrição que esteja diminuindo a força de sua MAPAN?

3. Você poderia mudar alguma condição da negociação que melhores sua MAPAN?

NOVA MAPAN

Reescreva sua MAPAN, caso você tenha sido capaz de melhorá-la.

AUTORIDADE

Que grau de autoridade tem a pessoa com a qual você está negociando?

Que tipo de acordo VOCÊ está autorizado a fazer?

Índice

A

acordo
    formal 95
    pós-acordo 220
agente 32
ambiente macroeconômico 75
Amos Tversky, psicólogo 125
análises de longo prazo 26
ancorado no passado 141
ancoragem, conceito da Psicologia 138
âncoras flexíveis 141
ansiedade pré-acordo 217
aprender durante o processo 29
aversão à perda 136, 144, 153, 175, 217

B

barganha 52
benchmark 42, 48
benchmarking 141
buy-in 97

C

checklist
    das alternativas 70, 78
    de negociação 24, 26, 31
cláusula de exclusividade 100–101
contraste, técnica 201
controle de custos 81
corte de custos 98
critérios
    objetivos 62
    subjetivos 63–64

D

Daniel Kahneman, psicólogo 125
diferenças de interesses 87
Drew Boyd, autor 78

E

Elizabeth Newton, psicóloga 191
escalada irracional 136
estratégia de saída 166
excesso de confiança 155–156
exercício de desconstrução da sua oferta 77
expectativas de terceiros 141

F

falta de planejamento 24–25
fase de implementação 97
framing, coceito da Psicologia 115

G

groupthink 160

H

histórico de decisões e acordos 25
horizonte temporal 57

I

índice do aumento 54
influência do ambiente 33–35
integração
    horizontal 117
    vertical 117

J

Jacob Goldenberg, autor 78
job description 32
jornada do cliente 213

L

leitura adequada 28
lista de perguntas 101
litígios 23

M

maldição do vencedor 135–136
mapear uma situação 29–30
market share 42
maximização da utilidade 125–126
Melhor Alternativa Para um Acordo Negociado (MAPAN) 38–42, 115
Método Harvard de Negociação 34, 55–56
modelo de Ackerman 50–52, 210
movimentos estratégicos 206

N

não positivo 181
negociação
    distributiva 59, 67
    integrativa 60, 67

negociadores agressivos 99
nudge, conceito 126

O

objetivo comum 204
outliers

P

paralisia por análise 88–89, 127
percepção gerada 107
pergunta
    carregando informações 106, 106–107
    polarizando a direção 108
    principal 105
    secundária 105
perguntas
    abertas 102
    fechadas 102–103
plano de negociação 24
players 33, 42, 118
primeira rodada de coleta de preços 95
priming, conceito em Psicologia 106
princípio da comparação 146
prioridade central 36–37
processo decisório 95

R

regulamentação 75
respeito mútuo 205
Richard H. Thaler, economista 126

S

saber
    ouvir 100
    perguntar 100–101

sim
    tipos 182
stakeholders 32

T

técnica da opção que desapareceu 72
Teoria
    da Informação 189–190, 197
    da Prospecção 126
    dos Jogos 206
    de Soma Zero 59
Tomada de Decisão 125–127, 135
trade-off 97

V

valor
    absoluto 56
    de reserva 46–47, 68, 172
    estendido 49–50, 68
    final 51
    mais provável 48–49, 68, 181
    objetivo 56
    relativo 56
    subjetivo 56
viés
    de confirmação 159, 162
    de disponibilidade 115, 162–164
    do otimismo 160–162, 215

Z

Zona
    Negativa de Acordo (ZoNA) 53–54, 169
    Positiva de Acordo (ZoPA) 49, 52–55, 140, 212

Projetos corporativos e edições personalizadas
dentro da sua estratégia de negócio. Já pensou nisso?

Coordenação de Eventos
Viviane Paiva
comercial@altabooks.com.br

Assistente Comercial
Fillipe Amorim
vendas.corporativas@altabooks.com.br

A Alta Books tem criado experiências incríveis no meio corporativo. Com a crescente implementação da educação corporativa nas empresas, o livro entra como uma importante fonte de conhecimento. Com atendimento personalizado, conseguimos identificar as principais necessidades, e criar uma seleção de livros que podem ser utilizados de diversas maneiras, como por exemplo, para fortalecer relacionamento com suas equipes/ seus clientes. Você já utilizou o livro para alguma ação estratégica na sua empresa?

Entre em contato com nosso time para entender melhor as possibilidades de personalização e incentivo ao desenvolvimento pessoal e profissional.

PUBLIQUE SEU LIVRO

Publique seu livro com a Alta Books. Para mais informações envie um e-mail para: autoria@altabooks.com.br

/altabooks /alta-books /altabooks /altabooks

CONHEÇA OUTROS LIVROS DA **ALTA BOOKS**

Todas as imagens são meramente ilustrativas.

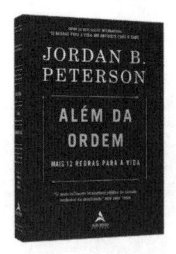

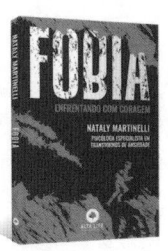

ROTAPLAN
GRÁFICA E EDITORA LTDA

Rua Álvaro Seixas, 165
Engenho Novo - Rio de Janeiro
Tels.: (21) 2201-2089 / 8898
E-mail: rotaplanrio@gmail.com